STUDIA
HUMANITATIS
문명지평

STUDIA
HUMANITATIS
문명지평
3

통섭을 넘어서

학제적(學際的) 연구와 교육의 활성화를 위한 철학적 성찰

이남인 지음

서울대학교출판문화원

STUDIA HUMANITATIS
문명지평 3

통섭을 넘어서

학제적(學際的) 연구와 교육의 활성화를 위한 철학적 성찰

초판 1쇄 인쇄 2015년 8월 26일
초판 1쇄 발행 2015년 8월 31일

지은이 이남인
펴낸곳 서울대학교출판문화원
펴낸이 성낙인

책임편집 현우진
디자인 최선아

출판등록 제15-3호

주소 151-742 서울 관악구 관악로 1
대표전화 02-880-5252 | 팩스 02-888-4148
마케팅팀(주문상담) 02-889-4424, 02-880-7995
이메일 snubook@snu.ac.kr
홈페이지 www.snupress.com

ISBN 978-89-521-1742-7 94100
978-89-521-1576-8 세트

이 저서는 2007년 정부(교육과학기술부)의 재원으로
한국연구재단의 지원을 받아 수행된 연구임(NRF-2007-361-AL0016).

머리말

2005년 윌슨(E. O. Wilson)의 『통섭』이라는 저서[1]가 한국어로 번역되어 소개되면서 통섭 담론이 시작되었으니까 한국에서의 통섭 담론의 역사는 10년도 되지 않는다. 통섭 담론의 본래적인 취지는 다양한 학문들 사이의 대화와 소통을 활발하게 하여 학문 발전을 이루고 더 나아가 사회 발전에 기여하자는 데 있다. 그러나 과연 통섭 담론이 이러한 본래적인 취지에 부합하도록 이루어져 왔는지 철저하게 반성할 필요가 있다.

이 책의 목표는 크게 두 가지이다. 이 책은 한편 윌슨의 통섭 프로그램이 그 본래의 취지와는 달리 다양한 학문 사이의 단절을 초래하는 프로그램이며 그동안 한국에서 전개된 통섭 담론 역시 소통이 불가능한 담론이 되었다는 사실을 밝히면서 통섭의 정체를 해명하고 그것을 철저하게 비판적으로 검토함을 목표로 한다. 다른 한편 이 책

---

1 E. O. Wilson, *Consilience: The Unity of Knowledge*, New York: Knopf, 1998/ 최재천·장대익 역, 『통섭. 지식의 대통합』, 서울: 사이언스북스, 2005. 이 책에서 이 번역본은 『통섭』으로 줄여 인용한다.

은 윌슨의 통섭 프로그램이 제시하는 것과는 비교할 수 없이 다양한 형태로 학제적 연구 및 교육 등 학문들 사이의 진정한 대화와 소통이 이루어질 수 있다는 사실을 해명하면서 학문과 사회 발전에 기여함을 목표로 한다. 바로 이러한 이유에서 이 책은『통섭을 넘어서—학제적(學際的) 연구와 교육의 활성화를 위한 철학적 성찰』이라는 제목을 달고 있다.

필자는 이 책의 출간을 계기로 많은 분들과 학제적 연구와 교육에 대해 활발하게 토론할 수 있는 기회를 가질 수 있게 되기를 바란다. 이 책에서 자세하게 논의하고 있듯이 그동안 통섭 개념은 다의적이며 불투명하게 사용되어 왔고 그에 따라 한국에서 전개된 통섭 담론은 소통 불가능한 담론이 되고 말았다. 물론 많은 사람들이 이 개념을 해명하기 위해 나름의 노력을 기울여 왔지만 지금까지 이 개념은 명확하게 해명되지 않은 채 극히 불투명한 상태에 있다. 이러한 상황은 학문과 사회 발전을 위해 바람직하지 않다. 이에 필자는 이 책의 출간을 계기로 이 개념의 정체를 해명하고 학제적 연구와 교육이 활발하게 이루어져 학문과 사회 발전에 기여할 수 있도록 많은 분들과 이 주제에 대해 활발하게 토론할 수 있는 기회를 가질 수 있게 되기를 기대한다.

필자는 2009년 어느 학술 대회에서 발표한 한 편의 논문이 계기가 되어 이 책을 펴내게 되었다. 2009년 4월 23일 서울대학교 사회과학연구원의 주최로 "학문간 경계를 넘어: 통합적 학문 연구의 가능성과 전망"을 주제로 한 학술 대회가 개최되었다. 그 자리에서 필자는「인문학과 자연과학은 어떻게 만날 수 있는가?—통섭 개념에 대한 비판적 검토를 토대로 삼아」라는 논문을 발표하였다. 필자는 이 논문에서 다루어진 내용을 확장하고 심화해 나가면서 이 책을 집필해 나갔다.

이 학술 대회는 필자에게 여러모로 길이길이 추억에 남을 것이다. 무엇보다도 필자와 토론하면서 몇몇 교수님들의 통섭에 대한 태도가 변해 가던 모습을 잊을 수 없다. 그 당시는 전철 안에서도 여기저기 통섭에 대해 논의하는 사람들을 발견할 수 있을 정도로 일각에서는 통섭을 운운해야만 교양인 대접을 받을 수 있다고 생각하던 때였다. 학술 대회가 있기 몇 달 전 학술 대회에서 발표할 교수님들의 준비 모임이 있었다. 거기서 필자는 "인문학과 자연과학은 어떻게 만날 수 있는가?—통섭 개념에 대한 비판적 검토를 토대로 삼아"라는 주제로 발표하겠다고 하면서 그 내용을 소개했다.

그런데 몇몇 교수님들이 그 훌륭하고 멋진 통섭을 왜 비판하려고 하느냐는 질문을 했다. 그에 대해 필자는 통섭에는 이런 난점 저런 난점 등이 들어 있어 커다란 문제라고 해명했다. 필자의 해명을 듣고 질문한 교수님들의 태도가 많이 바뀌었다. 그러나 완전히 바뀐 것은 아니었다. 아직도 통섭에 대해 믿음을 가지고 있는 것처럼 보였다. 물론 필자는 그날 교수님들의 태도가 그만큼 바뀐 것만으로도 충분히 만족했다.

드디어 학술 대회가 열렸다. 순서에 따라 필자도 발표했다. 필자의 발표와 더불어 논평이 있었고 많은 분들이 좋은 질문을 해 주어 활발한 토론이 이루어졌다. 그런데 발표와 논평, 토론이 있은 후 통섭에 대해 우호적이었던 교수님들의 태도가 완전히 바뀌었다. 드디어 모든 분들이 통섭 프로그램이 심각한 문제점을 가지고 있다는 사실을 확인했다. 어떤 분은 자신은 사실 통섭주의자가 아닌데 통섭주의자로 오해받고 있다고 말하면서 억울함을 호소하기도 했다.

그동안 필자는 윌슨의 『통섭』을 읽고 그로부터 깊은 감명을 받았다고 고백하면서 그의 통섭 프로그램이 탁월한 통찰을 담고 있는 훌륭한 프로그램이라고 확신하는 독자들을 많이 만났다. 특히 대학 신입생들 중에 이런 독자들이 많았다. 이러한 독자들은 그 누구보다도 먼저 꼭 이 책을 읽으면서 윌슨의 통섭 프로그램이 얼마나 심각한 문제점을 가지고 있는지 확인할 수 있는 기회를 가지게 되기를 바란다. 또 앞으로 『통섭』을 읽을 기회를 가지게 될 독자들 역시 이 책을 함께 읽어 가면서 윌슨의 통섭 프로그램의 문제점이 무엇인지도 아울러 성찰할 수 있는 기회를 가질 수 있게 되기를 바란다. 더 나아가 다양한 학문 사이의 대화와 소통에 대해 관심을 가지고 있는 독자들뿐 아니라, 학문 일반의 구조와 체계에 대해서 관심을 가지고 있는 독자들 역시 이 책을 읽으면서 이 주제에 대해 함께 성찰할 수 있는 기회를 가질 수 있게 되기를 바란다.

필자는 이 책에서 영어의 "interdisciplinary"라는 단어에 해당하는 우리말로 "학제적(學際的)"이라는 단어를 사용하였다. "국제적(國際的, international)"이라는 단어가 "국가들 사이의 교류와 관련된"이라는 뜻을 가지고 있듯이 "학제적"이라는 단어는 "학문들 사이의 교류와 관련된"이라는 뜻을 가지고 있다. 이 단어는 융합, 복합, 협동을 비롯해 학문들 사이의 대화 및 교류 활동 일반을 지칭하기 위해 사용될 수 있다. 독자들은 이 단어를 우선 "학제적(學制的)"이라는 단어와 혼동하지 않기를 바란다. "학제적(學制的)"이라는 단어는 "학제적(學際的)"이라는 단어와 더불어 "학문들 사이의 교류"와 관련된 논의에서 종종 사용되는데, 필자로서는 이 단어가 "학문들 사이의 교류"

와 어떤 관계에 있는지 이해할 수 없다. 사전을 찾아보면 알 수 있듯이 "학제(學制)"란 "학교 또는 교육에 관한 제도"를 의미하며 따라서 "학제적(學制的)"이라는 단어는 "학교 또는 교육에 관한 제도와 관련된"이라는 뜻을 가지고 있기 때문에 "학문들 사이의 교류"와는 아무런 관계도 없다. 필자는 또한 "학제간(學制間)", "초학제적(超學制的)" 등의 단어 역시 "학문들 사이의 교류"와 관련된 논의에서 종종 사용되고 있지만 실제로 그와 아무런 관계도 없다고 생각한다. 앞서 지적하였듯이 "학제(學制)"라는 단어는 "학교 또는 교육에 관한 제도"라는 뜻을 가지고 있다. 따라서 "학제간(學制間)"은 "학교 또는 교육에 관한 제도 사이의"라는 이해하기 어려운 뜻을 가지고 있고 "초학제적(超學制的)"은 "학교 또는 교육에 관한 제도를 넘어선 것과 관련된"이라는, 역시 이해하기 어려운 뜻을 가지고 있기 때문에 이 두 단어는 "학문들 사이의 교류"와는 아무런 관계도 없다. 필자는 "학문들 사이의 교류"와 관련해 앞으로 "학제적(學制的)", "학제간(學制間)", "초학제적(超學制的)" 등의 단어 대신에 "학제적(學際的)"이라는 단어를 사용할 것을 제안한다.

이 책을 집필하면서 필자는 다음과 같은 필자의 글들을 사용하였다. 몇몇은 본문에 표시해 놓았지만 일일이 다 표시하지 않았다.

『현상학과 해석학』, 서울: 서울대학교출판부, 2004.
『현상학과 질적 연구』, 파주: 한길사, 2014.
「인문학과 자연과학은 어떻게 만날 수 있는가?—통섭 개념에 대한 비판적 검토를 토대로 삼아」, 『철학연구』 제87집, 2009.
「현상학적 교육학」, 『교육철학』 제47집, 2010.
「철학과 학제적 연구—통섭 개념에 대한 비판적 검토를 토대로 삼아」, 김광웅 편, 『융합 학문 어디로 가고 있나?』, 서울: 서울대학교출판문화원, 2011.

"Eco-ethica and the Idea of the University Revisited", in: *Eco-ethica* 2, 2012.

「후설의 현상학에서 마음의 문제」, 서울대학교 철학사상연구소 편, 『마음과 철학—서양편 하』, 서울: 서울대학교출판문화원, 2012.

「후설의 현상학적 사회윤리학의 의의와 과제」, 『인문논총』 제69집, 2013.

「현상학의 창시자 후설」, 철학아카데미 편, 『처음 읽는 독일철학』, 파주: 도서출판동녘, 2013.

이 책을 출간하면서 감사드려야 할 분들이 많다. 우선 2009년의 학술 대회에 필자를 초청해 주신 당시 서울대학교 사회과학연구원 원장 김세균 교수님을 비롯해 논평을 맡아 주신 홍성욱 교수님, 학술 대회에 참가해 좋은 의견을 제시해 주신 모든 분들께 감사드린다. 그 후 이 학술 대회에서 발표한 논문은 2009년 10월 15일 명지대학교 인문과학연구소에서 주최한 학술 대회에서도 발표되었는데, 당시 연구소 소장 현영아 교수님, 논평을 맡아 주신 강순전 교수님께 감사드린다. 한편 필자는 2009년 9월 10일 "융합의 핵심과 매개체들"이라는 주제로 서울대학교에서 개최된 제9회 미래대학 콜로키움에서 「철학과 학제적 연구—통섭 개념에 대한 비판적 검토를 토대로 삼아」라는 논문을 발표했는데, 그 자리에 초청해 주신 김광웅 교수님께 감사드린다. 더 나아가 2013년 6월 26일 서울대학교 인문학연구원에서 있었던 출판 워크숍에서 이 책의 주제에 대한 필자의 발표를 듣고 그에 대해 논평해 주신 최화 교수님, 김태희 교수님께도 감사드린다. 철학과 인문학을 사랑하는 마음으로 후원해 주시는 (주)아모의 육경영 사장님, (주)세건의 김성수 사장님, 친구 김천호 군에게 깊이 감사하며, 원고 검토를 위해 수고해 준 서울대학교 철학과 대학원의 김재한 군에게도 고마움을 전한다. 그리고 이 책의 편집 및 제작 과정에서 수고해 주신 서울대학교출판문화원 관계자 여러분들께 감사드린다.

2015년 8월

관악산 연구실에서

이남인

차례

통섭을 넘어서

I. 들어가는 말

1. 통섭 개념의 불명료성

2005년 윌슨(E. O. Wilson)의 『통섭』이라는 저서가 한국어로 번역되어 소개된 후 한국 사회에서 통섭 개념이 두루 사용되고 있다. 이 개념은 학계에서뿐 아니라 언론계, 출판계, 문화계, 정치계, 경제계 등 사회 여러 영역에서 두루 사용되고 있는데, 인터넷 사이트상에도 문화통섭, 교육통섭, 체육통섭, 광고통섭, 마케팅통섭 등 다양한 신조어들이 떠다니고 있음을 발견할 수 있다.

통섭 개념이 이처럼 인구에 회자되는 것은 그것이 한국 사회 전반에서 일고 있는 경계 허물기의 분위기와 맥을 같이하기 때문이다. 현재 한국 사회에서는 벽을 허물자는 이야기가 여기저기서 나온다. 대학에서 문과와 이과의 벽을 허물어야 한다, 학과 사이에 가로놓인 벽을 허물어야 한다, 대학과 기업 사이의 벽을 허물어야 한다, 대입 수능에서도 문과와 이과의 벽을 허물어 융합형 시험을 치러야 한다는 등의 논의가 무성한 것이다. 통섭 담론은 바로 이러한 경계 허물기 논의에서 나름의 중요한 역할을 수행해 왔다.

그럼에도 불구하고 통섭 개념은 여러 가지 중요한 문제점을 안고 있다. 무엇보다도 앞서 지적해야 할 것은 그 정체가 극히 불투명하다는 사실이다. 실제로 정작 통섭이 정확히 무엇을 뜻하는지 이해하려고 하면 우리는 커다란 어려움에 봉착한다. VI장에서 자세하게 살펴보겠지만 현재 이 개념은 불투명하며 다의적으로 사용되고 있다. 간단히 인터넷 검색을 해 보면 이 개념의 정체를 정확하게 이해하지 못해 갈증을 느끼는 누리꾼들이 많이 있음을 확인할 수 있다. 예를 들어 이 개념의 정체가 불투명하다고 생각하면서 이 개념을 정확하게 이해하고 싶어 하는 어떤 학생은 다음과 같이 말한다.

> 최근에 TV를 보거나 신문을 읽다 보면 통섭이라는 말을 많이 접하게 됩니다. 내용을 들여다보며 드는 생각은? [...] 통섭이 뭔데? 구체적인 설명 없이 통섭이라는 단어를 사용하는 경우가 많았고, 다른 말과 혼용하여 사용하는 경우도 있었습니다.[2]

이 학생은 이처럼 불투명한 통섭 개념을 올바로 이해하기 위해서, 『통섭』의 우리말 번역자이자 통섭 개념을 한국 사회에 확산시키는 데 결정적인 역할을 한 최재천 교수를 찾아가 인터뷰를 하였다. 다음은 인터뷰의 한 부분이다.

학생: 통섭이라는 말을 여기저기서 흔히 볼 수 있습니다. 그런데 무

---

2 홍승초·김상민 삼성 SDS 대학생기자 1기, 「통섭학자 최재천 교수와의 인터뷰 '통섭은 김치다'」, 2013. 9. 22.(http://www.ictstory.com/403)

슨 말인지, 의미가 헷갈리는 게 사실입니다.

최재천 교수: (사람들이) 통합·융합·통섭을 구분하지 않고 사용하고 있어요. 통합은 '물리적인 합침'을 말합니다. 섞었지만 화학적으로 엉겨 붙은 상태가 아닌. 융합은 '화학적 합침'입니다. 수소 분자 두 개와 산소 분자 한 개가 결합해 물 분자가 되듯이, 원래의 존재는 사라지고 전혀 새로운 존재가 만들어지는 것이죠. 통섭은 '생물학적 합침'이라고 말하고 싶어요. 예컨대, 진화생물학과 심리학이 만나서 진화심리학이라는 새로운 학문이 탄생합니다. 새로운 학문이 탄생했다고 해서 진화생물학과 심리학이 없어지냐? 기존의 특성은 계속 가지면서 새로운 조합이 탄생하는 것이죠.

학생: 그렇다면 통섭의 예로 무엇이 있을까요?

최재천 교수: 흔히 벌어지고 있는 둘 셋 간의 새로운 것이 만들어지는 모든 것이 통섭이 아닌가 하고 생각합니다. 저는 인지과학의 예를 많이 드는데요. 인지과학이라는 학문이 최근에 만들어진 학문인데, 만들어질 때 심리학자, 컴퓨터공학자, 진화생물학자, 뇌과학자, 기계공학자가 다 모여서 인간의 뇌를 연구하다 보니 부모 학문의 유전자를 잘 뒤섞은 흥미로운 자식 학문이 태어난 거란 말이에요. 그런 게 통섭의 예라고 생각해요. 융합이랑은 구분이 되죠.[3]

---

3 홍승초·김상민 삼성 SDS 대학생기자 1기, 「통섭학자 최재천 교수와의 인터뷰 '통섭은 김치다'」.

최재천 교수의 설명을 차분히 분석해 보면 우리는 그가 말하는 통섭 개념이 많은 문제점을 안고 있음을 알 수 있다. 예를 들면 최재천 교수는 통섭 개념을 설명하면서 "부모 학문의 유전자"에 대해 말하는데 도대체 그것이 무엇을 뜻하는지 불투명하다. 뒤에서 살펴보겠지만 통섭 개념에 대한 최재천 교수의 설명은 불투명할 뿐 아니라 여러 가지 심각한 문제점을 안고 있다.[4] 이 학생 역시 최 교수의 "상세한" 설명을 듣고도 아직 이 개념을 충분히 이해하지 못했는지 "정말 마지막 질문입니다. 통섭을 한마디로 정리해 주신다면?"이라는 질문을 던진다. 이에 대해 최 교수는 통섭을 한마디로 정리하는 것이 어렵다고 지적하면서 "통섭은 김치다."라고 말한 후, 그 이유에 대해 "김치는 여러 가지 요소들이 섞여서 발효까지 되어 새로운 맛이 탄생하는 것이죠. 그렇지만 김치를 만드는 재료들이 없어지거나 전혀 다른 게 되는 것이 아니죠."라고 정리한다.[5]

이 학생은 인터뷰를 마무리하면서 "여러분, 최재천 교수와 함께 한 '통섭' 이야기 어떠셨나요? 잘 익은 김치와 같이 깊은 맛이 느껴지지 않으신가요?"라고 말한다. 그러나 그가 실제로 최 교수와의 인터뷰 결과에 만족했는지는 알 수 없다.

실제로 통섭 개념에 대한 최 교수의 해명은 많은 문제점을 안고 있다. 예를 들어 그것은 통섭 담론의 출발점이 되었던 윌슨의 『통섭』이라는 저서에 나오는 통섭 개념과도 일치하지 않는다. "지식의 통일

---

4 이 점에 대해서는 VI장 1절에서 자세하게 논의할 것이다.

5 홍승초·김상민 삼성 SDS 대학생기자 1기, 「통섭학자 최재천 교수와의 인터뷰 '통섭은 김치다'」.

(the unity of knowledge)"이라는 책의 부제가 보여 주듯이 윌슨은 통섭을 다양한 "지식의 통일" 또는 다양한 지식이 통일되는 "과정"으로 이해하고 있기 때문이다.[6] 뒤에서 자세하게 살펴보겠지만 윌슨의 통섭 프로그램은 자연과학적 방법을 사용하여 모든 학문을 하나의 체계로 통일하려는 프로그램이다. 지식의 "통일"을 뜻하는 윌슨의 통섭은 최 교수가 융합, 통섭과 구별하여 사용하고 있는 "통합"에 가장 가깝다고 할 수 있다.

2. 통섭 개념에 대한 다양한 비판적 견해들

이러한 사실을 반영하듯 그동안 학계 내부에서는 통섭 개념이 가지고 있는 문제점이 여러 차례 지적되었다. 이러한 사실은 이 개념이 학계 밖에서 종종 아주 자명한 개념인 것처럼 거의 아무런 반성 없이 사용되고 있는 것과는 대조적이라 할 수 있다.

통섭 개념에 대한 비판적인 견해는 이미 2006년 9월 2일 이화여자대학교 통섭원 개원을 기념하기 위해 최재천 교수가 주최한 심포지엄에서 발표된 여러 논문들을 통해서도 개진되었다.[7] 거기서 개

6 이 점에 대해서는 VI장 1절에서 자세하게 논의할 것이다.

7 이 심포지엄에서 발표된 논문들은 최재천·주일우 편, 『지식의 통섭. 학문의 경계를 넘다』, 서울: 이음, 2007에 발표되었는데, 이 책에 실린 다음의 논문들은 통섭 개념에 대해 비판적인 견해를 취하고 있다: 전용훈, 「과학적 몰이해 위에 쌓은 사상적 누각—최한기가 추구한 지식의 통섭」; 홍성욱, 「21세기 한국의 자연과학과 인문학」; 배식한, 「가능한 통섭과 불가능한 통섭—통섭과 무법칙적 일원론」.

진된 견해를 몇 가지 소개하면 다음과 같다.

전용훈 교수는 「과학적 몰이해 위에 쌓은 사상적 누각—최한기가 추구한 지식의 통섭」이라는 논문에서 최한기의 통섭 시도와 윌슨의 통섭 시도 사이에 유사성이 있음을 확인하고 "그렇다면 에드워드 윌슨의 통섭론을 읽으면서 때때로 느껴지는 독단주의의 혐의들도 최한기의 사상처럼 자기 체계의 무오류성을 과신하고 있기 때문"[8]에 오는 것은 아닐까 하고 지적하면서 윌슨의 "통섭론"이 가지고 있는 독단적인 성격을 비판한다.

배식한 교수는 「가능한 통섭과 불가능한 통섭—통섭과 무법칙적 일원론」이라는 논문에서 분석철학적 시각에서 윌슨의 통섭 프로그램을 비판한다. 그는 분석철학의 역사를 돌이켜 볼 때 윌슨의 통섭 프로그램의 문제점이 다 드러났는데도 아직 거기에 집착하는 윌슨의 태도에 대해 다음과 같이 비판하고 있다.

> 지식의 통합을 역설하는 윌슨을 바라보는 요즘 철학자들의 시선은 착잡하기 그지없다. 그것은 바로 지난 수십 년간의 철학적 논의의 결과가 과학자들에게 조금도 반영되지 않았거나, 아무런 영향도 미치지 못했다는 것을 확인하는 데서 오는 착잡함이다. 물론 만약 윌슨이 1900년대 초반의 사람이었다면 그런 착잡함은 없었을 것이다. 왜냐하면 그때에는 지식의 통합을 희망차게 피력하던 논리실증주의자들이 있었기 때문이다. 하지만 논리실증주의자들의 희망은 1950

8 전용훈, 「과학적 몰이해 위에 쌓은 사상적 누각—최한기가 추구한 지식의 통섭」, 최재천·주일우 편, 『지식의 통섭. 학문의 경계를 넘다』, 124.

년대 이후 꺾이기 시작했다.[9]

홍성욱 교수는 「21세기 한국의 자연과학과 인문학」이라는 논문에서 윌슨의 통섭 프로그램에 대해 다음과 같이 비판한다.

> 유전자의 기능에 대한 설명을 바탕으로 인간의 본성을 이해하고, 이러한 인간 본성에 대한 이해에 기초해서 문화와 사회를 이해함으로써 과학과 인문학의 통섭을 꾀한다는 윌슨의 주장은, 그 환원주의적인 방법에 동의한다고 해도, 현재로서는 정확히 기약을 할 수 없는 미래에나 가능한 것이다.[10]

이 세미나에서 발표된 논문들 이외에도 통섭 개념에 대한 다양한 비판이 제기되었다. 예를 들어 고인석 교수는 2007년 4월 연세대학교 학보에 기고한 「'통섭'이라는 말과 그 안에 담긴 생각」이라는 글에서 환원주의로서의 윌슨의 통섭 프로그램과 관련해 "환원주의와 반환원주의는 서로 대립하면서 양항으로 남아야 한다"고 지적하면서, 환원주의의 문제점과 관련해 "경계해야 할 일은 서로 뭉뚱그려지지 않는 것들을 자기 눈의 초점을 흐릿하게 만들면서까지 하나로 뭉뚱그려지는 양, 그것이 아름다운 통합의 길인 양 생각하거나 말하는

---

9 배식한, 「가능한 통섭과 불가능한 통섭—통섭과 무법칙적 일원론」, 최재천·주일우 편, 『지식의 통섭. 학문의 경계를 넘다』, 249.

10 홍성욱, 「21세기 한국의 자연과학과 인문학」, 최재천·주일우 편, 『지식의 통섭. 학문의 경계를 넘다』, 261.

것"이라고 지적한다.[11] 고인석 교수에 따르면 윌슨의 통섭 프로그램은 통합될 수 없는 것을 억지로 통합하려는 시도에 불과하다.

이상욱 교수는 최재천 교수가 편집한 『지식의 통섭. 학문의 경계를 넘다』라는 책에 대한 서평문에서 통섭 개념의 문제점에 대해 다음과 같이 지적하고 있다.

> 하지만 필자가 보기에 적어도 학술적 영역에서의 '통섭'의 유행은 '통섭' 개념 자체에 대한 치밀한 분석과 이해에 기반한 것이라기보다는 최근 학계에서 강조되고 있는 학제적 연구나 여러 학문 넘나들기 등의 경향에 편승한 측면이 더 많다고 본다. 왜냐하면 '통섭'으로 규정될 수 있는 학술적 행위가 어떤 것인지에 대해서 백 명의 학자가 백 가지 다른 견해를 가지고 있는 경우가 허다하기 때문이다.[12]

최종덕 교수는 2007년 원주토지문화관 집중세미나에서 발표한 「통섭에 대한 오해」라는 발표문에서 "이 책이 번역되면서 생긴 문제점은 컨실리언스[통섭] 개념이 [...] 인문학과 자연과학의 수평적 통합처럼 오해되고 있다는 점"이며 "이런 오해는 오해를 넘어 왜곡되면서까지 많은 지식인들에게 급속히 전파되고 있다는 점이 더 큰 문

---

11 고인석, 「'통섭'이라는 말과 그 안에 담긴 생각」, 연세대대학원신문 152호, 2007. 4. 14. 고인석, 「'통섭'이라는 말과 그 안에 담긴 생각」, 이인식 편, 『통섭과 지적 사기』, 서울: 인물과사상사, 2014, 92-93 참조.

12 이상욱, 「다양한 목소리를 묶어 내려는 통섭의 시도」(최재천·주일우 편, 『지식의 통섭. 학문의 경계를 넘다』에 대한 서평.)

제이기도 하다"고 지적하고 있다.[13]

강신익 교수는 2007년 고대신문에 기고한 「지식 대통합, 지금의 『통섭』으론 부족하다. 최재천 교수의 통섭에 대한 비판」이라는 글에서 "진정한 지식의 대통합을 위해서는 삶에 대한 과학적 설명과 과학적 사실에 대한 인문학적 해석이 모순 없이 만날 수 있어야 한다. 인문학적 반성을 거친 과학, 과학적 사실을 녹여낸 인문학, 그리고 그 둘의 자유로운 소통이 학문 통합의 전제 조건이다. 쉽지 않은 일이다."라고 지적한다.[14]

최민자 교수는 윌슨의 통섭 개념과는 구별되는 자신의 고유한 통섭 개념을 사용하면서 윌슨의 통섭 개념에 대해 다음과 같이 비판적인 태도를 보이고 있다.

> 저자인 윌슨은 통섭에 관한 논의 자체가 경험적 테스트(empirical tests)에 뿌리를 둔 실험 과학을 통해서만 가능하다고 봄으로써 결과적으로 자연과학 중심의 학문적 제국주의—더 정확하게는 생물학 제국주의—를 초래했다. 그는 지식의 통일(unification of knowledge)이 이루어지면 '우리가 누구이며 왜 여기에 존재하는지를 이해하게 될 것'이라고 말한다. 그러나 그가 말하는 지식의 통일은 의식계(본체계)와 물질계(현상계)의 상관관계를 이해하지 못함으로 해서 직관적인 앎을 배제하는 결과를 낳았다.[15]

---

13 최종덕, 「통섭에 대한 오해」, 원주토지문화관 집중세미나 2007 발표문, 2007. 7. 20.

14 강신익, 「지식 대통합, 지금의 『통섭』으론 부족하다. 최재천 교수의 통섭에 대한 비판」, 고대신문, 1569호, 2007. 9. 15.

15 최민자, 『통섭의 기술. 지식시대에서 지성시대로』, 서울: 모시는사람들, 2010, 28.

그 이외에도 그동안 필자를 비롯해[16] 다수의 학자들이 통섭 개념에 대해 비판적 견해를 피력해 왔다. 예를 들어 이광래 교수는 자신의 한 저서에서 "통섭"의 한자 표기에 관한 문제를 제기했으며,[17] 김영식 교수는 2009년 3월 17일 서울대학교 사회과학원에서 주최한 "'과학기술시대'의 인문학"이라는 집담회에서 "통섭은 인문학과 자연과학을 연결할 수 있는 하나의 방식이지만 그러한 통섭에 만족할 수 없다"는 견해를 피력하였다.[18]

통섭 개념에 대한 비판은 최근 들어서도 계속되고 있다. 2014년도에는 통섭 비판과 관련해 주목할 만한 두 가지 작업이 있었다. 하나는 『철학과 현실』 100집 발간을 기념해 강영안, 곽영훈, 김광수, 김기봉, 김상환, 김선영, 김혜숙, 소광섭, 성영은, 엄정식, 이덕환, 이명현, 이승종, 정복근, 조인래, 홍성욱 교수 등이 참석하여 4시간 반 동안 통섭 개념을 비판적으로 검토한 토론회로서, 토론 결과는 『철학과 현실』 100집에 출간되었다.[19] 다른 하나는 지식융합 연구소의 이인식 소장이 그동안 통섭 논의에서 중요한 역할을 담당한 글들을 모아 편집한 『통섭과 지적 사기』라는 책의 출간이다.[20] 우선 『통섭과 지적 사

---

16 통섭 개념에 대한 필자의 비판은 다음 두 논문을 참조할 것: 이남인, 「인문학과 자연과학은 어떻게 만날 수 있는가?—통섭 개념에 대한 비판적 검토를 토대로 삼아」, 『철학연구』 제87집, 2009; 이남인, 「철학과 학제적 연구—통섭 개념에 대한 비판적 검토를 토대로 삼아」, 김광웅 편, 『융합 학문 어디로 가고 있나?』, 서울: 서울대학교출판문화원, 2011.

17 이광래, 『방법을 철학한다: 해체에서 융합으로』, 서울: 지와사랑, 2008.

18 이 점과 관련해 박승억 교수의 논문 「통섭(Consilience)—포기할 수 없는 환원주의자의 꿈」, 『철학과 현상학 연구』 제36집, 2008도 참조하기 바란다.

19 『철학과 현실』 제100집, 2014.

20 이인식 편, 『통섭과 지적 사기. 통섭은 과학과 인문학을 어떻게 배신했는가?』, 서울:

기』를 먼저 살펴보자.

『통섭과 지적 사기』라는 책은 그 제목이 보여 주듯이 통섭 개념에 대해 극단적으로 비판적이다. 이 책은 이인식 소장의 프롤로그 「지적 사기와 통섭」을 비롯해 마틴 가드너, 홍성욱, 박준건, 고인석, 박승억, 이남인, 이영희, 이상헌, 강신익, 김지하, 김상헌 등 교수와 문인들의 통섭 비판과 관련된 글을 싣고 있다. 이 책은 "통섭은 과학과 인문학을 어떻게 배신했는가?"라는 부제를 달고 있는데, 부제에 나타나 있듯이 통섭 프로그램은 인문학의 근본 취지뿐 아니라 자연과학의 근본 취지 역시 무시한 프로그램이다. 이 책은 제1부 "지적 사기 논쟁", 제2부 "컨실리언스 논쟁", 제3부 "통섭 논쟁"의 3부로 나누어 윌슨의 통섭 프로그램에 대해 비판적으로 고찰하고 있는데, 책의 뒤표지에 나와 있듯이 이인식 소장은 "통섭"을 "과학의 이름으로 저질러진 지적 사기"로 규정한다.

『철학과 현실』 100집 기념 토론회에서는 거기에 참석한 16명의 교수 대부분이 통섭에 대해 비판적인 견해를 피력하고 있다. 토론회의 좌장을 맡은 이명현 교수는 토론을 시작하는 말문을 열면서 다음과 같이 지적하고 있다.

> 오늘 이 자리에는 참석하지 못한 최재천 교수가 윌슨의 'consilience'라는 말을 '통섭(統攝)'이라는 어려운 한자로 번역을 해서 통섭을 모르면 식자층에 들지 못한다고 할 수 있을 정도로 우리 사회

인물과사상사, 2014.

에 많이 유포를 했는데, 그게 사실은 무슨 뜻인지 잘 모르겠습니다. 'consilience'라는 말을 윌슨이 먼저 사용한 것도 아니고, 그 사람의 책을 읽어 봐도 꼭 집어 정의를 내리지 않아서 무슨 말을 하는 것인지 잘 모르겠습니다. 그런데 통섭이라는 이상한 한자가 요즘은 융합(convergence)과 같은 것이라고 오해를 하는 사람들도 있습니다.[21]

이명현 교수 이외에도 많은 참석자들이 통섭 개념에 대해 비판적인 견해를 피력하고 있는데, 예를 들어 김상환 교수는 통섭 프로그램에 대해 다음과 같이 비판한다.

카르납 같은 철학자의 통일학문 이론은 17세기에 데카르트가 꿈꾸었던 '통합 학문(mathesis universalis)' 이념의 연장선상에 있는 것이고, 윌슨의 '통섭'이라는 것도 그런 것의 연장입니다. 자연과학이나 인문학이 모두 하나의 방법으로 통합될 수 있다는 것이 '통섭'의 이념인데, 이것은 현대의 인식론적 조건이나 존재론적 상황을 무시한 시대착오적인 이념이죠.[22]

3. 이 책의 목표와 논의 순서

이처럼 그동안 통섭 개념에 대한 다양한 비판이 있어 왔다. 그럼에도

21 『철학과 현실』 제100집, 17.
22 『철학과 현실』 제100집, 50.

불구하고 통섭 개념에 대한 체계적인 검토는 아직 이루어지지 않고 있다. 두말할 것도 없이 이러한 현실은 학문과 사회의 발전을 위해서 바람직하지 못하다. 이러한 상황에서 통섭 개념을 통해 추구하고자 하는 경계 허물기 작업이 학계 안팎에서 올바로 이루어져 학문과 사회가 건전하게 발전할 수 있기 위해서는 통섭 개념에 대한 체계적인 검토가 필요하다.

이 책의 목표는 『통섭』에 나타난 윌슨의 통섭 개념을 비판적으로 검토하면서 통섭이 원칙적으로 불가능하다는 사실을 살펴보고 현대 학문의 전체 체계, 다양한 학문들 사이의 다양한 학제적 연구의 가능성, 미래의 바람직한 대학의 이념 및 대학 교육이 나아갈 방향 등을 검토하는 데 있다. 이러한 목표를 위하여 우리는 이 책의 많은 부분에서 윌슨의 『통섭』에 나오는 통섭 개념에 초점을 맞추어 논의를 진행할 것이다. 윌슨의 『통섭』에 나오는 통섭 개념이 한국 사회에서 인구에 회자되고 있는 통섭 개념의 진원지이기 때문이다. 통섭 개념이 무엇인지 이해하고자 하는 독자들은 무엇보다도 이 책에 나오는 통섭 개념의 정체를 올바로 이해하도록 해야 한다.

물론 우리는 윌슨의 통섭 개념에만 머물지는 않을 것이다. 우리는 VI장에서 최재천 교수가 이해하는 통섭 개념을 중심으로 한국에서의 통섭 담론을 고찰하면서 한국 사회에서 통섭 개념이 소통 불가능한 개념이 되었다는 사실도 아울러 살펴볼 것이다.

전체적으로는 다음과 같은 순서로 논의를 진행할 것이다.

이 책은 모두 9개의 장으로 구성되어 있는데, I장(들어가는 말)에 이어 II장에서는 윌슨의 통섭 프로그램을 소개하면서 그의 목표가 자연과학적 방법을 토대로 모든 학문을 통일하는 데 있다는 사실을 해명할 것이다. 윌슨의 통섭 프로그램에서 특히 중요한 위치를 차지하는 두 가지 학문은 뇌과학과 생물학인데, 그 이유를 살펴보고 거기에 이어 사회과학, 예술 및 역사, 윤리, 철학 등과 자연과학의 통섭의 문제를 검토한 후 통섭의 필요성에 대해 검토할 것이다.

Ⅲ장에서는 윌슨의 견해와는 달리 인문학·사회과학과 자연과학을 통섭하는 일이 원칙적으로 불가능하다는 사실을 해명할 것이다. 우선 통섭의 원칙적 불가능성이 무엇을 뜻하는지 해명하고, 통섭 프로그램에서 뇌과학과 생물학이 가지고 있는 의의와 한계를 검토한 후, 자연에 관한 학문, 의식에 관한 학문, 사회과학, 예술학, 역사학, 윤리학 등 다양한 학문들과 자연과학을 통섭하는 일이 원칙적으로 불가능하다는 사실을 해명할 것이다.

Ⅳ장에서는 철학에 대한 윌슨의 견해를 비판적으로 검토하면서 윌슨이 주장하는 것과는 달리 철학과 자연과학을 통섭하는 일이 원칙적으로 불가능하다는 사실을 해명할 것이다. 우선 철학에 대한 윌슨의 견해를 비판적으로 검토하고, 철학사에 등장한 철학에 대한 다양한 정의를 검토하면서 철학이 근원에 관한 학으로 규정될 수 있다는 사실을 해명하고, 철학의 다양한 방법에 대해 살펴보면서 철학의 방법이 자연과학의 방법과 본질적으로 다르기 때문에 철학을 자연과학과 통섭하는 일이 불가능하다는 사실을 해명할 것이다.

Ⅴ장에서는 현대 학문 전체의 지형도를 살펴보면서 자연과학적 방법을 통해 통섭될 수 있는 학문들이 전체 학문 체계에서 어떤 위치를 차지하는지 살펴보고 그를 토대로 통섭의 정체를 해명할 것이다. 여기서는 데카르트의 학문 체계, 후설의 학문 체계 등을 검토하면서 현대의 학문 체계를 살펴보고 그 안에서 윌슨의 통섭 프로그램이 차

지하고 있는 위치를 검토하면서 그 한계를 극명하게 드러내도록 할 것이다.

VI장에서는 한국 사회에서의 통섭 담론의 현주소를 살펴보면서 그동안 한국 사회에서 진행되어 온 통섭 담론이 매우 혼란스럽다는 사실을 살펴보고자 한다. 우선 윌슨의 consilience가 어떤 뜻을 가지고 있는지 살펴보고, 통섭 개념에 대한 최재천 교수의 이해 속에 들어 있는 문제점을 검토한 후, 한국의 통섭 담론을 검토하면서 통섭 개념이 소통 불가능할 정도로 혼란스럽다는 사실을 살펴볼 것이다.

VII장에서는 윌슨의 통섭 프로그램이 학제적 연구와 관련하여 가지고 있는 문제점을 검토한 후 다양한 학문들 사이의 학제적 연구의 다양한 가능성을 살펴볼 것이다. 우선 학제적 연구의 의의와 필요성에 대해 논의하고, 이러한 의의와 필요성에 비추어 볼 때 윌슨의 통섭 프로그램이 어떤 문제점을 가지는지 검토한 후, 특히 중요한 의미를 지니는 세 가지 유형의 학제적 연구, 즉 1) 인문학·사회과학과 자연과학 사이의 학제적 연구, 2) 동일한 학문 분야 안에서의 학제적 연구, 3) 철학과 분과 학문 사이의 학제적 연구에 대해 검토하고 학제적 연구의 미래에 대해 알아볼 것이다.

VIII장에서는 21세기가 지향해야 할 대학의 이념에 대해 살펴보고 그를 토대로 교양 교육에 대한 윌슨의 견해가 가지고 있는 문제점을 검토하면서 대학 교육의 미래에 대해 살펴볼 것이다. 이를 위해 고전적 대학의 이념, 실용주의적 대학의 이념, 동아시아적 대학의 이념을 살펴보고 그를 토대로 윌슨의 견해를 비판적으로 검토하면서 대학 교육의 미래에 대해 살펴볼 것이다.

IX장에서는 학문 사이의 단절을 초래하는 프로그램인 윌슨의 통섭 프로그램을 극복하고 대화와 소통을 토대로 학제적 연구와 교육이 활발히 이루어져야 할 필요가 있음을 살펴보고, 이와 관련된 몇 가지 사실을 검토하면서 전체적인 논의를 마무리할 것이다.

Ⅱ. 윌슨의 통섭 개념

Ⅱ장의 목표는 윌슨의 통섭 프로그램을 소개하는 데 있다. 우선 1절에서는 윌슨의 통섭 프로그램의 목표가 자연과학적 방법을 토대로 모든 학문을 통일하는 데 있다는 사실을 해명할 것이다. 통섭 프로그램에서 특히 중요한 위치를 차지하는 두 가지 학문은 뇌과학과 생물학인데, 2절과 3절에서는 이 두 가지 학문이 왜 통섭 프로그램에서 중요한 위치를 차지하는지 해명할 것이다. 거기에 이어 4절에서 7절에 걸쳐 사회과학, 예술 및 역사, 윤리, 철학 등과 자연과학의 통섭의 문제를 검토한 후, 8절에서는 통섭의 필요성에 대해 살펴볼 것이다.

1. 통섭의 이념 — 자연과학적 방법을 통한 학문의 통일

윌슨은 *The Insect Societies*(1971), *Sociobiology*(1975), *On Human Nature* (1978)의 3부작[23]을 통해 사회생물학적 입장에서 통섭에 기초한 학문의 통일을 위한 구상을 마련하였으며 1998년에 출간된 *Consilience:*

*The Unity of Knowledge*에서 통섭을 통한 "지식의 대통합"의 구상을 체계적으로 전개하고 있다.

윌슨에 의하면 『통섭』이라는 저서가 다루고 있는 주제는 한마디로 "지식이 가지고 있는 본유의 통일성"(『통섭』, 25) 또는 "과학의 통일성"(『통섭』, 34)이다. 이러한 생각에 의하면 이 세상에는 서로 다른 다수의 진리가 존재하는 것이 아니다. "객관적인 실재에는 궁극적으로 모든 지식과 환상이 그곳에서 나오는 단 하나의 기본적인 진리만이 존재하며"(『통섭』, 6), 따라서 모든 지식은 단 하나의 지식 체계로 통일될 수 있다. 『통섭』이란 저서는 말하자면 다양한 유형의 지식을 한 가지 유형의 지식으로 통일하려는 구상을 담고 있다. 이러한 구상에 의하면 물리학, 화학, 생물학 등 자연과학의 제 분과가 통합될 수 있으며, 더 나아가 자연과학이 사회과학, 인문학과도 통합되어 하나의 통일적인 지식 체계를 형성할 수 있다.

이처럼 학문의 통일을 가능하게 해 주는 것이 통섭이다. "통섭은 통일의 열쇠이다."(『통섭』, 40) 통섭은 자연과학적 탐구를 가능하게 하는 "인과적인 설명"(『통섭』, 460)을 토대로 모든 현상들을 남김없이 해명하려는 시도이다. 이 점에 대해 윌슨은 다음과 같이 말한다.

> 학자들은 행동과 문화를 다룰 때 개별 분과들에 적절한 여러 유형의 설명들, 예컨대 인류학적 설명, 심리학적 설명, 생물학적 설명 등을

---

23 E. O. Wilson, *The Insect Societies*, Cambridge: Belknap, 1971; *Sociobiology*, Harvard: Harvard University Press, 1975/ 이병훈·박시룡 역, 『사회생물학 I-II』, 서울: 민음사, 1992; *On Human Nature*, Havard: Harvard University Press, 1978/ 이한음 역, 『인간 본성에 대하여』, 서울: 사이언스북스, 2000.

> 언급하는 습관이 있다. 나는 본래 단 한 가지의 설명만이 있다고 논증했다. 그 설명을 통해 우리는 다양한 수준의 시공간과 복잡성을 넘나들어 결국에 통섭이라는 방법으로 여러 분과들의 흩어진 사실들을 통일한다. 통섭은 봉합선이 없는 인과관계의 망이다.(『통섭』, 459)

여기서 윌슨이 통섭을 "봉합선이 없는 인과관계의 망"에 비유하듯이 통섭은 모든 학문의 경계를 허물고 자연과학적 방법을 통해 모든 학문을 하나로 통일하려는 시도이다.

통섭을 지탱해 주는 것은 바로 물리학적 환원주의이다. 이러한 입장에 의하면 존재하는 모든 것은 "자연적 인과관계"의 망 속에서 존재하며, 따라서 존재하는 모든 것들을 지배하는 법칙들은 물리법칙으로 환원될 수 있다. 이 점과 관련해 윌슨은 다음과 같이 말한다.

> 그러면 통섭적 세계관의 핵심은 무엇일까? 그것은 모든 현상들—예컨대, 별의 탄생에서 사회조직의 작동에 이르기까지—이 비록 길게 비비 꼬인 연쇄이기는 하지만 궁극적으로는 물리법칙들로 환원될 수 있다는 생각이다.(『통섭』, 460)

물리학적 환원주의에 의하면 물리학을 위시한 자연과학과 인문학·사회과학의 "차이는 단지 문제의 크기 차이일 뿐 문제의 해답을 찾는 데 필요한 원리들의 차이는 아니다. 인간의 조건은 자연과학의 가장 중요한 미답지이다. 역으로 자연과학에 의해 드러난 물질세계는 인문·사회과학의 가장 중요한 미답지이다. 그렇다면 통섭 논증은 다음과 같이 압축될 수 있다. 두 미답지는 동일하다고."(『통섭』, 461)

윌슨은 물리학자이자 역사학자인 제럴드 홀턴(Gerald Holton)이 사용한 개념인 "이오니아의 마법"(『통섭』, 31)에 대한 논의를 출발점으로 삼아 통섭의 구상을 전개한다. 그에 의하면 통일과학에 대한 믿음은 서양철학의 효시로 간주되는 고대 희랍의 이오니아의 철학자인 탈레스(Thales)에게서 시작되었다. 만물의 근원을 물이라고 주장한 탈레스는 "세계의 물질적 기초와 자연의 통일성에 대한 형이상학"(『통섭』, 34)을 상정하면서 "통일과학"(『통섭』, 34)에 대한 믿음을 처음으로 표명한 철학자인데, 이러한 통일과학에 대한 믿음이 바로 "이오니아의 마법"이다. 이오니아의 마법은 그 후 세련되어 가면서 계속해서 과학 사상을 지배해 왔다.

이오니아의 마법에 따라 학문의 통일을 시도할 때 그 출발점은 자연과학이다. "과학은 실제 세계를 탐구하는 가장 효과적인 방법이기"(『통섭』, 100) 때문이다. 우선 자연과학의 영역에서 통섭이 이루어져 다양한 자연과학 분야 사이의 경계가 무너지고 그것들이 통일될 수 있다. 실제로 자연과학의 다양한 분야 사이에서 통섭이 이루어지고 있는데, 이 점에 대해 윌슨은 다음과 같이 기술한다.

> 통섭에 대한 믿음은 자연과학의 근간이다. 적어도 물질세계에 대해서만큼은 개념적 통일성을 향해 나가고 있음이 분명하다. 자연과학 분야 사이의 경계들은 혼성 영역들이 계속 생겨나면서 점점 사라져 가고 있으며 그 영역들에서 조용하게 통섭이 이루어지고 있다. 이런 영역들은 물리화학에서부터 분자유전학, 화학생태학, 그리고 생태유전학에 이르기까지 다양한 수준의 복잡성을 가로지르며 형성된다.(『통섭』, 43)

그러나 통섭이 자연과학의 영역에만 한정되는 것은 아니다. 통섭은 사회과학과 인문학의 영역으로도 확장될 수 있다. 이 점과 관련해 윌슨은 "인간이 자연적 인과관계에 따른 사건들에 따라 행동하는 존재라면 사회과학과 인문학은 왜 자연과학과의 통섭에서 배제되어야 하는가?"(『통섭』, 43)라는 질문을 던지고 있다. 그에 따르면 인간이 "자연적 인과관계에 따른 사건들에 따라 행동하는 존재"인 이상 인간을 탐구하는 사회과학과 인문학은 당연히 자연과학과 통섭될 수 있다. 이러한 가능성에 대해 윌슨은 다음과 같이 기술한다.

> 자연과학과 인문학은 21세기 학문의 거대한 두 가지가 될 것이다. 반면 사회과학은 계속해서 세분화되면서 그중 어떤 부분은 생물학으로 편입되거나 생물학의 연장선 위에 있게 될 것이며 그 밖의 부분들은 인문학과 융합될 것이다. 사회과학의 분과들은 계속해서 존재하겠지만 결국 그 형태는 극단적으로 변할 것이다. 그런 와중에 철학, 역사학, 윤리학, 비교종교학, 미학을 아우르는 인문학은 과학에 접근할 것이고 부분적으로 과학과 융합할 것이다.(『통섭』, 45)

이처럼 자연과학과 인문학·사회과학을 아우르는 통섭을 통해 자연과학과 인문학·사회과학 사이의 경계가 사라지고 이 모든 학문들이 통일되어 진정한 의미의 통합 학문이 나타날 수 있다는 것이다.

윌슨은 자연과학에서 시작하여 사회과학과 인문학 전체를 아우르는 통섭의 가능성에 대해 구체적으로 논의한다. 그에 따르면 자연과학의 영역을 넘어 인문학·사회과학의 영역에 걸쳐 통섭을 수행함에 있어 특히 중요한 역할을 하는 두 학문 분과는 뇌과학과 생물학이다. 우선 뇌과학은 마음 혹은 의식의 문제를 과학적으로 해명하면서 마음에 관한 학문을 자연과학과 "봉합선 없이"[24] 연결해 줄 수 있기 때문에 인문학·사회과학과 자연과학의 통섭에서 중요한 역할을 한다. 그리고 생물학은 문화와 인간의 본성을 과학적으로 해명하면서 문화에 관한 학 및 인간의 본성에 관한 학을 자연과학과 봉합선 없이 연결해 줄 수 있기 때문에 인문학·사회과학과 자연과학의 통섭에서 중요한 역할을 한다. 그에 따라 윌슨은 마음에 관한 학으로서의 뇌과학과 문화와 인간의 본성에 관한 학으로서의 생물학이 통섭 프로그램에서 차지하는 위치에 대하여 먼저 논의한 다음 인문학·사회과학과 자연과학의 통섭에 대해 다양한 방식으로 논의한다.

그런데 윌슨에 의하면 인문학과 사회과학 중에서 정치학, 경제학, 사회학, 인류학 등의 사회과학은 자연과학과의 통섭이 더 쉽지만 예술, 종교, 윤리, 철학 등의 인문학은 자연과학과의 통섭이 더 어렵다. 바로 이러한 이유에서 그는 사회과학과 자연과학 사이의 통섭의 가능성에 대해 먼저 논의한 후 인문학과 자연과학의 통섭의 가능성에 대해 논의한다.

이제 우리는 다양한 유형의 통섭에 대한 윌슨의 논의를 따라가면서, 통섭 프로그램의 조망을 얻는 데 필요한 한에서 그 중요한 내용을 정리할 것이다. 우리는 우선 1) 마음에 관한 학으로서의 뇌과학이 통섭 프로그램에서 차지하는 위치, 2) 문화와 인간의 본성에 관한 학으로서의 생물학이 통섭 프로그램에서 차지하는 위치를 살펴보고,

24 윌슨에 의하면 "통섭은 봉합선이 없는 인과관계의 망이다."(『통섭』, 459)

거기에 이어 3) 사회과학과 자연과학의 통섭의 문제, 4) 예술 및 역사와 자연과학의 통섭의 문제, 5) 윤리학과 자연과학의 통섭의 문제, 6) 철학과 자연과학의 통섭의 문제를 살펴본 후, 마지막으로 7) 통섭의 필요성에 대해 살펴볼 것이다.

2. 마음에 관한 학으로서의 뇌과학이 통섭 프로그램에서 차지하는 위치

마음 혹은 의식은 윌슨의 통섭 프로그램에서 아주 중요한 위치를 차지하는 현상이다. 이 점과 관련해 그는 "이런 기본적이면서도 우리를 혼란스럽게 만드는 심오한 사실 때문에 마음은 통섭 프로그램의 가장 중요한 주제이기도 하다"(『통섭』, 183)고 지적하면서 이 주제를 "마음"이라는 제목을 달고 있는 『통섭』의 6장에서 자세하게 다루고 있다.

잘 알려져 있듯이 의식은 인식론, 존재론, 심리철학 등 다양한 철학 분과에서 다루어지고 있는 핵심적인 주제이다. 전통적으로 철학은 "내성"(『통섭』, 183)의 방법을 사용해 마음의 문제를 해명하고자 시도하였다. 그런데 윌슨은 내성의 방법에 대해 비판적이다. 그에 의하면 내성은 마음을 탐구하기 위한 적절한 방법이 아니다. 이와 관련해 그는 "내성으로만 시작된 논리는 신빙성이 떨어지고 실재와 괴리될 수 있으며 흔히 잘못된 방향으로 흐르기 쉽다. 역사는 언제나 그렇게 말한다."(『통섭』, 183)라고 단언한다.

윌슨에 따르면, 마음은 전통적으로 철학자들이 생각해 왔던 것과는 달리 여타의 자연적 대상들과 마찬가지로 철학의 대상이 아니라 경험과학의 대상이다. 이 점과 관련해 그는 마음에 관한 탐구가

"철학이나 종교적인 탐구라기보다 경험적인 탐구"(『통섭』, 184)라는 사실을 지적하고 있다. 이때 "경험적인 탐구"라 함은 자연과학적 탐구를 뜻한다.

그런데 이 경우 윌슨이 마음에 대한 자연과학적 탐구로서 일차적으로 염두에 두고 있는 것은 "뇌과학"이다. 그에 의하면 뇌과학은 모든 정신 과정이 "물리적 기초"(『통섭』, 183)를 가지고 있다는 전제에서 출발해 정신 과정의 물리적 기초를 해명하면서 마음의 정체를 해명하는 경험과학이다. 바로 이러한 맥락에서 그는 최신의 뇌과학적 연구 결과들을 소개하면서 "마음을 만들어 내는 물리적 과정"(『통섭』, 203)에 대해 설명하고 있다. 그에 의하면 뇌과학은 전통적으로 철학의 탐구 대상으로 간주되어 왔던 마음을 자연과학적 방법을 사용하여 효과적으로 탐구할 수 있는 학문이다. 이러한 논의를 통해 알 수 있듯이 마음은 통섭 프로그램의 예외가 될 수 없다. 바로 이러한 이유에서 그는 여기저기서 뇌과학의 의의에 대해 다음과 같이 다양한 방식으로 기술하고 있다.

> 오늘날에도 사람들은 바로 이러한 이유 때문에 자기 자신의 마음보다 자동차에 관해 더 많은 것을 알고 있다. 마음에 관한 근본적인 설명이 철학이나 종교적인 탐구라기보다 경험적인 탐구인 것도 같은 이유 때문이다. 이런 탐구는 아직도 어둡기만 한 뇌 내부로의 여행이다.(『통섭』, 185)

> 이 주제에 대한 전문가인 모든 과학자와 철학자들은 의식과 합리적 과정들로 구성되어 있는 마음이 바로 뇌의 작용이라는 점에 동의한

다.(『통섭』, 187)

의식은 정신 활동에 참여하는 회로가 대량으로 연결되어 있는 집합체이다.(『통섭』, 205)

지금까지 나는 마음을 만들어 내는 물리적 과정에 관해 말했다.(『통섭』, 203)

뇌라는 기계는 아직까지도 우리에게 엄청나게 낯설다. 과학자들은 뇌 회로의 극히 일부분만을 알아냈을 뿐이다. 뇌의 주요 부위들이 왜 그렇게 생겼는지에 대해서는 아직도 잘 모르고 있다. 단지 그것들이 다양한 기능을 하고 있다는 것을 통해 많은 것을 배울 뿐이다.(『통섭』, 193)

마음의 본성이 이런 작용들의 산물임을 주장하기 전에 나는 잠시 물리학적 정지 작업을 하고자 한다.(『통섭』, 193)

지식의 통일성—미로의 실재—에 대한 믿음은 궁극적으로 모든 정신 과정이 물리적 기초를 가지고 있으며 그 과정이 자연과학에 잘 부합한다는 가설에 근거해 있다.(『통섭』, 183)

이 인용문들을 살펴보면 알 수 있듯이 윌슨은 뇌과학이 의식의 비밀을 남김없이 해명할 수 있을 것으로 믿고 있다. 말하자면 그는 현재의 뇌과학이 의식의 비밀을 해명함에 있어 한계를 가지고 있지만 뇌과학이 무한히 진보하면 뇌의 구조가 완벽하게 해명되면서 의식의 비밀도 완전히 해명될 것으로 간주하는 것이다.

3. 생물학이 통섭 프로그램에서 차지하는 위치

앞서 지적하였듯이 윌슨에 의하면 생물학은 문화와 인간의 본성을 과학적으로 탐구하면서 문화에 관한 학문과 인간의 본성에 관한 학문을 자연과학과 봉합선 없이 연결해 주기 때문에 통섭 프로그램에서 중요한 위치를 차지한다. 윌슨은 『통섭』의 7장 "유전자에서 문화까지"와 8장 "인간 본성의 적응도"에서 진화생물학, 분자생물학, 유전학, 뇌생물학, 사회생물학 등 생물학의 여러 분야에서의 다양한 연구 결과들을 토대로 문화에 관한 학문과 인간 본성에 관한 학문을 자연과학과 통섭할 수 있는 가능성을 다양한 방식으로 모색한다. 그러나 거기서 윌슨은 이 주제에 대한 완성된 이론을 제시하고 있지 않다. 어떤 점에서 그는 이 주제에 대해 암중모색하고 있는 중이라고 할 수 있다. 이와 관련해 그는 자신의 이론이 아직 초보적인 단계에 머물러 있으며 대부분 추측의 수준에 머물러 있다는 사실을 다음과 같이 털어놓기도 한다.

> 인간 본성은 아직 모호한 개념이다. 왜냐하면 후성 규칙들에 대한 우리의 이해가 아직 초보적이기 때문이다. 앞에서 내가 사용했던 사례들은 광대한 인간 정신의 한 단편에 불과하다.(『통섭』, 291)

> 행동발달을 안내하는 후성 규칙에 대해서도 탐구의 길은 아직 멀다. 따라서 유전자-문화 공진화의 정확한 본질도 대부분 추측의 수준에 머물러 있다. 예컨대 후성 규칙들이 뇌의 특화된 기능들로서 융통성이 별로 없는 동물의 본능과 유사한지, 아니면 상당히 다양한 행동 범주들을 아우르며 기능하는 일반적인 합리적 알고리듬인지가 관건이다.(『통섭』, 304)

실제로 『통섭』에서 제시된 문화와 인간 본성에 대한 윌슨의 이론은 초보적인 단계에 머물러 있으며 많은 경우 추측의 수준에 머물러 있다. 그가 많은 분량을 할애하여 이 주제를 다루고 있지만 그 이론은 완성도라는 측면에서 볼 때 많은 문제점을 안고 있다. 따라서 문화와 인간 본성에 대해 윌슨이 논의하고 있는 내용을 모두 소개하지 않고 그 핵심적인 내용만을 간단히 소개하고자 한다.

앞서 지적하였듯이 윌슨은 『통섭』의 7장에서 문화의 문제를 먼저 검토하고 8장에서 인간 본성의 문제를 검토한다. 그러나 우리는 윌슨의 논의 순서와는 달리 인간 본성의 문제를 우선 검토하고자 한다. "후성 규칙"이라는 개념이 문화의 정체를 이해함에 있어 나름의 역할을 담당하는데, 그것이 인간 본성을 해명함에 있어 핵심적인 역할을 담당하는 까닭에 그에 대한 논의가 인간 본성의 문제를 해명하면서 자세하게 이루어지기 때문이다.

인간 본성은 전통적으로 철학의 핵심적인 주제 중의 하나였다. 그러나 윌슨에 의하면 인간 본성 역시 통섭 프로그램에서 예외일 수 없으며 자연과학적 방법을 통해 그 정체를 해명할 수 있다. 그러면 인간 본성이란 도대체 무엇인가? 윌슨은 인간 본성과 관련해 다음과 같이 말한다.

> 그것은 인간 본성을 규정하는 유전자도 아니고 인간 본성의 궁극적 산물인 문화도 아니다. 오히려 우리는 지금 막 그것에 대한 정확한 표현을 찾기 시작했다. 그것은 후성 규칙들이다.(『통섭』, 291)

여기서 알 수 있듯이 윌슨은 인간 본성을 "후성 규칙"이라고 부르고 있다. 그러면 "후성 규칙"이란 무엇인가? 후성 규칙은 "문화의 진화를 한쪽으로 편향시켜 유전자와 문화를 연결해 주는 정신 발달의 유전적 규칙성"(『통섭』, 291)을 뜻한다. 윌슨에 의하면 특정의 유기체는 일군의 행동을 편향적으로 하는 능력을 가지고 있는데, 이처럼 일군의 행동을 편향적으로 하는 유기체의 능력이 바로 후성 규칙이다. 윌슨은 후성 규칙에 대해 다음과 같이 설명한다.

> 마틴 셀리그먼(Martin Seligman)과 몇몇 심리학자들은 1972년 초에 발달 과정에서의 편향을 정확하게 정의했다. 그들은 그것을 '준비된 학습'이라고 불렀다. 그것은 동물과 인간이 선천적으로 어떤 행동을 배우도록 준비되었지만 다른 행동들에 대해서는 준비되어 있지 않음(즉 피하는 성향을 가짐)을 뜻한다. 준비된 학습이라고 보고된 많은 사례들은 후성 규칙들로 묶인다. 생물학에서는 해부구조, 생리, 인지, 그리고 행동이 발생하는 과정에서 대물림되는 모든 규칙성을 통칭해서 후성 규칙이라고 부른다.(『통섭』, 268-269)

그런데 이처럼 특정의 유기체가 일군의 행동을 편향적으로 할 수 있는 능력을 뜻하는 후성 규칙은 유전자에 토대를 두고 있으며, 이 후성 규칙은 다시 문화를 규정한다. 그러나 후성 규칙이 유전자에 의해 전적으로 결정되는 것은 아니다. 후성 규칙은 자신이 만들어 낸 문화의 영향을 받아 변화할 수 있으며 그처럼 변화된 것이 다음 세대로 대물림될 수도 있다. 이러한 점에서 윌슨은 후성 규칙에 대한 자신의 이론이 "유전자 결정론"(『통섭』, 295)이 아니라고 주장한다.

그런데 후성 규칙은 인간이라는 종의 경우 다양한 문화를 초월하여 확인할 수 있는 "문화적 보편자"(『통섭』, 295)를 산출한다. 이와 관련하여 윌슨은 "후성 규칙들에 따라 편향된 문화에서 진화된 그 규약들은 문화적 보편자로 간주된다"(『통섭』, 295)고 말한다. 윌슨에 의하면 이처럼 문화적 보편자를 산출하는 후성 규칙들은 두 가지로 나누어지는데, 그것은 다름 아닌 일차 후성 규칙들과 이차 후성 규칙들이다.

> 일차 후성 규칙들은 감각기관에서 자극들을 거르고 암호화하는 데에서부터 시작하여 두뇌가 그 자극들을 지각하도록 하는 작동 과정들이다. 연속적인 전체 과정은 이전 경험에 의해 미약하게만 제약을 받는다. 한편 이차 후성 규칙은 많은 양의 정보를 통합하는 과정에서 기능하는 규칙성이다. 이 규칙들은 지각, 기억, 감정의 파편들을 끌어들여 우리의 마음이 특정 모방자는 선택하되 다른 것들은 배척하게끔 만든다.(『통섭』, 270)

이처럼 본성이 후성 규칙을 의미하며, 후성 규칙이 한편으로는 유전자에 토대를 두고 있고 다른 한편으로는 문화로부터 영향을 받기 때문에 본성은 생물학을 통해 그 정체가 해명될 수 있다. 뒤에서 살펴보겠지만, 유전자뿐 아니라 문화 역시 진화의 산물이며 양자 모두 진화의 산물인 한에서 생물학적 설명이 가능하기 때문이다. 이처럼 전통적으로 철학의 고유한 탐구 주제로 간주되었던 본성은 생물학을 통해 자연과학의 탐구 주제가 되며 통섭 프로그램을 통해 남김없이 그 정체가 해명될 수 있다.

그러면 이제 문화가 어떤 방식으로 생물학을 통해 해명될 수 있는지 하는 점을 살펴보자. 문화는 자연과학과 사회과학의 통섭에서 중요한 역할을 담당하는 주제이다. 그러면 문화란 무엇인가? 윌슨에 의하면 엄격한 의미에서 문화는 "사회적으로 학습된 복잡한 행동"(『통섭』, 294)을 뜻한다. 그런데 "사회적으로 학습된 복잡한 행동"으로서의 문화 역시 여타의 대상들과 마찬가지로 자연과학적 방법을 통해 연구될 수 있으며, 이러한 방법을 통해 문화를 탐구하는 학문들은 자연과학과 통섭될 수 있다.

문화가 자연과학적 방법을 통해 탐구될 수 있다는 사실을 해명하기 위하여 윌슨은 "유전자-문화 공진화(gene-culture coevolution)"(『통섭』, 231-232) 이론을 전개한다. 이러한 이론에 따르면 우선 인류의 진화는 "유전적 진화"의 층과 "문화적 진화"(『통섭』, 232)의 층을 가지고 있다. 이러한 점에서 인류의 진화는 유전적 진화의 층만 가지고 있는 대부분의 동물의 진화와 구별된다. 더 나아가 인간의 진화를 구성하는 두 가지 층인 유전적 진화와 문화적 진화는 서로에게 영향을 미치면서 이루어진다. 바로 이러한 이유에서 양자의 관계를 해명하는 이론을 "유전자-문화 공진화 이론"이라 부르는 것이다.

유전자-문화 공진화 이론의 핵심은 다음과 같다. 우선 유전적 진화는 문화적 진화에 영향을 미친다. 윌슨에 의하면 "사회적으로 학습된 복잡한 행동"인 문화는 개별적인 마음들에 토대를 두고 형성된 "공동의 마음"(『통섭』, 232)에 의해 창조된 것이다. 그런데 공동의 마음이 형성되기 위한 토대인 개별적인 마음들은, 앞서 2절에서 논의되었듯이, "인간 두뇌의 산물"(『통섭』, 232)이다. 더 나아가 개별적인 마음들을 산출하는 "인간 두뇌"는 "유전적으로 조성된"(『통섭』, 232) 것이다. 따라서 문화는 결국 유전적으로 조성된 것, 즉 유전적 진화를 토대로 형성된 것이다. 그런데 이러한 과정에서 후성 규칙이 산출되어 작동하는데, 이에 대해 윌슨은 다음과 같이 기술한다.

> 즉 유전자는 인지 발달의 신경회로와 규칙적인 후성 규칙을 만들어 내고 개별 마음은 그 규칙을 통해 자기 자신을 조직한다. 마음은 태어나서 무덤에 들어갈 때까지 성장한다. 물론 자기 주변의 문화를 흡수하면서 성장한다. 하지만 그런 성장은 개체의 두뇌를 통해 유전된 후성 규칙의 안내를 받아 이루어진다.(『통섭』, 232)

그러나 유전적 진화를 토대로 형성된 문화는 유전자와의 관계에서 볼 때 단순히 수동적인 위치에 있으면서 유전자로부터 일방적으로 영향을 받기만 하는 것이 아니다. 문화가 유전자에 의해 영향을 받아 진화하는 것은 사실이지만 그를 통해 진화한 문화 역시 유전자에 영향을 미친다. 예를 들어 "문화는 어떤 유전자가 다음 세대로 전달될 것인지를 결정하는 것을 돕는다."(『통섭』, 280) 이처럼 유전적 진화의 영향을 받아 이루어지는 문화적 진화는 다시 유전적 진화에 영향을 미친다.

더 나아가 이처럼 문화적 진화의 영향을 받아 이루어지는 유전적 진화는 다시 문화적 진화에 영향을 미치고, 이처럼 영향을 받아 새롭게 이루어지는 문화적 진화는 다시 유전적 진화에 영향을 미친다. 이처럼 유전적 진화가 문화적 진화에 영향을 미치고 문화적 진화가 유전적 진화에 영향을 미치는 일이 반복되면서 유전자와 문화가 함께 진화해 나가는데, 이것이 바로 유전자-문화 공진화 이론의 핵심이다. 윌슨은 『통섭』의 7장에서 유전자-문화 공진화 이론을 전개한 후 그 내용을 다음과 같이 요약하고 있다.

> 지금까지 나는 유전자에서 문화로, 문화에서 다시 유전자로 옮겨 다니며 유전자-문화 공진화의 단계 대부분을 추적했다. 이 단계들은 다음과 같이 매우 간략하게 요약될 수 있을 것이다.
>
> 유전자의 규정을 받는 후성 규칙들은 문화적 습득과 전달을 가능케 하는 감각 지각과 정신 발달의 규칙성이다.
>
> 문화는 어떤 유전자가 다음 세대로 전달될 것인지를 결정하는 것을 돕는다.
>
> 성공적인 새 유전자는 개체군의 후성 규칙을 변화시킨다.
>
> 변화된 후성 규칙은 문화적 습득이 이뤄지는 경로의 방향과 효율성을 변화시킨다. (『통섭』, 280)

그런데 유전자-문화 공진화에서 유전적 진화를 추동하는 것이 "자연선택"(『통섭』, 233 이하)이듯이, 문화적 진화뿐 아니라 유전자-문화 공진화를 추동하는 것도 자연선택이다. 윌슨에 의하면 "유전자-문화 공진화는 자연선택에 따른 진화 과정의 특수한 확장이다."(『통섭』, 234) 그런데 자연선택은 생물학의 핵심적인 개념이며 이처럼 생물학의 핵심적인 개념인 자연선택이 문화를 설명하기 위한 핵심적인 개념으로 등장하기 때문에 자연과학의 일종인 생물학과 문화를 연구하는 학문들 사이에 통섭이 이루어질 수 있는 것이다.

4. 사회과학과 자연과학의 통섭

윌슨은 마음이 뇌과학을 통해 해명될 수 있고 문화와 인간 본성이 생물학을 통해 해명될 수 있다는 사실을 해명한 후 사회과학과 자연과학의 통섭 가능성에 대해 해명한다.

윌슨에 의하면 사회과학의 목표는 장차 일어날 일을 예측하고 미래를 통제할 수 있는 지식을 획득하는 데 있다. 윌슨은 "사람들은 사회과학—인류학, 사회학, 경제학, 그리고 정치과학—에서 우리의 삶을 이해하고 미래를 통제할 지식을 기대한다. 그것들은 존재하지 않는 사건들의 예정된 전개가 아니라 우리가 특정한 행위 과정을 선택했을 때 사회에서 어떤 일이 일어날 것인지를 예측하고자 한다. 정치학과 경제학은 이미 그러한 예측 능력의 존재를 가정하고서 진행되고 있다."(『통섭』, 317)라고 말한다. 이처럼 사회과학이 장차 일어날 일을 예측하고 미래를 통제할 수 있는 지식을 얻으려고 한다는 점에서 그것은 자연과학과 동일한 목표를 추구한다. 잘 알려져 있듯이 자연과학의 중요한 목표 중의 하나는 미래의 사건을 예측하는 데 있기 때문이다. 사회과학이 자연과학과 다른 점이 있다면 자연과학이 자연현상을 연구 대상으로 삼고 있는 데 반해 사회과학은 정치, 경제,

사회, 문화 등 사회 현상을 연구 대상으로 삼고 있다는 것이다.

그러면 사회과학은 이러한 자신의 목표를 성공적으로 추구하고 있는가? 과연 사회과학이 이 점에 있어서 성공적인지 하는 점은 그것을 의학과 비교해 보면 분명히 드러난다. 사회과학과 의학은 추구하는 목표에 있어 유사성을 가지고 있다. 양자의 유사성에 대해 윌슨은 다음과 같이 말한다.

> 의학과 사회과학은 중요하고 긴급한 문제들을 해결해야 하는 임무를 맡고 있다. 예컨대, 의학자들은 암을 고치고 유전자 결함을 바로잡으며 절단된 신경삭을 수리하는 일들을 하며 제 몫을 한다. 반면, 우리는 사회과학자들이 인종 갈등을 완화하는 방법, 개발도상국이 성공적인 민주주의로 이행하는 방법, 그리고 세계무역을 최적화하는 방법을 알려 주기를 기대한다. 이 두 분야가 맡고 있는 문제들은 하나같이 복잡하다.(『통섭』, 317-318)

이처럼 의학과 사회과학이 추구하는 목표에 있어서 유사성을 가지고 있음에도 불구하고 의학이 자신의 목표를 훌륭하게 성취하고 있는 것과는 달리 사회과학은 그렇지 못하다. 의학이 인간의 몸의 상태를 정확하게 진단하고 예측하면서 질병을 성공적으로 고칠 수 있는 것과는 달리 사회과학은 사회적 병리 현상을 정확하게 진단하고 예측하면서 그것을 적절하게 치유할 수 있는 능력을 가지고 있지 않다.

그러면 이처럼 자신의 목표 추구에 있어서 의학이 성공적인 데 반해 사회과학은 그렇지 못한 이유는 무엇일까? 의학이 통섭을 수행하고 있는 데 반해 사회과학은 그렇지 않기 때문이다. 이 점에 대해 윌슨은 다음과 같이 말한다.

> 두 영역 간의 결정적인 차이점은 통섭이다. 즉 의학은 통섭을 행하고 있지만 사회과학은 그렇지 않다. 의학자들은 분자생물학과 세포생물학의 정합적 토대를 믿는다. 그들은 건강과 질병의 요소들을 생물학·물리학·화학의 수준까지 내려가서 연구하고자 한다. 그들이 수행하는 개별 연구 프로젝트의 성패는 근본 원리들에 입각한 실험 설계를 얼마나 잘했느냐에 달려 있다. 즉 그들은 전체 유기체에서 분자까지 이르는 순차적인 생물 조직의 모든 수준들에 일관적으로 적용되는 근본 원리들을 사용하고 있다.(『통섭』, 318-319)

> 사회과학자들은 대체로 자연과학을 통일시키고 이끌어 가는 지식의 위계성 개념을 일축한다. 그들은 독립된 칸막이에 자신만의 방을 만들어 놓고 각자의 방에서만 통하는 정확한 언어를 사용하려고만 하지 그런 작업을 좀처럼 다른 방들로 확장하려고 하지 않는다.(『통섭』, 319)

사회과학이 자신의 목표에 성공적으로 도달하기 위해서는 자연과학과의 통섭을 본격적으로 시도해야 한다. 사회과학을 자연과학과 통섭한다 함은 "바로 자연과학적 설명과 사회과학적 설명을 같은 선상에 놓아야 한다는 뜻이다."(『통섭』, 331) 실제로 사회과학과 자연과학을 통섭할 수 있는 가능성이 존재한다. 앞서 살펴보았듯이 생물학을 비롯한 자연과학은 인간 본성을 훌륭하게 탐구할 수 있는 학문이다. 따라서 인간 본성의 다양한 발현 형태를 연구하는 사회과학은 생물학을 비롯한 자연과학과 통섭될 수 있다. 실제로 사회과학의 다양한 분야를 살펴보면 이러한 통섭의 시도들이 이루어지고 있다. 그 대표적인 예는 "생물인류학(biological anthropology)"(『통섭』, 324)이다. "생물인류학 연구자들은 문화란 궁극적으로 인간의 유전 역사의 산물이며 그런 역사의 영향을 받은 개인의 결정으로 매 세대마다 새로워진다고 설명한다."(『통섭』, 324) 그러나 사회과학과 자연과학의 통섭은 비단 인류학에만 한정된 것은 아니며, 사회학, 경제학, 정치학 등으로도 확장될 수 있다.

윌슨에 의하면 실제로 사회과학의 전 분야에서 자연과학과의 통섭이 이루어지고 있는데, 이에 대해 그는 다음과 같이 기술한다.

> 자연과학은 지난 몇십 년 동안 자신의 연구 주제를 발 빠르게 확장하여 사회과학에 가까이 다가가고 있다. 그 결과 사회과학과 자연과학을 잇는 4개의 교량이 생겼다. 첫 번째는 인지심리학적 요소들을 가지고 있는 인지뇌과학 또는 뇌과학으로서 이 분야의 종사자들은 정신 활동의 물리적 기초를 분석하고 의식적 사고의 신비를 해결하고자 한다. 두 번째는 인간행동유전학인데 이 분야는 아직 걸음마 단계이기는 하지만 인간 행동의 유전적 기초[...]를 밝히려는 목표를 가지고 있다. 세 번째 교량은 사회생물학이다. 사회생물학은 진화생물학의 잡종 자손으로서 사회 행동의 유전적 기원을 설명하는 일을 목표로 하고 있다. 네 번째는 환경과학이다. [...] 자연환경은 인간이라는 종이 진화해 온 극장이다. 또한 인간의 생리와 행동은 그 환경에 정교하게 적응되어 있다.(『통섭』, 334)

5. 예술 및 역사와 자연과학의 통섭

이처럼 사회과학과 자연과학의 통섭에 대해 논의한 후 윌슨은 인문학과 자연과학의 통섭에 대해 논의한다. 인문학과 자연과학의 통섭은 사회과학과 자연과학의 통섭보다 훨씬 더 어렵다. 그럼에도 불구하고 인문학과 자연과학의 통섭이 가능함은 두말할 필요도 없다. 이 절에서는 예술 및 역사와 자연과학의 통섭 가능성을 살펴보기로 하자.

윌슨은 우선 예술이 무엇인지 규정하면서 예술과 자연과학의 통섭에 대해 논의한다. "예술은 창조적 예술들, 즉 문학, 시각예술, 드라마, 음악, 무용 등의 개인적 작품을 지칭한다."(『통섭』, 363) 윌슨에 따르면 "통섭적 설명에 대한 가장 흥미로운 도전은 뭐니 뭐니 해도 과학에서 예술로의 이행"(『통섭』, 363)에 대한 해명 또는 예술에 대한 과학적 해명이다. 그것은 과학과 예술이 그처럼 성격을 달리하며 그처럼 멀리 떨어져 있는 것처럼 보이기 때문이다. 양자가 이처럼 서로 달라 보임에도 불구하고 예술에 대한 자연과학적 설명을 통해 예술과 자연과학을 통섭하는 일은 가능하다. 그 가장 대표적인 예는 예술의 기원에 대한 해명이다. 그에 따르면 "정도는 다를지라도 모든 사람은 공통적으로 예술적 영감을 가지고 있으며", "이 예술적 영감은 인간 본성의 분수에서 솟구쳐 오른다."(『통섭』, 369) 여기서 알 수 있듯이 윌슨은 예술의 기원을 인간의 본성에서 찾고 있다. 인간 본성의 존재를 부정하는 포스트모더니즘류의 철학이 있음에도 불구하고 인간 본성은 엄연히 존재한다. 그런데 앞서 살펴보았듯이 인간의 모든 본성은 후성 규칙이며 이 후성 규칙은 "인류 진화의 역사 속에서 형성된 것"(『통섭』, 368)이요 따라서 그것은 진화생물학적으로 설명될 수 있는 것이다. 이 점에 있어서는 인간의 예술적 본성 역시 예외가 아니다. 인간의 예술적 본성 역시 일종의 후성 규칙이며 이러한 후성 규칙이 진화의 산물이기 때문에 우리는 그것의 정체를 진화생물학을 통해 해명할 수 있다.

그런데 인간의 예술적 본성을 해명할 수 있는 자연과학으로는 진화생물학 이외에도 뇌과학, 신경과학, 인지심리학, 신경생물학, "생물시학(biopoetics)", "생물미학(bioaesthetics)"(『통섭』, 375) 등을 들 수 있다. 이러한 학문 분야에서 인간의 예술적 본성을 자연과학적으로 해명하면서 다양한 연구들이 발표되었는데, 그 대표적인 예로는 "독일의 동물행동학자인 이레네우스 아이블아이베스펠트(Irenäus Eibl-Eibesfeldt)의 인간 본능에 대한 포괄적인 연구", "미국인 인류학자인 로빈 폭스(Robin Fox)와 라이어넬 타이거(Lionel Tiger)의 민속에 대한 설명", 그리고 "인공지능에 대한 수많은 연구들"(『통섭』, 375)을 들 수 있다. 이 점과 관련해 윌슨은 신경생물학을 통해 인간의 "심미적 본능"(『통섭』, 397)을 해명할 수 있는 가능성에 대해서도 언급하고 있다.

그러면 역사학과 자연과학의 통섭에 대해 살펴보자. 역사학은 인문학·사회과학이 진화생물학을 매개로 하여 자연과학과 통섭될 수 있다는 사실에 대한 또 하나의 좋은 예이다. 윌슨은 역사학과 자연과학의 통섭에 대해 다음과 같이 말한다.

> 인간이 자연적 인과관계에 따른 사건들에 따라 행동하는 존재라면 사회과학과 인문학은 왜 자연과학과의 통섭에서 면제되어야 하는가? 인문·사회과학이 그런 통섭으로 인해 어떤 이득도 볼 수 없단 말인가? 이런 질문에 대해 인간 행위는 역사적이며 역사는 고유한

사건의 펼침이라고 대답하는 것은 충분하지 않다. 인간의 역사 과정을 물리적 역사 과정에서—그것이 별의 역사든 아니면 생물의 역사든—분리할 만한 근본적인 차이는 인간의 역사에 존재하지 않는다. 천문학, 지질학, 그리고 진화생물학 역시 일차적으로 역사적인 분과들이다. 하지만 그것들은 통섭을 통해 자연과학의 다른 분과들과 연결되어 있다. 오늘날 역사학은 그 자체로 기초 학문 중의 하나이다. 하지만 만일 1만 번의 인간 역사를 지구를 닮은 1만 개의 행성에서 추적할 수 있으며 그런 역사들에 대한 비교 연구로부터 경험적 시험과 원리가 진화했다면 어떠하겠는가? 그렇게 되면 역사기술방법론은 이미 자연과학일 것이다.(『통섭』, 43)

이 인용문에 나타난 역사학과 자연과학의 통섭 가능성에 대한 윌슨의 견해는 다음과 같이 요약될 수 있다.

1) 인간은 자연적 인과관계에 따라 행동하는 존재이며 따라서 인간의 역사 과정은 별의 역사, 생물의 역사 등 물리적 역사와 본질적으로 구별되지 않는다.

2) "1만 번의 인간 역사를 지구를 닮은 1만 개의 행성에서 추적할 수 있는" 가능성이 존재하듯이 모든 자연적인 사건과 마찬가지로 인간의 역사 과정도 귀납적이며 인과적인 설명을 통해서 완벽하게 해명될 수 있다.

3) 따라서 현재 기초 학문 중의 하나로 간주되고 있는 역사학은 천문학, 지질학, 진화생물학 등과 통섭되면서 일종의 자연과학, 다시 말해 고도로 복잡한 자연과학, 즉 응용 자연과학으로 탈바꿈할 것이다.

6. 윤리와 자연과학의 통섭

이제 윤리와 자연과학의 통섭 가능성에 대해 살펴보자. 윌슨은 "윤리의 기원"(『통섭』, 411)의 문제를 중심으로 윤리와 자연과학의 통섭의 문제를 논하고 있다. 그에 의하면 윤리의 기원에 대한 수 세기 동안의 논쟁은 다음과 같은 쟁점들로 귀착된다.

> 정의나 인간의 권리와 같은 윤리적 격률들이 인간의 경험과 무관하게 독립적인 것인가, 아니면 인간이 만들어 낸 창안물인가?(『통섭』, 411)

여기서 알 수 있듯이 윤리의 기원에 대한 두 가지 입장이 있는데, 그중의 하나는 윤리가 인간의 경험과 무관하게 독립적이라고 생각하는 입장이고, 다른 하나는 윤리가 인간 경험의 산물이라고 생각하는 입장이다. 전자는 초월론이며 후자는 경험론인데, 이 두 가지 입장의 대립을 간단하게 표현하면 다음과 같다.

> 나는 도덕적 가치들(신으로부터 나온 것이건 아니건 간에)의 독립성을 믿는다.
>
> vs.
>
> 나는 도덕적 가치들이 오직 인간으로부터 나온 것일 뿐임을 믿는다. 신은 별도의 문제이다.(『통섭』, 412)

윌슨에 의하면 생물학 등 제반 자연과학은 윤리의 기원 문제와 관련해 초월론과 경험론 중에서 경험론이 타당함을 보여 준다. 우리는 윤리의 기원을 설명하기 위하여 그 어떤 초월적 존재자를 끌어들일 필요가 없다. 윤리의 기원은 생물학을 비롯해 다양한 자연과학을 통해 남김없이 설명될 수 있다. 이 점에 대해 윌슨은 다음과 같이 말한다.

> 뇌의 활동과 진화에 대한 인과적 설명은 이미 그것이 아직 불완전하기는 해도 도덕적 행동에 관해 알려진 대부분의 사실들을 최소한의 독립적인 가정들만 가지고도 매우 정확하게 다루고 있다.(『통섭』, 416)

이처럼 윤리의 기원이 생물학을 비롯해 자연과학을 통해 남김없이 설명될 수 있는 것은 도덕적 격률들이 철저하게 "물질적 산물"(『통섭』, 426)에 불과하기 때문이다. 윌슨은 도덕적 격률들이 물질적 산물에 불과하다는 사실에 대해 다음과 같이 말한다.

> 윤리적 격률은 우리가 기다려야 하는 신의 계시나 인간 세계 바깥에서 오는 천상의 메시지와는 다르다. 또 그것은 정신의 비물질적 차원에서 울려 퍼지는 독립적인 진리와도 다르다. 그것은 오히려 뇌와 문화의 물리적 산물에 가깝다. 자연과학들에 대한 통섭적 관점에서 보면 윤리적 격률은 사회계약의 원리들이 규칙들과 명령들로 굳어진 것에 지나지 않는다. 한 사회의 성원들이 다른 이들도 이에 따르기를 바라면서 기꺼이 공동선을 위해 받아들이는 행동 코드들인 것이다.(『통섭』, 432)

윌슨은 도덕적 격률이 철저하게 "물질적 산물"이라는 사실과 관련해 "당위를 어떤 물질적 과정의 산물이라고 보면 된다"고 말한 후 "이런 해결책은 윤리의 기원을 객관적으로 파악하는 방법을 알려준다"(『통섭』, 434)고 말한다. 그에 의하면 몇몇 연구자들은 이제 "윤리의 기원을 객관적으로 파악하기 위한" 연구를 시작하였는데, "그들 중 대부분은 윤리적 코드들이 생물학과 문화의 상호 작용을 통한 진화의 산물이라는 점에 동의한다. 어떤 의미에서 보면 그들은 프랜시스 허치슨, 데이비드 흄, 애덤 스미스와 같은 18세기 영국 경험론자들이 발전시켰던 도덕 감정론을 부활시키고 있다고 할 수 있다."(『통섭』, 434) 이 경우 도덕 감정이란 현대 행동과학에서 논의되고 있는 "도덕적 본능"(『통섭』, 435)을 의미하는 것으로서 그것은 "후성 규칙들, 즉 정신 발달의 유전적 성향들로부터 유래한다."(『통섭』, 435) 윌슨에 의하면 "도덕적 본능의 기원은 협동과 배신 간의 역동적 관계이며"(『통섭』, 435), "도덕 진화의 처음 단계가 어떠했을지는 게임이론을 통해, 특히 죄수의 딜레마(Prisoner's Dilemma)에 대한 해결책을 찾는 과정에서 더 분명해진다."(『통섭』, 435)

이러한 맥락에서 윌슨은 윤리의 기원을 해명함을 목표로 하는 "도덕 감정의 생물학"(『통섭』, 440)의 구상에 대해 논하고 있다. 도덕 감정의 생물학은 우선 "도덕 감정의 정의"(『통섭』, 440)에서 시작해야 한다. 도덕 감정에 대한 정의는 "실험심리학에서 정확하게 기술한 다음 신경 반응과 내분비 반응들을 분석함으로써"(『통섭』, 440) 수행된다. 그 다음에는 "윤리적 행동의 심리학적·생리학적 과정들의 유전성을 측정함으로써" "도덕 감정의 유전학"(『통섭』, 441)을 전개하고 "유전자와 환경의 상호 작용의 산물인 도덕 감정의 발달"(『통섭』, 441)을 연구한 후, 마지막으로 "도덕 감정의 심층적 역사"(『통섭』, 441)에 대해 연구한다. 바로 이러한 맥락에서 윌슨은 도덕의 기원에 대한 초월론적 입장을 비판하고 도덕의 기원에 대한 자연과학적 해명이 유일하게 타당한 해명이라는 사실을 강조하면서 다음과 같이 말한다.

> 나는 뇌의 진화론적 기원이나 물리적 기능에 대해 한 번도 생각해 보지 않은 오늘날의 철학자들이 아무것에도 의존하지 않는 독립적인 가정들을 중심으로 윤리학적 논의들을 전개하고 있는 것은 잘못된 일이라고 생각한다. 윤리학만큼 자연과학과의 결합이 절박하게 필요한 분야는 인문학의 다른 영역에 거의 없다고 해도 과언이 아니다.(『통섭』, 438)

7. 철학과 자연과학의 통섭

윌슨은 『통섭』이라는 저서에서 어느 한 장을 할애하여 철학과 자연과학의 통섭의 문제를 주제적으로 다루고 있지 않다. 그럼에도 불구하고 그는 여기저기서 철학과 자연과학의 통섭의 문제를 언급하고 있다. 그 대표적인 예는 방금 전에 살펴본 윤리학과 자연과학의 통섭의 문제이다. 잘 알려져 있듯이 윤리학이 철학의 한 분과이기 때문에 윤리학과 자연과학의 통섭에 대한 논의는 철학과 자연과학의 통섭에 대한 논의의 한 부분에 해당한다고 할 수 있다. 그러나 윌슨은 윤리학에 한정하지 않고 철학 전반을 염두에 두면서 철학과 자연과학 사이의 통섭에 대해 여기저기서 언급하고 있는데, 이제 우리는 이러한 언급들을 토대로 철학과 자연과학의 통섭에 대한 윌슨의 견해를 살펴보고자 한다.

윌슨에 의하면 인문학의 한 분과인 철학 역시 통섭 프로그램에서 예외일 수 없다. 통섭 프로그램에 의하면 모든 여타의 인문학·사회과학과 마찬가지로 기존의 철학 역시 자연과학적 방법을 통해 자연과학으로 탈바꿈될 수 있다.

이러한 윌슨의 견해의 배후에는 철학에 대한 그 자신의 독특한 견해가 자리 잡고 있다. 이 점과 관련해 윌슨은 철학에 대한 로젠버그(A. Rosenberg)의 견해를 단초로 삼아 철학과 자연과학을 통섭할 수 있는 가능성을 모색하고 있다.[25] 로젠버그에 의하면 철학은 단지 두 가지 질문만을 다루는데, "그중 하나는 과학이 답할 수 없는 질문들이고 다른 하나는 과학이 왜 그런 질문에 답할 수 없는가 [하는 질문]이다."(『통섭』, 44)

윌슨에 따르면 로젠버그는 "'장기적으로 모든 사실들이 알려져서 결국 과학이 답할 수 없는 물음이 존재하지 않게 될 수도 있을 테지만 적어도 아직까지는 그런 물음들이 존재한다'고 결론지었다."(『통섭』, 44) 윌슨은 철학에 대한 로젠버그의 이러한 평가가 "너무도 분명하고 정직하며 납득할 만하다"(『통섭』, 44)고 지적한다. 이러한 견해에 의하면 과학이 무한히 진보해 언젠가 과학이 답할 수 없는 문제가 더 이상 존재하지 않게 되면 철학은 더 이상 존재할 필요가 없

25 물론 윌슨이 철학에 대한 로젠버그의 견해를 전적으로 수용하는 것은 아니다. 뒤에서 언급되겠지만 그는 로젠버그가 "과학자들도 철학자들이 모르는 문제가 무엇이며 그리고 왜 그들이 그것을 모르는지에 대해 말할 자격이 있다는 사실을 무시하고 있다"(『통섭』, 44)고 말하면서 그에 대해 비판적인 견해를 피력하기도 한다.

다. 여기서 알 수 있듯이 윌슨은 철학이 존재해야 할 당위성을 현재 과학이 답할 수 없는 물음이 존재한다는 사실에서 찾고 있다. 바로 이러한 맥락에서 윌슨은 철학을 "모르는 것에 관한 숙고"(『통섭』, 44)로 규정하고 있다.

윌슨에 의하면 이러한 기존의 철학, 즉 "모르는 것에 관한 숙고는 그 통치권이 점점 약해지고 있다. 우리의 공동 목표 중의 하나는 철학을 과학으로 최대한 빨리 전환하는 것이다."(『통섭』, 44) "모르는 것에 관한 숙고"로서의 철학은 최대한 빨리 과학으로 전환되어 인류 지성사에서 사라져야 한다. 윌슨이 통섭 프로그램을 통해서 꿈꾸는 것은 바로 "모르는 것에 관한 숙고"인 기존의 철학을 해체하고 그 대신 새로운 철학을 정립하는 일이다.

윌슨은 "모르는 것에 관한 숙고"로서의 기존의 철학이 해체된 후 그 대신 들어서야 할 새로운 철학을 일종의 "세계관", 즉 "통섭 세계관"(『통섭』, 460)이라고 부른다. 그는 통섭 세계관을 "형이상학적 세계관"(『통섭』, 40)이라 부르기도 한다. 우리는 이것을 "통섭적 형이상학"이라고 부를 수 있을 것이다. "통섭 세계관"으로서의 "통섭적 형이상학"은 윌슨이 모든 학문의 통섭을 통해 추구하고 있는 철학이다. 통섭적 형이상학에 대한 그의 믿음에서 엿볼 수 있듯이 윌슨은 통섭을 통해 모든 학문을 통일하는 일이 원칙적으로 가능하다고 생각한다. 이 점과 관련해 그는 통섭적 설명이 학문의 모든 갈래들에 똑같이 적용된다는 "명제를 거부해야 할 증거들은 그 어디에도 없으며"(『통섭』, 459) "그 누구도 그와 같은 통합이 이룰 수 없는 일이라는 증거를 단 하나도 제시하지 못했다"(『통섭』, 26)고 주장한다.

통섭적 형이상학에 의하면, 진리를 발견할 수 있는 유일한 방법은 자연과학적 방법이다. "과학은 실제 세계를 탐구하는 가장 효과적인 방법이다. 과학은 우리가 역사적 전환을 통해 우연히 발견한 계몽의 문화이며 교육받은 사람들의 습관이 된 정신 작용의 복합체이다."(『통섭』, 100) 자연과학적 방법이 진리를 발견할 수 있는 유일한 방법이라는 점에서는 철학도 예외일 수 없다. 말하자면 통섭적 세계관으로서의 통섭적 형이상학을 수립할 수 있는 유일한 방법은 자연과학적 방법이다. 이 점과 관련해 윌슨은 "통섭을 입증하거나 반박하는 일은 자연과학에서 개발된 방법을 통해서만 가능하다"(『통섭』, 44)고 주장한다.

바로 이러한 맥락에서 윌슨은 기존의 철학의 방법에 대해 비판하고 있다. 그에 의하면 "모르는 것에 관한 숙고"로서의 기존의 철학은 올바른 방법을 발견하지 못함으로써 철학의 대상을 올바로 탐구할 수 없었다. 올바른 방법을 확보하지 못함으로써 철학이 실제 세계에 대한 탐구에서 올바른 길로 갈 수 없었던 많은 사례들이 있다. 그 대표적인 예는 마음의 정체를 해명하고자 시도한 근대철학이다. 데카르트를 시발점으로 해서 전개된 근대철학은 마음을 탐구하기 위해서 "내성(introspection)"의 방법을 사용하였다. 그러나 내성의 방법은 마음을 탐구하기 위한 효과적인 수단이 될 수 없는데, 이 점에 대해 윌슨은 다음과 같이 말한다.

> 이런 고상한 반성과 믿음은 언뜻 보면 과학이 아니라 철학의 고유한 영역인 것처럼 보일 수도 있다. 그러나 내성으로만 시작된 논리는 신빙성이 떨어지고 실제와 괴리될 수 있으며 흔히 잘못된 방향으로 흐르기 쉽다. 역사는 언제나 그렇게 말한다. 데카르트로부터 칸트

> 로 이어지는 근대철학은 뇌에 대한 설명을 시도하기는 했으나 대부분 실패로 끝났다.(『통섭』, 183)

윌슨에 의하면 우리는 마음을 탐구하기 위해서 뇌의 구조를 탐구해야 하며 뇌의 구조를 올바로 탐구하기 위해서는 내성의 방법이 아니라 자연과학적 방법을 사용해야 한다. 이처럼 마음을 연구하기 위해서 내성의 방법이 아니라 자연과학적 방법을 사용해야 하는 것은, 자연과학적 방법이 실재 세계에 대한 진리를 발견하기 위한 유일한 방법이기 때문이다. 윌슨에 의하면 자연과학적 방법 이외에 철학의 고유한 방법이란 존재하지 않는다.

이처럼 윌슨은 철학의 대상과 방법의 문제와 관련해 기존의 철학에 대해서 아주 비판적이다. 그는 "철학과 학제적 연구"와 관련해서도 자신의 비판적인 입장을 철저하게 견지하고 있다. 한마디로 그는 기존의 철학을 학제적 연구에 대해 전혀 관심을 가지고 있지 않은 학으로 간주하고 있다. 이 점과 관련해 그는 다음과 같이 주장한다.

> 지식의 합일이라는 전망은 몇몇 전문 철학자들과는 궁합이 맞질 않는다. 그들은 내가 언급한 주제를 그들 자신의 언어와 형식적 사고의 틀로 바라볼 것이다. 그러고는 나에게 혼합주의, 단순주의, 존재론적 환원주의, 그리고 과학주의와 같은 혐의들을 뒤집어씌울 게 분명하다. 나는 무조건 죄인 취급을 받고 있다.(『통섭』, 44)

윌슨에 의하면 기존의 철학은 자신의 울타리 안에만 머물고 있기 때문에 지식의 합일이라는 전망을 가지고 있지 않으며 철학자와 과학자 사이의 학제적 연구의 전망도 가지고 있지 않다. 이처럼 학제적 연구에 대해 전혀 관심을 가지고 있지 않은 철학은 신학과 마찬가지로 더 이상 지혜의 원천일 수 없다. 이 점과 관련해 윌슨은 철학에 대해 다음과 같이 신랄하게 비판한다.

> 신학은 이제 탐구의 문이 활짝 열린 실제 세계에 대한 위대한 노력들을 흡수할 수 없다. 그렇다고 서양의 철학이 그런 기능을 해 줄 것 같지도 않다. 철학은 꼬여 있는 토론과 전문가적 소심함 때문에 현대 문화의 의미를 파산시켰다.(『통섭』, 464)

윌슨에 의하면 "꼬여 있는 토론과 전문가적 소심함"(『통섭』, 464)을 가지고 있는 "전문철학자들"(『통섭』, 44)인 "상아탑 속의 철학자들"(『통섭』, 411)은 단지 학제적 연구에 관심이 없는 데에 머물지 않는다. 그들은 거기서 한 걸음 더 나아가 학제적 연구에 대해 적개심을 갖고 그것을 방해하려고 하는 자들이다.

> 어떤 과학철학자들은 자연과학과 사회과학 간의 경계 지점들이 너무 복잡해서 현재의 상상력만으로는 도저히 정복될 수 없다고 포기한다. 그들은 그것이 어쩌면 오르지 못할 산일지도 모른다고 말한다. 그들은 생물학으로부터 문화로의 통섭이라는 아이디어를 의심하며 공식의 비선형성, 요인들의 2·3차 상호작용, 우연성, 그리고 큰 소용돌이 바다에 살고 있는 다른 모든 괴물들을 지적한다. 그리고 '희망이 없어, 절망이야.' 하고 한숨을 쉰다. 원래 철학자들이란 대개 그런 법이다. [...] 하지만 그들의 이런 염려는 자신의 영역에 높

게 담을 쌓고 문화 연구에 생물학을 출입 금지시키려는 사회과학자들이 점점 줄어드는 현실에 또 한 번 찬물을 끼얹는다.(『통섭』, 360)

철학자들의 독설을 막을 필요도 있겠지만, 더 중요한 것은 과학기술이 그 독설과는 정반대의 믿음을 통해 오늘에 이르렀다는 사실을 스스로 확신하는 일이다. 계몽이 처음으로 사그라든 곳이 과학이 아니라 철학이었다는 점을 상기하라. 물론 사회과학에 대해 비판적인 철학자들의 판단이 옳을 수도 있다. 그러나 그들을 그른 것으로 여기고 나아가는 게 더 낫다. 갈 길은 하나뿐이다. 작업을 못하게 막으면 막을수록 그 작업을 감행하는 사람들을 위한 상은 더 커지는 법이다.(『통섭』, 360-361)

8. 통섭의 필요성

그러면 통섭이 필요한 이유는 무엇인가? 윌슨은 통섭이 필요한 이유를 다음과 같이 몇 가지 각도에서 설명한다.

1) 통섭은 현대사회가 당면한 다양한 문제들을 해결할 수 있게 해 주기 때문에 필요하다. 윌슨에 의하면 현대사회는 "위기", "위험"(『통섭』, 481)에 처해 있다. 이 점과 관련해 윌슨은 "위험은 얼마나 절박한가?"라고 묻고 "내 생각에는 인류가 자기 보존에 관한 생각을 근본적으로 바꾸어야 할 만큼 충분히 절박하다"(『통섭』, 481)고 말한다. 이처럼 극단적인 위기, 위험에 처한 현대사회에는 해결해야 할 문제들이 수없이 많다. 그러나 이러한 문제들은 그 양상이 너무 복잡하

기 때문에 우리는 개별적인 분과 학문의 지식만을 가지고는 그것들을 해결할 수 없다. 우리는 오직 다양한 학문들의 통섭을 통해서만 그것들을 해결할 수 있다. 이 점에 대해 윌슨은 다음과 같이 적고 있다.

> 매일매일 우리를 괴롭히는 이 쟁점들 중 대부분, 예컨대 인종 갈등, 무기 경쟁, 인구 과잉, 낙태, 환경, 가난 등은 자연과학적 지식과 인문·사회과학적 지식이 통합되지 않고서는 해결할 수 없다. 경계를 넘나드는 것만이 실제 세계에 대한 명확한 관점을 제공할 것이다.(『통섭』, 46-47)

2) 통섭은 대학 교육의 개선과 관련해서 중요한 의미를 가지고 있기 때문에 필요하다. 윌슨에 의하면 그동안 대학에서는 교양 교육이 전공 교육에 비해 소홀하게 이루어져 왔다. "약간의 예외가 있기는 하지만 미국의 종합대학과 단과대학들은 학과를 잘게 쪼개고 과정을 세분화하여 커리큘럼을 만들었다. 각 기관에서 학부생들이 수강하는 과목의 평균 숫자는 두 배가 되었지만 일반교양 과정의 필수 과목 비율은 반 이상으로 줄어들었다."(『통섭』, 46) 그러나 이제부터는 세분화된 커리큘럼의 희생양이 되고 만 일반교양 교육을 대폭적으로 강화해야 한다. 일반교양 교육이 강화될 때 학생들은 비로소 현실의 다양한 문제들을 해결할 수 있는 능력을 함양할 수 있다.

그러면 교양 교육은 어떤 방향으로 개선되어야 하는가? 지금까지 교양 교육은 다양한 분과 학문에 따라 세분화하여 수행되어 왔으나 이제부터는 다양한 분과를 통섭하는 형태로 수행되어야 한다. 이처럼 통섭은 교양 교육을 위해 결정적으로 중요한 의미를 가지고 있다. 윌슨에 따르면, "통섭을 추구하는 일은 산산조각 난 교양 교육을 새롭게 하는 길이기도 하다. 사실, 르네상스와 계몽사상이 유산으로 물려준 학문의 통합이라는 이상은 지난 30년 동안 대체로 포기 상태에 있었다. [...] 진정한 개혁은 과학을 학문적 측면과 교육적 측면에서 인문·사회과학과 통섭함으로써 완성될 것이다."(『통섭』, 46)

이처럼 통섭을 추구하는 방향으로 교양 교육을 실시해야만 학생들이 현실의 다양한 문제들을 해결할 수 있는 균형 잡힌 관점을 가질 수 있다. 윌슨은 "균형 잡힌 관점은 분과들을 쪼개서 하나하나 공부한다고 얻을 수 있는 것이 아니다. 그것은 오직 분과들 간의 통섭을 추구할 때만 가능하다. 그런 통합은 쉽게 성취되지 않을 것이다. 하지만 그렇게 할 수밖에 없지 않은가! 지적인 관점에서 보면 그런 통합은 진리의 울림이다. 통합은 인간 본유의 충동을 만족시켜 준다. 학문의 커다란 가지들 사이의 간격이 좁아지는 만큼 지적인 다양성과 깊이는 심화될 것이다."(『통섭』, 47)라고 말한다.

학생들이 가져야만 할 균형 잡힌 관점과 관련해 윌슨은 대학 교양 교육에서 과학 교육이 도외시되고 있는 현실을 커다란 문제점으로 지적한다. 이와 관련해 그는 "내가 이 글을 쓰고 있는 1997년만 해도 학생들에게 자연과학을 반드시 한 과목 이상씩 수강하도록 한 학교는 전체의 3분의 1밖에 되지 않는다"(『통섭』, 46)고 말한다. 이처럼 대학의 교양 교육에서 과학교육이 소홀하게 이루어지면 학생들은 균형 잡힌 시각을 잃게 되면서 현실 문제를 해결할 수 있는 능력을 가질 수 없게 된다. 이러한 현실은 국가 사회의 장래를 위해 심각한 문제를 초래하게 되는데, 이런 맥락에서 윌슨은 다음과 같이 말한다.

이런 의미에서 대부분의 정치 지도자들이 한결같이 인문·사회과학 분야에서 훈련받은 사람들이며 자연과학에 대한 지식이 일천하거나 전혀 없다는 현실은 매우 불행한 일이다. 설상가상으로 이런 열악한 상황은 대중 지식인, 언론인, 평론가, 각종 두뇌 집단에서도 마찬가지이다. 물론, 그들의 분석이 때로는 정확하고 믿을 만할 때도 있다. 하지만 그런 분석의 실질적인 기초는 파편화되어 있으며 한쪽으로 기울어져 있다. 균형 잡힌 관점은 분과들을 쪼개어 하나하나 공부한다고 얻을 수 있는 것이 아니다. 오직 분과들 간의 통섭을 추구할 때만 가능하다.(『통섭』, 47)

3) 통섭은 올바른 윤리관을 정립할 수 있는 토대가 되기 때문에 필요하다.(『통섭』, 474쪽 이하) 윌슨에 의하면 통섭 프로그램은 보수주의 윤리관과 결합되어 있다. 앞으로 자연과학이 진보하면 할수록 인류는 인간을 포함해 우주에 존재하는 모든 것을 조작할 수 있는 탁월한 능력을 가지게 될 것이다. 예를 들어 유전공학이 발전함에 따라 인류는 유전자 조작을 통해 인간의 많은 능력을 임의로 조작할 수 있는 능력을 가지게 될 것이다. 이 경우 유전자 조작을 어느 정도 허용할 것인지와 관련해 심각한 도덕적인 문제가 제기될 수 있다. 난치병을 고치기 위해 유전자를 조작하는 일은 도덕적으로 정당한 일인가? 이에 대해서는 많은 사람들이 그렇다고 답할 것이다. 그러면 수학 능력이나 언어 능력을 향상시키기 위해 유전자를 조작하는 일, 절대음감을 획득하기 위하여 유전자를 조작하는 일, 이성애적 특질을 발현시키기 위하여 유전자를 조작하는 일 등은 도덕적으로 정당한 일인가? 이런 질문들에 대해서는 개인에 따라 각기 다른 반응을 보일 수

있을 것이다.

이 점과 관련해 윌슨은 통섭 프로그램이 윤리적 보수주의를 지지한다고 주장한다. 이 경우 보수주의는 "최근의 미국 보수주의 운동이 빠져든, 경건한 체하며 이기적인 자유지상주의(libertarianism)가 아니다. 대신, 자원들을 소중히 여기고 유지하며 공동체에 최선이라고 판명된 그런 윤리관을 뜻한다. 다시 말해서 진정한 보수주의란 사회제도뿐 아니라 인간 본성에도 적용될 수 있는 사상이다."(『통섭』, 476) 윌슨은 통섭 프로그램의 보수주의적 성격에 대해 다음과 같이 상세하게 기술한다.

> 나는 미래 세대가 유전적으로 보수적일 것이라고 예상한다. 그들은 장애를 야기하는 결함을 치료하는 것 외의 유전적 변화를 거부할 것이다. 정신 발달의 후성 규칙과 감정을 보존하기 위해 그들은 그렇게 할 것이다. 왜냐하면 그 요소들이 종의 물리적 영혼(physical soul)을 구성하고 있기 때문이다. 이런 생각의 논리는 다음과 같다. 감정과 후성 규칙을 충분히 변화시켜라. 그러면 사람들은 어떤 의미에서는 더 나아질 수 있어도 더 이상 인간은 아닐 것이다. 순수한 합리성을 선호하도록 인간 본성의 요소들을 중화시켜라. 그러면 남는 것은 조악하게 구성된 단백질 컴퓨터일 뿐이다. 인간이라는 종이 수백만 년의 생물학적 시행착오를 통해 형성한, 자신의 존재를 규정하는 핵심을 포기할 이유가 어디 있겠는가.(『통섭』, 476)

III. 인문학·사회과학과 자연과학의 원칙적 통섭 불가능성

III장의 목표는 윌슨의 견해와는 달리 인문학·사회과학과 자연과학을 통섭하는 일이 원칙적으로 불가능하다는 사실을 해명하는 데 있다. 이러한 목표를 위하여 1절에서 통섭의 원칙적 불가능성이 무엇을 뜻하는지 해명하고, 2절에서 통섭 프로그램에서 뇌과학과 생물학이 어떤 의의와 한계를 가지고 있는지 검토한 후, 3절에서 자연에 관한 학문들 중에서 자연과학과 통섭할 수 없는 학문이 존재한다는 사실을 해명할 것이다. 거기에 이어 4절에서 8절에 걸쳐 의식에 관한 학문, 사회과학, 예술학, 역사학, 윤리학 등을 자연과학과 통섭하는 일이 원칙적으로 불가능하다는 사실을 해명할 것이며 이어 9절에서는 질적 연구에 대해 살펴보고 질적 연구를 자연과학과 통섭하는 일이 원칙적으로 불가능하다는 사실을 해명할 것이다.

1. 통섭의 원칙적 불가능성이란 무엇을 뜻하는가?

윌슨이 제시하는 통섭 프로그램이 완벽히 수행되기에는 여러 가지 현실적인 난점이 도사리고 있다. 윌슨 자신도 이 점을 인정하고 있다. 예를 들어 그는 "생물학 분야들 간의 통합은 이 장의 맨 처음에 언급된 미로의 딜레마 때문에 아직은 요원하다"(『통섭』, 162)고 말하기도 하고 "흔히 전일론적 접근이라고 부르는 종합을 통한 통섭은 조직의 수준이 점점 높아지면서 복잡성이 엄청난 비율로 증가한다는 복병 때문에 골머리를 썩고 있다"(『통섭』, 160)고 말하기도 하는데, 이는 통섭이 얼마나 많은 현실적인 난점을 안고 있는지 보여 준다.

그러나 윌슨의 통섭 프로그램에 그처럼 현실적 난점이 많이 들어 있다고 하더라도 그것이 곧바로 통섭 프로그램의 원칙적인 불가능성을 입증하는 것은 아니다. 그러한 난점들은 과학이 무한히 진보함에 따라 언젠가는 극복될 수 있을지도 모르기 때문이다. 실제로 과학사는 과학이 진보함에 따라 수없이 많은 현실적 난점들이 극복되면서 특정한 과학적 프로그램이 현실화되는 다양한 예를 보여 주고 있다. 그리고 분과 학문에 종사하는 연구자들 중에서 이러한 신념을 가지고 연구에 임하는 사례는 흔히 찾아볼 수 있다. 예를 들어 폰 노이만과 모르겐슈테른(J. von Neumann & O. Morgenstern)은 게임이론을 경제학에 적용하는 연구와 관련해 "모든 수리화하는 과학이 이러한 연속적인 진화의 과정을 거쳐 왔음은 잘 알려진 사실"[26]이라고 지적하면서

26 J. von Neumann & O. Morgenstern, *Theory of Games and Economic Behavior*, Princeton: Princeton University Press, 1990, 8.

이런 신념을 표명하고 있다. 윌슨 역시 바로 이러한 신념을 가지고 자신의 통섭 프로그램이 원칙적으로 가능하다고 생각하는 것이다.

필자는 통섭 프로그램에 들어 있는 현실적인 난점이 완전히 해소될 수 없을 것이라고 생각한다. 윌슨 자신도 인정하듯이 "조직의 수준이 점점 높아지면서 복잡성이 엄청난 비율로 증가한다는 복병"이 존재하기 때문에 생물학의 영역에서도 통섭 프로그램을 완벽하게 수행하기란 쉬운 일이 아니다. 그러나 인문학의 영역으로 넘어가면 저 복병은 수도 없이 많고 또 힘도 훨씬 더 강해서 인문학 분야에서 통섭 프로그램을 수행하기란 거의 불가능에 가깝다고 해야 할 것이다. 그리고 설령 인문학의 영역에서 통섭 프로그램을 수행했다고 하더라도 그를 통해 정립된 이론들이 과연 얼마만큼 이론으로서 신빙성을 가질 수 있을지 하는 점도 문제일 것이다. 윌슨 자신도 "예술의 생물학적 기원 가설은 후성 규칙들이 실재하는지, 그리고 그 규칙들이 만들어 내는 원형들이 어떤 것인지에 의존하는 하나의 작업가설"(『통섭』, 395)이라고 지적하듯이 인문학의 경우 통섭 프로그램을 통해 등장한 이론들은 경우에 따라 그저 하나의 가능한 제안 정도에 불과하거나 또는 상상의 산물에 불과할 수도 있다.[27]

그러나 윌슨의 통섭 프로그램에 들어 있는 모든 현실적인 난점이 완전히 해결된다고 하더라도 가능한 모든 지식을 포괄하는 완

---

27 물론 통섭 프로그램을 통해 실현된 모든 인문학적 이론들이 하나의 가능한 제안 정도에 불과하거나 상상의 산물에 불과하다는 것은 아니다. 통섭 프로그램을 통해 설득력 있는 훌륭한 인문학 이론도 등장할 수 있음은 두말할 필요도 없다. 이 글에서는 통섭의 원칙적 불가능성을 중심으로 논의를 진행하고자 하며 따라서 통섭 프로그램이 가지고 있는 현실적 난점에 대해서는 더 이상 논의하지 않기로 한다.

벽한 통섭은 원칙적으로 불가능하다. 이 경우 "원칙적으로 불가능하다" 함은 전지전능한 신의 경우에도 불가능하다는 것을 뜻한다. 다시 말해 "원칙적으로 불가능함"은 아무리 과학기술이 발전해 인간이 전지전능한 신의 위치에 오른다고 하더라도 "불가능함"을 뜻한다. 따라서 "원칙적으로 가능함"은 "전지전능한 신의 경우에는 가능함"의 뜻을 지닌다.

완벽한 통섭의 원칙적 불가능성이 무엇을 의미하는지 구체적으로 이해하기 위해서는 윌슨이 두 가지 유형의 통섭을 구별하고 있다는 사실에 유의할 필요가 있다. 통섭에 대한 논의를 진행하면서 윌슨은 몇몇 학문 분과들 사이에서 일어날 수 있는 통섭과 모든 학문을 아우르는 통섭을 구별하고 있다. 그는 모든 유형의 학문을 아우르면서 통일시키는 통섭을 "보편적 통섭"(『통섭』, 446)이라고 부르고 있는데, 우리는 이러한 보편적 통섭과 구별되는 것, 즉 몇몇 특정한 학문 영역에서 이루어지는 통섭을 "부분적 통섭"이라고 부를 수 있을 것이다. 부분적 통섭의 대표적인 예로는 윌슨이 "골수 이오니아인"이라고 부르는 아인슈타인이 꿈꿨던 바인 "물리학의 거대한 통합"(『통섭』, 35)을 가능하게 해 주는 통섭 또는 물리학, 화학, 자연과학의 통일을 가능하게 해 주는 통섭 등을 들 수 있을 것이다. 완벽한 통섭이 원칙적으로 불가능하다 함은 윌슨이 제시하는 보편적 통섭의 프로그램을 완벽하게 수행해도 이 프로그램에 포섭될 수 없는 지식이 존재할 수밖에 없음을 뜻한다. 다시 말해 과학이 무한히 진보하여 그가 "보편적 통섭"이라고 부르는 것이 현실적으로 완벽하게 이루어진다고 하더라도 그것이 모든 가능한 지식을 포괄할 수 없으며 따라서 진정한 의미에서 "보편적 통섭"이라 불릴 수 없음을 뜻한다.

윌슨이 제시하는 보편적 통섭에 포괄되지 않는 다양한 유형의 지식이 존재한다는 사실을 이해하기 위해서 우리는 윌슨의 통섭에 포괄되는 지식의 근본적인 특성이 무엇인지 기억할 필요가 있다. 윌슨의 통섭에 포괄되는 지식은 모두 "자연적 인과관계"의 망 속에서 존재하는 대상들과 관련된 지식들이다. 또 이러한 지식을 획득하기 위해서는 관찰과 실험의 방법이 필요하며, 많은 경우 관찰을 위해 현미경, 망원경 등의 첨단 장비들도 동원된다. 따라서 만일 그 어떤 지식이 "자연적 인과관계"의 망 속에서 존재하지 않는 것들에 대한 지식일 경우 그러한 지식은 윌슨이 제시하는 통섭 프로그램에 포섭되지 않을 것이다. 실제로 그러한 지식은 무수히 많은데, 이제 이 점에 대해 자세하게 살펴보자.

2. 통섭 프로그램에서 뇌과학과 생물학의 의의와 한계

앞서 살펴보았듯이 윌슨의 통섭 프로그램에서 뇌과학과 생물학은 인문학·사회과학을 자연과학과 통섭함에 있어서 핵심적인 위치를 차지한다. 그것은 이 두 학문이 자연과학과 통섭될 수 있으며, 더 나아가 인문학과 사회과학을 자연과학과 통섭시키는 매개자 역할을 하기 때문이다. 이 두 학문이 인문학과 사회과학을 자연과학과 통섭함에 있어서 중요한 역할을 담당함에도 불구하고, 그것들은 다른 한편 통섭의 수행에 있어서 결정적인 한계를 가지고 있다. 그러면 이 두 학문이 통섭 프로그램에서 가지고 있는 의의와 한계를 살펴보자.

이 두 학문이 통섭 프로그램에서 중요한 의미를 가지고 있는 이유는 무엇인가? 우리는 이와 관련하여 이 두 학문이 자연과학과 통섭될 수 있으며 더 나아가 인문학과 사회과학을 자연과학과 통섭시키는 매개자 역할을 하기 때문이라는 사실을 지적하였다. 그러면 이제 보다 본질적인 물음을 제기해 보자. 그러면 도대체 이 두 학문이 자연과학과 통섭될 수 있으며 더 나아가 인문학과 사회과학을 자연과학과 통섭시키는 매개자 역할을 할 수 있는 이유는 무엇일까? 그것은 이 두 학문이 인문학과 사회과학이 연구하고자 하는 다양한 현상들의 "발달"(『통섭』, 291), "기원"(『통섭』, 295), "발생"(『통섭』, 295), "진화" 등을 해명할 수 있는 학문이기 때문이다. 이 점과 관련하여 우리는 인문학과 사회과학이 연구하고자 하는 다양한 현상들의 "발달", "기원", "발생", "진화" 등은 바로 자연적 인과관계의 망 속에서 이루어지는 것이며, 따라서 그와 관련해 자연과학적 원인과 결과를 추적하는 자연과학적 연구가 원칙적으로 가능하다는 사실을 주목할 필요가 있다.

뇌과학은 실제로 의식의 발생 과정을 연구하는 학문이다. 이와 관련해 윌슨 역시 뇌과학을 "마음을 만들어 내는 물리적 과정"을 해명함을 목표로 하는 학문으로 이해하고 있다. 여기서 "마음을 만들어 내는 물리적 과정"은 다름 아닌 "마음이 발생되는 물리적 과정"을 뜻한다. 그리고 이처럼 "마음이 발생되는 물리적 과정"은 자연적 인과관계의 망 속에서 존재하는 과정이며, 따라서 자연과학적 방법을 사용해 그 과정을 해명하는 일이 원칙적으로 가능하다. 이처럼 뇌과학은 마음이 발생되는 과정을 해명함을 목표로 하기 때문에 물리학과 통섭될 수 있고, 더 나아가 인문학과 사회과학을 물리학을 비롯한 자연과학과 통섭함에 있어 중요한 의미를 지닐 수 있는 것이다.

그러면 이제 생물학에 대해 살펴보자. 앞서 살펴보았듯이 윌슨은 『통섭』이라는 저서의 6장에서 뇌과학을 매개로 하여 심리학을 자연과학과 통섭할 수 있는 가능성을 논의한 후, 7-11장에서 사회과학, 예술, 역사, 윤리 등을 자연과학과 통섭할 수 있는 가능성에 대해 논의하고 있는데, 이러한 논의에서 핵심적인 역할을 담당하는 것이 바로 생물학이다. 그런데 이 점과 관련하여 유의해야 할 점은 7-11장에서 논의되고 있는 것은 다양한 인문 현상과 사회 현상의 "발생"이라는 사실이다. 우선 "유전자에서 문화까지"라는 제목을 달고 있는 7장은 유전적 기초를 토대로 문화가 발생되는 과정을 해명하고 있으며, "인간 본성의 적응도"라는 제목을 달고 있는 8장은 인간 본성의 발생 과정을 다루고 있다. 이러한 논의에 이어 "사회과학"이라는 제목을 달고 있는 9장에 따르면 인류학, 사회학, 경제학, 정치학 등의 사회과학은 "특정한 행위 과정을 선택했을 때 사회에서 어떤 일이 일어날 것인지 예측하고자"(『통섭』, 317) 하는데, 여기에 나타나 있듯이 사회과학은 어떤 조건에서 어떤 일이 "일어날" 것인지 예측하는 학문으로서 바로 "발생"의 문제를 다루는 학으로 이해되고 있다. 더 나아가 "예술과 그 해석"을 다루고 있는 10장은 예술과 관련된 물음 중의 하나로서 "역사적·개인적 경험이 어디에서 연원하는가 하는 물음"(『통섭』, 364)을 제시하면서 예술적 경험의 발생적 기원에 대한 물음을 예술과 관련된 중요한 물음 중의 하나로 간주하고 있다. 마지막으로 "윤리와 종교"의 문제를 다루고 있는 11장은 우선 "윤리의 기원"(『통섭』, 411)에 대한 경험론적 입장과 초월론적 입장 중에서 경험론적 입장이 타당함을 해명하면서 윤리학의 물음을 윤리적 기원의 물음과 동일한 것으로 간주하고 있다. 거기에 이어 "윤리철학을 과학과 손잡게 만드는 논리가 종교 연구에도 그대로 적용된다. 종교는 초유기체에 비유된다. 종교도 생활사를 가진다. 그것은 태어나서 자라고 완성되고 번식하며 충분히 시간이 흐르면 대부분 죽는다"(『통섭』, 442)고 말하면서 종교학을 종교 및 종교적 체험의 발생적 기원의 문제를 해명함을 목표로 삼는 학문으로 간주한다.

이처럼 다양한 인문 현상과 사회 현상의 발생 과정은 자연과학적 방법을 사용해 그 과정을 해명하는 일이 원칙적으로 가능하다. 윌슨은 이처럼 다양한 인문 현상과 사회 현상의 발생 과정을 자연과학적 방법을 사용하여 해명하는 학문을 생물학으로 간주한다. 바로 이처럼 생물학이 다양한 인문 현상과 사회 현상의 발생 과정을 해명함을 목표로 하기 때문에 그것은 물리학과 통섭될 수 있고 더 나아가 인문학과 사회과학을 자연과학과 통섭함에 있어 중요한 의미를 지닐 수 있는 것이다.

뇌과학과 생물학을 통해 자연적 인과관계의 관점에서 마음, 문화, 인간 본성, 인간 행동, 예술, 윤리, 종교 등의 발생적 기원을 해명하는 일이 인문학·사회과학의 중요한 목표임은 두말할 필요도 없다. 그러나 여기서 우리가 유의해야 할 점은 자연적 인과관계의 관점에서 대상의 발생적 기원의 문제를 해명하는 일이 인문학·사회과학의 유일한 과제는 아니라는 사실이다. 인문학·사회과학은 자연적 인과관계의 관점 이외의 다양한 관점에서도 대상을 연구하고자 하며 그에 따라 다양한 방향으로의 연구가 가능하다. 두말할 것도 없이 이처럼 자연적 인과관계라는 관점 이외의 다양한 관점에서 대상을 연구할 경우 그를 통해 전개되는 인문학·사회과학은 더 이상 자연과학과 "봉합선 없이" 통섭될 수 없으며 양자 사이에는 지울 수 없는 경계가 존재한다. 인문학과 사회과학을 자연과학과 통섭함에 있어 뇌과학과 생물학이 가지고 있는 원칙적인 한계가 바로 여기에서 드러난다. 윌슨의 통섭 프로그램에서 결정적인 역할을 담당하는 뇌과학과 생물학은 인문 현상과 사회 현상을 자연적 인과관계의 관점 이외의 관점에서 연구하고자 할 경우 그 어떤 역할도 담당할 수 없다.

이처럼 인문 현상과 사회 현상을 자연적 인과관계의 관점 이외의 관점에서 연구함을 목표로 하는 인문학과 사회과학을 자연과학과 통섭하는 일은 원칙적으로 불가능하다. 그러면 이 점을 구체적으로 살펴보자. 이제 자연에 관한 학문, 의식에 관한 학문, 사회과학, 예술학, 역사학, 윤리학의 순으로 왜 그것들을 자연과학과 통섭하는 일이 원칙적으로 불가능한지 살펴보기로 하자.

3. 자연에 관한 학문과 자연과학의 통섭 불가능성

자연과학은 흔히 자연을 탐구하는 학문으로 간주된다. 그러나 엄밀히 말하자면 물리학, 화학, 생물학 등의 자연과학이 자연에 관한 학문과 동일한 것은 아니다. 이 점과 관련해 우리는 자연과학이 자연을 하나의 특정한 관점, 즉 자연인과적 관점이라 불리는 자연과학적 관점에서 연구하는 학문이라는 사실에 유의할 필요가 있다. 두말할 것도 없이 자연은 자연과학적 관점 이외의 다양한 관점에서 연구될 수 있으며, 이처럼 다양한 관점에서 연구될 경우 자연은 자연과학 이외의 다양한 학문의 대상이 될 수 있다. 그리고 자연과학 이외의 자연에 관한 다양한 학문들은 자연과학과 원칙적으로 통섭될 수 없다. 그러면 우리가 흔히 경험하는 자연, 가령 지리산을 예로 들어 이 점을 살펴보자.

통섭 프로그램을 신봉하고 있는 윌슨은 지리산이 자연적 인과관계의 망 속에서만 존재하며, 따라서 그것을 연구할 수 있는 유일한 관점은 자연과학적 관점뿐이라고 생각할 것이다. 물론 자연과학적 관점에도 여러 종류가 있기 때문에 그에 대응해 저 산에 대한 다양한 유형의 자연과학적 연구가 가능할 것이다. 예를 들어 우리가 물리학자로서 물리학적 관점을 취할 경우 저 산에 대한 물리학적 연구가 가능할 것이다. 이 경우 저 산은 힘, 질량, 크기 등 순전히 물리학적인 개념들을 통해서 파악될 것이다. 또한 우리가 화학적 관점을 취할 경우 저 산은 순전히 화학적인 결합 관계의 관점에서 파악될 것이다. 더 나아가 우리가 생물학적 관점, 지질학적 관점 등을 취할 경우 저 산은 생물학적 대상, 지질학적 대상으로 파악될 것이다. 이처럼 우리가 자연과학적 관점을 취할 경우 저 산은 자연적 인과관계의 망 속에서 존재하는 대상으로 경험된다. 이 경우 우리는 저 산을 여타의 자연과학적 대상처럼 관찰, 조작적 실험, 수량화의 방법 등을 통해 연구하면서 그것의 다양한 속성을 해명할 수 있다. 자연과학적 연구를 위해 망원경, 현미경 등의 최첨단 장비가 사용될 수 있듯이 저 산을 자연과학적으로 연구할 경우에도 다양한 최첨단 연구 장비가 사용될 수 있다.

그러나 윌슨이 생각하는 것과는 달리 저 산을 자연과학적 관점에서만 연구할 수 있는 것은 아니다. 그러면 이제 자연과학적 관점 이외에 저 산을 연구할 수 있는 관점 한 가지만 살펴보자.

예를 들어 우리는 저 산을 역사학적 관점에서 연구할 수 있다.

그것은 저 산이 역사적 의미를 가지고 있기 때문이다. 실제로 저 산은 역사적으로 볼 때 다양한 의미를 가지고 있다. 예를 들어 화엄사, 송광사 등 지리산이 품고 있는 수많은 사찰들은 한국 불교의 역사와 관련해 중요한 의미를 가지고 있다. 또 저 산은 한국전쟁 당시 국군과 인민군 사이의 치열한 격전지였으며 빨치산이 활동하던 주요 무대 중의 하나였다. 그런데 우리가 철저하게 자연과학적 관점을 취하는 한 저 산이 가지고 있는 다양한 역사적인 의미는 철저하게 은폐된다. 말하자면 우리가 자연과학적 관점을 취할 경우 우리는 저 산을 역사적 의미를 가지고 있는 산으로 경험할 수 없는 것이다. 자연과학적 관점을 벗어나 역사적 관점을 취해야만 우리는 저 산을 역사적 의미를 가지고 있는 산으로 경험할 수 있다. 이때 비로소 우리는 저 산이 삼국시대, 고려 시대, 조선 시대, 일제강점기, 대한민국 등에서 어떤 의미를 가지고 있었는지 연구할 수 있는 것이다.

그리고 이처럼 우리가 저 산을 역사학적 관점에서 연구할 경우 그것은 자연적 인과관계의 망 속에 존재하는 것으로 경험되지 않는다. 그것은 역사적 의미 연관의 망 속에서 경험된다. 이 경우 우리는 저 산을 연구하기 위하여 관찰, 조작적 실험, 수량화의 방법 등 자연과학의 방법을 사용할 수도 없다. 저 산의 역사를 연구하기 위해서는 문헌 해석의 방법을 비롯해 다양한 유형의 역사학적 방법을 사용해야 한다. 더 나아가 우리는 저 산을 연구하기 위하여 망원경, 현미경 등의 최첨단 관찰 장비를 사용할 수도 없다. 아무리 고성능의 최첨단 관찰 장비를 사용한다고 해도 우리는 저 산의 역사적 의미를 파악할 수 없다. 저 산이 고려 시대에 어떤 역사적 의미를 지니고 있었는지 연구하기 위해서 우리는 고려 시대 사람들이 저 산에 대해 남겨 놓은 한문 기록들을 이해하기 위해 한문 공부부터 시작해야 할 것이다.

지리산에 대해 역사학적 관점을 취할 때 비로소 가능한 그것에 대한 역사학적 연구는 그것에 대한 자연과학적 연구와는 구별된다. 이러한 논의를 통해 우리는 자연과학 이외에도 자연에 관한 학문이 가능하며 더 나아가 이러한 학문이 자연과학과 통섭될 수 없다는 사실을 알 수 있다. 역사학 이외에도 자연과학과 통섭될 수 없는 자연에 관한 다양한 학문이 존재한다. 예술적 관점, 윤리적 관점, 종교적 관점, 경제적 관점 등 앞서 살펴본 역사학적 관점 이외에도 자연과학적 관점과는 구별되는 다양한 관점에서 저 산을 경험하고 연구할 수 있기 때문이다.

4. 의식에 관한 학문의 통섭 불가능성

앞서 살펴보았듯이 윌슨은 뇌과학이 의식의 비밀을 남김없이 해명할 수 있을 것으로 믿고 있다. 말하자면 그는 현재의 뇌과학이 의식의 비밀을 해명함에 있어 한계를 가지고 있지만 뇌과학이 무한히 진보하면 뇌의 구조를 완벽하게 해명하면서 의식의 비밀을 완전히 해명할 것으로 간주하는 것이다. 그러나 과연 뇌과학이 의식의 신비를 완전히 해명할 수 있을까? 그렇지 않다. 이 점을 확인하기 위해서 뇌과학이 의식의 비밀을 해명한다고 할 경우 그것이 무엇을 의미하는지를 살펴보자.

뇌과학은 의식 활동의 발생 과정을 해명함을 목표로 한다. 우리가 어떤 나무를 지각할 경우를 예로 들어 보자.[28] 나무에 대한 지각이 가능하기 위해서는 우선 나무로부터 빛이 우리 눈으로 들어와야 한다. 이 경우 빛의 에너지 단위인 수많은 광자가 눈의 렌즈를 통과해서 수정체를 통하여 망막에 도달한다. 이처럼 망막에 도달한 광자가 망막에 있는 신경세포를 때리면 신경세포에서 신경화학물질이 분해되고 그를 통해 전위 차이가 일어난다. 이러한 전위 차이는 신경전기신호를 발생시키고 이러한 신경전기신호를 통해 신경흥분이 추상체, 간상체에서 양극세포, 신경절 세포들을 지나고, 신경절 세포에서 나온 시신경 다발들이 계속 연결되어 뇌까지 가는 전달 통로를 따라 뇌에 전달된 후 여러 가지 정보처리 과정을 거쳐 나무에 대한 지각이 발생한다.

이러한 지각의 발생 과정에서 신경세포, 즉 뉴런은 정보 전달을 주도하면서 중요한 역할을 담당한다.[29] 신경세포를 통한 정보 전달은 시냅스 작동을 통해 이루어진다. 서로 이웃해 있는 두 개의 신경세포 사이에는 작은 틈이 존재하는데, 이 틈이 바로 시냅스이며 바로 이 시냅스를 통해 신경전기신호가 전달되는 과정이 시냅스 전달 과정이다. 하나의 신경세포가 흥분하면 그것이 전기신호로 바뀌어 신경섬유를 타고 말단으로 전달되어 신경섬유의 말단에서 신경전달물질을 분비하게 되고 이 신경전달물질이 시냅스를 통해 다른 뉴런의 수

28 이러한 지각 과정에 대한 뇌과학적 설명은 이정모, 『인지과학. 학문 간 융합의 원리와 응용』, 서울: 성균관대학교출판부, 2009, 376쪽 이하를 참조하여 정리하였다.

29 신경세포의 시냅스 작동에 대한 이후의 설명은 J. Ledoux, 강봉균 역, 『시냅스와 자아. 신경세포의 전달방식이 어떻게 자아를 결정하는가?』, 파주: 도서출판소소, 2005, 17-18쪽을 참조하여 정리하였다.

상돌기에 결합하게 된다. 그리고 이처럼 신경전달물질이 전달된 새로운 신경세포는 흥분하면서 다시 전기신호를 발생시키고 그것이 그 신경세포의 말단으로 전달되어 말단에서 신경전달물질을 분비하게 하고 이 신경전달물질이 시냅스 사이의 공간을 건너가 다른 신경세포에 전달된다.

이처럼 뇌과학은 지각이 발생하는 과정을 자연과학적으로 설명한다. 우선 그러한 과정에 포함되어 있는 모든 것들은 자연적 인과관계의 망 속에 들어 있는 것이다. 빛의 광자, 눈의 렌즈, 수정체, 망막, 망막의 신경세포, 신경화학물질, 전위차이, 신경전기신호, 추상체, 간상체, 양극세포, 신경절 세포, 시신경다발, 뇌, 신경전달물질, 수상돌기를 비롯해 시냅스 작동 과정에 들어 있는 일체의 것들은 자연적 인과관계의 망 속에 들어 있는 것이다. 바로 이러한 이유에서 뇌과학은 지각이 발생하는 과정을 자연인과적 설명 방식을 통해 해명하며 그를 위해 다양한 관찰 장비를 사용하고 필요할 경우 다양한 실험 장비도 사용해야 한다. 이 점에 있어서 뇌과학과 물리학을 비롯한 자연과학 사이에는 그 어떤 차이도 존재하지 않는다.

뇌과학이 앞서 예로 든 나무에 대한 지각을 비롯하여 다양한 유형의 의식을 해명할 수 있음은 분명하다. 그러나 여기서 유의해야 할 점은 뇌과학이 의식을 연구할 수 있는 유일한 학문이 아니라는 사실이다. 실제로 뇌과학 이외에도 의식을 연구할 수 있는 학문은 다양하다. 뇌과학은 관찰 장비와 실험 장비를 통해 의식을 연구하지만 이러한 장비를 동원하지 않고도 우리는 의식에 대해서 알 수 있고 그에 대해 학문적으로 연구할 수 있기 때문이다.

우리들 각자는 기쁜 상태에 있을 때 스스로 기쁘다는 사실을 알 수 있고, 슬플 경우 스스로 슬프다는 사실을 알 수 있다. 또 한겨울에 추위를 느낄 경우 스스로 추위를 느끼고 있다는 사실을 알 수 있고, 또 한여름에 더위를 느낄 경우 스스로 더위를 느끼고 있다는 사실을 알 수 있다. 누구의 강의를 들으면서 강의 내용을 이해할 경우 자신이 강의 내용을 이해하고 있다는 사실을 알 수 있고, 강의 내용을 이해하지 못할 경우에도 비록 강의 내용은 이해하지 못하고 있지만 스스로 강의 내용을 이해하고 있지 못하다는 사실을 알 수 있다. 그 이외에도 우리들 각자는 무수히 많은 자신의 의식 상태에 대해서 알 수 있다.

더 나아가 우리는 우리 각자가 알고 있는 이처럼 다양한 의식 상태에 대해 학문적으로 연구하면서 의식에 대한 체계적이며 이론적인 지식을 얻을 수 있다. 예를 들어 우리는 나무에 대한 지각은 무엇을 뜻하며 그것에 대한 기억은 무엇을 뜻하는지 잘 알고 있다. 나무에 대한 지각과 기억을 비교해 보면 알 수 있듯이 지각이란 현재 내 앞에 있는 대상을 경험하는 것이고 기억이란 과거의 대상을 떠올리는 작용이다. 이 경우 "현재 내 앞에 있는 대상을 경험하는 것"이 바로 지각의 본질이며 "과거의 대상을 떠올리는 작용"이 바로 기억의 본질이다. 이처럼 우리는 나무에 대한 지각과 나무에 대한 기억을 비교하면서 지각의 본질은 무엇인지, 기억의 본질은 무엇인지, 더 나아가 지각과 기억이 어떻게 구별되는지 하는 점 등을 해명할 수 있다.

그런데 나무에 대한 지각과 나무에 대한 기억을 비교하면서 얻은 지각의 본질, 기억의 본질, 양자의 차이 등에 대한 지식은 수학적 지식 못지않게 확실한 지식이다. 다시 말해 "현재 내 앞에 있는 대상을 경험하는 것"이 지각의 본질이라는 사실에 대한 인식, "과거의 대상을 떠올리는 작용"이 기억의 본질이라는 사실에 대한 인식 등은 "2

더하기 3은 5"라는 수학적 지식 못지않게 확실한 지식이다. 이러한 사실은 뇌과학 이외에도 의식에 관한 또 다른 유형의 학문이 가능하다는 사실을 잘 보여 주고 있다. 두말할 것도 없이 우리는 지각, 기억뿐 아니라, 기대, 상상, 기쁨, 슬픔, 좋음, 싫음, 충일감, 허전함을 비롯해 무수히 다양한 유형의 의식에 대해 확실한 지식을 얻을 수 있다. 이러한 사실은 뇌과학 이외에 의식을 연구할 수 있는 이 새로운 학문의 내용이 얼마나 풍부할 수 있는지 잘 보여 준다.

그러면 이처럼 새로운 학문은 어떤 방법을 사용해 의식을 연구하는가? 이 새로운 학문이 자연과학적 방법을 사용하지 않음은 두말할 필요도 없다. 이러한 사실은 이 학문이 자연과학처럼 그 어떤 관찰 장비나 실험 장비도 사용하지 않는다는 사실을 보면 분명해진다. 실제로 우리는 그 어떤 관찰 장비나 실험 장비를 사용하지 않고서도 이 새로운 학문이 추구하는 의식에 대한 많은 지식을 얻을 수 있다. 그러면 도대체 우리는 어떤 방법을 사용해서 그러한 지식을 얻을 수 있는가?

우리는 바로 반성의 방법을 사용해서 이처럼 새로운 학문의 지식을 얻는다. 말하자면 우리가 돌, 나무, 풀 등을 지각할 수 있는 능력인 외적 지각의 능력을 가지고 있듯이 우리는 우리의 의식을 지각할 수 있는 능력인 내적 지각의 능력을 가지고 있다. 이처럼 내적 지각의 능력을 발휘해 반성의 방법을 사용하면서 우리들 각자는 자신의 다양한 의식 상태에 대한 지식을 얻을 수 있다. 이러한 반성의 방법은 대상에 대한 외적 관찰에 토대를 두고 있는 자연과학적 방법과 근본적으로 다르다. 바로 이러한 이유에서 이 학문과 자연과학을 통섭하는 일은 원칙적으로 불가능하다.

후설은 이처럼 반성의 방법을 통해 의식을 연구하는 학문을 현상학적 심리학[30]이라 부른다. 우리의 의식을 반성해 보면 알 수 있듯이 그처럼 다양한 유형의 의식이 존재하기 때문에 현상학적 심리학의 탐구 영역은 방대하다. 현상학적 심리학은 학문으로서 나름의 고유한 권리를 가지고 있으며 뇌과학에 의해 대체될 수 없다. 더 나아가 그것은, 뇌과학이 그런 것처럼, 인간의 삶을 위해서도 꼭 필요한 학문이다. 그러면 이 점을 정신 질환의 치료 문제를 중심으로 간단히 살펴보자.

우선 뇌과학은 정신 질환의 치료를 위해 중요한 기여를 할 수 있다. 뇌과학은 인간의 의식을 자연적 인과관계의 망 속에서 존재하는 것으로 간주하고 그에 대해 탐구하면서 정신적 질환의 원인(자연적 원인)도 해명할 수 있기 때문이다. 예를 들어 뇌과학은 특정한 정신질환, 예를 들어 우울증의 원인이 특정한 신경전달물질, 예를 들어 도파민의 부족에 있다는 사실을 해명하면서 우울증을 치료하는 데 기여할 수 있다. 즉 뇌과학은 정신 질환의 자연적 원인을 해명하면서 그것의 치료를 위해 기여할 수 있는 것이다.

현상학적 심리학 역시 정신 질환의 치료를 위해 중요한 기여를 할 수 있다. 인간의 정신 질환은 물리적 원인 이외에도 다양한 원인을 가지고 있을 수 있다. 예를 들어 우울증은 물리적 원인 이외에 개인적 좌절, 대인관계의 어려움, 사회적 상황의 변화 등 다양한 원인 때문에 생겨날 수 있다. 따라서 우울증을 치료하기 위해서는 물리적 원인 이외에 다른 다양한 원인들도 해명해야 한다. 그런데 이러한 다양한 원

---

30 이에 대한 보다 자세한 논의는 이남인, 『현상학과 해석학』, 서울: 서울대학교출판부, 2004, 제1장을 참조하기 바람.

인들은 뇌과학이 아니라 현상학적 심리학을 통해서 해명될 수 있다. 그것들은 자연적 인과관계의 망 속에서 존재하는 것이 아니라 의미 연관, 목적 연관, 동기 연관 속에서 존재하는 것이며, 바로 이러한 연관들을 해명함을 목표로 하는 것이 현상학적 심리학이기 때문이다. 이처럼 현상학적 심리학은 의식을 의미 연관, 목적 연관, 동기 연관 등에서 해명하면서 정신 질환의 치료를 위해 기여할 수 있다.

더 나아가 현상학적 심리학은 뇌과학적 연구를 위해서도 꼭 필요한 학문이다. 어떤 점에서 현상학적 심리학은 뇌과학의 철학적 토대 역할을 담당하기도 한다. 앞서 살펴보았듯이 뇌과학은 의식과 관련해 "마음을 만들어 내는 물리적 과정"을 해명함을 목표로 한다. 그러나 자신의 연구를 구체적으로 수행하기 위해서 뇌과학은 현상학적 심리학의 도움이 필요하다. 이 점과 관련해 우리는 의식이라는 개념이 다의적으로 사용되며 또 다양한 유형의 의식이 존재한다는 사실에 유의해야 한다. 예를 들어 의식은 "지향적 의식", "반성적 의식", "집단의식", "사회의식", "역사의식", "계급의식" 등 다양한 뜻을 가지고 있으며, 이 각각의 의식 역시 다의적으로 쓰이거나 다양한 내용을 포함하고 있다. 예를 들어 지향적 의식이라 할 경우 그것은 외적 지각, 내적 지각, 판단, 추론, 본질직관, 연상, 상상, 기억, 예상, 기대, 소망, 의지, 결단, 감정, 충동 등 다양한 유형으로 분류될 수 있으며 이것들 각각도 다시 자세하게 분류될 수 있다. 예를 들어 기억은 그것이 미치는 과거의 범위에 따라 방금 전의 것을 떠올리는 기억, 가까운 과거의 것을 떠올리는 기억, 먼 과거의 것을 떠올리는 기억 등으로 분류될 수 있다. 바로 이처럼 다양한 유형의 의식을 구별하면서 각각의 의식의 유형의 구조를 해명하는 학이 현상학적 심리학이다.

그런데 현상학적 심리학은 뇌과학적 연구가 구체적으로 수행될 수 있기 위한 전제 조건이다. 뇌과학적 연구가 구체적으로 수행되기 위해서 연구자는 자신의 연구 주제를 한정해야 하며, 이처럼 연구 주제를 한정하기 위해서 연구자는 연구 주제인 의식이 무엇인지에 대한 반성적 지식을 가지고 있어야 하는데, 의식에 대한 이러한 반성적 지식은 뇌과학이 제공해 줄 수 있는 것이 아니라 현상학적 심리학이 제공해 줄 수 있는 것이기 때문이다. 이처럼 현상학적 심리학적 분석을 통해 다양한 유형의 의식에 대한 반성적 지식을 앞서 가지고 있지 않으면 그 누구도 뇌과학적 연구를 수행할 수 없다. 더군다나 어떤 뇌과학자가 어떤 유형의 의식을 "만들어 내는 물리적 과정"에 대한 연구를 수행하고 있는 한 그는 이미 그 의식에 대한 반성적 지식을 가지고 있다고 할 수 있다. 말하자면 그는 이러한 반성적 지식을 등대 삼아 의식에 대한 뇌과학 연구를 수행할 수 있는 것이다.

이 점과 관련해 제기될 수 있는 반론 두 가지를 검토하고 넘어가자. 가능한 반론 중의 하나는 뇌과학 역시 현상학적 심리학이 제공하는 유형의 지식을 제공할 수 있기 때문에 현상학적 심리학의 도움이 필요하지 않으리라는 것이다. 그러나 실상은 그렇지 않다. 서로 구별되는 다양한 유형의 의식에 대한 현상학적 심리학적 지식은 내적인 "반성의 방법"을 통해서 획득될 수 있는 것이며, 뇌과학적 지식은 "반성의 방법"이 아니라 외적인 "관찰의 방법"을 통해 획득될 수 있는 것이기 때문이다. 물론 어떤 뇌과학자가 현상학적 심리학적 연구를 수행할 수는 있는 것은 사실이며, 혹자는 이러한 사실을 염두에 두면서 뇌과학 역시 현상학적 심리학이 제공하는 유형의 지식을 제공할 수 있다고 주장하고 싶어 할지도 모른다. 그러나 이러한 주장은 타당하지 않다. 어떤 뇌과학자가 현상학적 심리학적 연구를 수행하는 동안 그는 "반성의 방법"을 사용하면서 현상학적 심리학자로서 활동한 것이지 "관찰의 방법"을 사용하면서 뇌과학자로서 활동한 것이 아니기 때문이다. 이처럼 뇌과학자가 어느 기간 동안 현상학적 심리학자로서 활동할 수 있다는 사실로부터 뇌과학이 현상학적 심리학이 제공하는 유형의 지식을 제공할 수 있다는 결론이 나올 수 있는 것은 아니다.

또 하나의 가능한 반론은, 우리가 상식의 차원에서도 이미 현상학적 심리학이 제공하는 지식을 가지고 있으며, 따라서 뇌과학 연구를 수행함에 있어서 현상학적 심리학의 도움이 필요하지 않으리라는 것이다. 예를 들어 기억을 연구하는 사람의 경우 이미 상식의 차원에서 기억이 무엇인지 알고 있기 때문에 기억에 대한 기술적 분석을 수행하지 않고서도 뇌과학 연구를 수행할 수 있다는 것이다. 물론 이러한 반론은 부분적으로 타당하다. 실제로 우리는 현상학적 심리학적 분석을 구체적으로 수행하지 않더라도 상식의 단계에서 이미 의식에 대한 반성적 지식을 어느 정도 가지고 있다. 그리고 의식에 대한 이러한 반성적 지식은 뇌과학 연구를 함에 있어 등대 역할을 담당할 수 있다. 그러나 뇌과학 연구를 보다 상세하며 구체적으로 수행할 수 있기 위해서는 그에 상응해 의식에 대한 보다 상세하며 구체적인 반성적 지식이 필요한데, 이처럼 보다 상세하며 구체적인 반성적 지식은 상식을 통해서가 아니라 현상학적 심리학적 분석을 통해서 획득될 수 있다. 그리고 우리가 상식의 차원에서 가지고 있는 의식에 대한 반성적 지식은 경우에 따라 부정확할 수도 있으며, 따라서 그러한 지식이 뇌과학 연구를 위한 등대 역할을 수행하지 못할 수도 있다. 이처럼 부정확한 지식을 정확한 지식으로 바꾸어 그 지식이 뇌과학 연구를 위한 등대 역할을 올바로 수행할 수 있도록 하기 위해서도 우리는 현상학적 심리학을 필요로 한다.

지금까지의 논의를 통해 알 수 있듯이 의식은 뇌과학을 통해서만 연구될 수 있는 것이 아니다. 뇌과학은 의식을 연구할 수 있는 다양한 학문 중의 하나에 불과하다. 뇌과학은 우리가 의식에 대해 취할 수 있는 다양한 태도 중에서 특정한 하나의 태도를 취할 때 가능한 학문이다. 뇌과학을 가능하게 하는 태도는 바로 의식을 "자연적 인과관계"의 망 속에 존재하는 것으로 간주하는 태도로서 우리가 이러한 태도를 취하면 의식은 자연적 인과관계의 한 항을 점할 수 있는 대상, 즉 일종의 물리적 대상으로 경험된다. 우리는 이러한 태도를 물리학적 태도 또는 자연과학적 태도라 부를 수 있다. 그러나 앞서 살펴보았듯이 의식은 현상학적 심리학의 관점에서도 연구될 수 있다. 의식이 이처럼 새로운 관점에서 연구될 수 있는 것은 우리가 의식에 대해서 물리학적 태도와는 다른 태도를 취할 수 있기 때문이다. 이러한 새로운 태도를 통해 심리 현상은 의미 연관, 목적 연관, 동기 연관 속에서 존재하는 것으로서 경험된다. 우리는 이러한 새로운 태도를 현상학적 심리학적 태도라 부를 수 있을 것이다. 그리고 이러한 현상학적 심리학적 태도에서 전개되는 현상학적 심리학을 자연과학과 통섭하는 일은 원칙적으로 불가능하다.

5. 사회과학의 통섭 불가능성

그러면 이제 사회과학과 자연과학의 통섭 가능성 문제를 검토하기로 하자. 윌슨은 『통섭』의 6장에서 사회학, 정치학, 경제학, 문화인류학 등 사회과학 전반을 검토하면서 사회과학과 자연과학의 통섭의 문제를 다루고 있다. 앞서 살펴보았듯이 윌슨에 의하면 사회과학의 목표는 장차 일어날 일을 예측하고 미래를 통제할 수 있는 지식을 획득하는 데 있다. 이러한 점에서 사회과학은 자연과학과 동일한 목표를 추구한다고 할 수 있다. 그럼에도 불구하고 사회과학은 본연의 임무를 수행하지 못하고 있는데, 그것은 사회과학이 자연과학과의 통섭을 통해 자연과학으로 탈바꿈되지 않았기 때문이다. 이제 우리는 이 절에서 사회학을 예로 들어 사회과학과 자연과학의 통섭 가능성의 문제를 검토하고자 한다. 이를 위해 우선 사회학의 정체에 대해 살펴보자.

사회학은 사회를 탐구 대상으로 삼는 학문이다. 사회학의 연구 대상인 사회는 사람들이 모여 형성된 집단을 뜻한다. 길가에서 우연히 지나치면서 만나는 사람들의 집단에서부터 시작해 친목 단체, 가족, 학교, 회사, 국가, 세계시민사회에 이르기까지 다양한 사회가 존재한다. 사회학은 이처럼 다양한 사회의 여러 가지 측면들을 해명함을 목표로 한다. 사회학의 주제는 인간의 사회화와 생애주기, 사회적 상호작용과 일상적 삶, 사회 적응과 일탈, 남녀의 성차와 성, 사회계층의 문제, 인종의 문제, 인간 집단과 조직, 정치 및 정부와 국가, 전쟁과 군대, 친족 및 결혼과 가족, 교육과 의사소통 및 매체, 종교, 노동과 경제생활, 세계화, 현대 도시 생활, 인구 및 건강과 노화, 혁명과

사회운동, 사회변동 등 다양하다.[31]

사회학은 크게 두 가지 유형으로 전개될 수 있는데, 경험적 사회학과 이론사회학이 그것이다. 경험적 사회학은 사회학의 다양한 주제들에 대해 경험적인 질문을 던지면서 그것의 정체를 해명함을 목표로 한다. 예를 들어 결혼의 문제를 다룰 경우 사회학은 어떤 특정한 사회에서 실제로 결혼이 어떤 방식으로 이루어지고 있는지 경험적으로 해명함을 목표로 한다. 이 경우 어느 한 지역에서 이루어지고 있는 어떤 한 쌍의 남녀의 결혼 또는 여러 쌍의 남녀의 결혼에 대해 연구할 수도 있고 여러 지역에서 이루어지고 있는 여러 쌍의 남녀의 결혼에 대해 연구할 수도 있다. 경험적 사회학은 사태 해명을 위해 필요할 경우 비교 분석을 수행할 수도 있다. 예를 들어 현재 어느 지역에서 확인할 수 있는 결혼을 연구할 경우 사회학은 그것을 현재 다른 지역에서 확인할 수 있는 결혼과 비교하거나 또는 과거에 그 지역에서 확인할 수 있었던 결혼과 비교할 수도 있다. 다양한 유형의 비교 연구는 사회 현상의 정체를 해명함에 있어서 중요한 의미를 지닌다.

그러나 사회학이 단순히 경험적 사회학으로만 전개되는 것은 아니다. 사회학은 사회와 관련된 일반 이론을 수립함을 목표로 삼는다. 우리는 이처럼 일반 이론의 형태로 전개되는 사회학을 경험적 사회학과 구별하여 이론사회학이라 부를 수 있을 것이다. 이론사회학은 풍부한 경험적 사회학적 연구를 토대로 정립될 수도 있고 추상적인 철학 이론을 토대로 전개될 수도 있다.

31 A. Giddens, *Sociology*, Cambridge: Polity Press, 1994/ 김미숙 외 역, 『현대사회학』, 서울: 을유문화사, 2011의 목차를 참조할 것.

사회 현상의 정체를 무엇으로 규정하느냐 또는 사회 현상에서 어떤 측면에 초점을 맞추어 연구하느냐에 따라 다양한 유형의 이론 사회학이 등장할 수 있는데, 그 몇 가지를 제시하면 다음과 같다. 첫째, 사회를 일종의 물리적인 것으로 간주하면서 사회학을 "사회물리학"[32]으로 전개하고자 할 경우 콩트식의 실증주의적 이론사회학이 등장한다. 둘째, 사회를 경제적인 물질적 토대에 기초를 두고 발생하는 것으로 간주하면서 그것에 대해 연구할 경우 마르크스의 유물론적 이론사회학이 등장한다. 셋째, 사회를 구성하는 주체들의 적극적인 의미 부여 작용 및 행위의 동기들을 이해함을 목표로 할 경우 베버의 이해사회학으로서의 이론사회학이 등장한다. 넷째, 세계관 및 이데올로기가 사회 및 개인의 사회적 행위에 미치는 영향에 초점을 맞추어 사회를 연구할 경우 만하임의 지식사회학과 같은 형태의 이론사회학이 등장한다. 다섯째, 언어적 상징 작용에 초점을 맞추어 사회를 연구할 경우 미드의 상징적 상호작용론으로서의 이론사회학이 등장한다. 여섯째, 개인 및 다양한 사회 집단이 전체 사회의 유지를 위해 수행하는 기능에 초점을 맞추어 사회를 연구할 경우 파슨스의 기능주의적 이론사회학이 등장한다. 일곱째, 사회를 이루고 있는 골격으로서의 구조에 초점을 맞추어 사회를 연구할 경우 구조주의적 이론사회학이 등장한다.[33]

그러면 이제 사회학에 대한 이러한 논의를 토대로 사회학이 자

32 A. Comte, *Cours de philosophie positive*, vol. 4-6, Paris: Bachelier, 1830-1842.

33 이론적 사회학의 다양한 학파에 대해서는 다음의 문헌을 참조할 것: A. Giddens, *Sociology*, Cambridge: Polity Press, 1994, 705 ff.; D. Käsler(ed.), *Klassiker des soziologischen Denkens*, vol. 1-2, München: Verlag C. H. Beck, 1976.

연과학과 통섭될 수 있는지 하는 문제를 살펴보자. 물론 사회가 개인들의 사회적 작용의 결과이고 개인들의 사회적 작용이 자연과학적 방법을 통해서 해명될 수 있는 요소들을 가지고 있을 경우 이러한 요소들을 연구하는 사회학은 자연과학과 통섭될 수 있다. 예를 들어 모든 인간의 사회적 행위가 의식을 통해 이루어지며 의식의 발생적 과정이 뇌과학을 통해 연구될 수 있는 한에서 사회 현상을 다루는 사회학은 뇌과학으로 탈바꿈하면서 자연과학과 통섭될 수 있다. 그리고 인간의 사회적 행위가 진화의 산물이라고 한다면 사회 현상을 다루는 사회학은 진화생물학으로 탈바꿈하면서 자연과학과 통섭될 수 있다. 이러한 점에서 사회학을 포함한 다양한 사회과학이 자연과학과 통섭될 수 있다는 윌슨의 견해는 나름의 타당성을 가지고 있다.

여기서 우리는 앞서 살펴본 이론적 사회학의 여러 학파 중에서 통섭 프로그램의 이념을 추구한 학파가 있다는 사실에 유의할 필요가 있다. 그것은 다름 아닌 콩트의 실증주의적 이론사회학이다. 앞서 살펴보았듯이 콩트는 사회학을 사회물리학으로 정립하고자 시도하였는데, 그가 추구했던 사회물리학은 물리학적 방법을 사용하며 그러한 한에서 그것은 자연과학과 통섭될 수 있는 학문이다. 콩트의 사회물리학은 "바로 자연과학적 설명과 사회과학적 설명을 같은 선상에 놓아야 한다"(『통섭』, 331)는 통섭 프로그램의 요구를 충족할 수 있는 학문이다. 그럼에도 불구하고 콩트뿐 아니라 그 이후에 등장한 어떤 사회학자도 자연과학과 통섭될 수 있는 사회학인 사회물리학을 실제로 정립한 적은 없다.

콩트의 사회물리학을 제외하면 앞서 살펴본 사회학 중에서 자연과학과 통섭될 수 있는 것은 없다. 우선 앞서 살펴본 다양한 유형의 이론적 사회학 중에서 추상적인 철학 이론을 토대로 전개된 사회학은 그것이 기초하고 있는 철학의 방법을 사용한다고 할 수 있다. 예를 들어 마르크스의 이론사회학은 방법적으로 어느 정도 헤겔의 변증법에 토대를 두고 있기 때문에 변증법적 방법을 사용한다고 할 수 있다. 변증법적 방법은 실험, 관찰, 수량화의 방법 등 자연과학의 방법과 다르며 그러한 한에서 마르크스의 이론사회학은 자연과학과 통섭될 수 없다.

앞서 살펴본 경험적 사회학 역시 극히 제한적으로만 자연과학과 통섭될 수 있다. 이러한 사실을 확인하기 위하여 우리는 경험적 사회학이 사용하는 다양한 방법을 살펴볼 필요가 있다. 경험적 사회학은 참여 관찰의 방법, 설문조사의 방법, 문헌 조사의 방법, 통제적인 실험의 방법, 심층 인터뷰 방법, 생애사 연구 방법, 일기 분석의 방법, 대화 분석의 방법 등 다양한 방법을 사용한다.[34]

1) 참여 관찰(participant observation)의 방법

사회학자는 사회 현상을 연구하기 위하여 연구 참여자들인 사회의 구성원들과 함께 살아가면서 그들이 하는 활동을 함께하고 그를 통해 필요한 연구 자료를 수집하는데, 이러한 방법이 참여 관찰의 방법이다. 참여 관찰의 방법을 사용하는 연구자는 연구 참여자들의 신뢰를 얻어야 한다. 연구 참여자들의 신뢰를 확보해야만 사회에 대한 그들의 진솔한 내용을 경험할 수 있다. 신뢰를 확보하지 못할 경우 연

---

34 이하에서 논의될 사회학의 연구 방법은 A. Giddens, *Sociology*, 675쪽 이하를 참조하여 정리하였다.

구자는 연구 참여자들의 속사정을 파악하지 못하고 피상적인 내용밖에 파악할 수 없게 된다.

참여 관찰의 방법의 장점은 성공적으로 수행될 경우 연구 대상인 사회의 깊은 속사정까지 파악할 수 있고 연구자가 상황에 따라 유연하게 수시로 연구 전략을 바꿀 수 있다는 데 있다. 그러나 이 방법의 단점은 연구 참여자의 수가 많지 않고 많은 시간과 정력이 필요하며 또 연구 결과가 연구 참여자 그룹에만 타당한 경우가 많아 일반화하기 어렵다는 데 있다.

2) 설문조사(survey)의 방법

사회학자는 연구 목적에 맞게 설문지를 만들어 연구 참여자에게 응답하도록 하고 그 결과를 통계 처리하고 해석하면서 연구를 수행하는데, 이러한 방법이 설문조사의 방법이다. 설문조사의 방법에서는 연구 결과의 타당성을 확보할 수 있도록 치밀하고 상황에 맞도록 설문을 올바로 마련하는 일이 중요하다. 설문조사는 연구 참여자가 수천 명에 달할 정도로 규모가 클 수도 있다. 그러나 규모가 그보다 훨씬 더 클 경우에는 대규모 선거의 여론조사의 경우처럼 모집단 중에서 표본을 추출하여 표본을 대상으로 설문조사를 실시할 수도 있다.

설문조사 방법의 장점은 참여 관찰의 방법과 비교해 볼 때 연구 참여자의 수가 많으며 또 다양한 부류의 연구 참여자를 선택함으로써 연구 참여자 집단들 사이의 비교가 가능하다는 데 있다. 이 방법의 단점은 모든 연구 참여자에게 표준화된 설문지를 사용하기 때문에 연구 결과가 피상적일 수 있으며, 또한 연구 참여자가 사실에 맞게 응답하지 않을 가능성도 있다는 데 있다.

3) 문헌 조사(documentary research)의 방법

사회학자는 정부 문서, 교회, 학교 등 여러 단체의 기록물들, 신문 기사 등의 문헌을 조사함으로써 연구 자료를 수집하고 그를 토대로 연구를 수행할 수 있는데, 이러한 방법이 문헌 조사의 방법이다. 문헌 조사의 방법을 통해 얻은 자료들을 중심으로 연구를 수행할 수도 있고 그러한 자료들을 다른 연구를 위한 보조 연구 자료로 활용하면서 연구를 수행할 수도 있다. 다양한 문헌들에 나타난 자료를 그대로 연구 자료로 사용할 수도 있고 자료를 재배치하고 재해석·가공하여 연구 자료로 사용할 수도 있다.

문헌 조사의 방법의 장점은 경우에 따라 대규모로 심층적인 내용을 가지고 있는 연구 자료를 확보할 수 있다는 데 있다. 연구 대상이 과거의 것일 경우 특히 유용하게 활용할 수 있다. 이 방법의 단점은 자료가 단지 부분적으로만 남아 있을 경우 연구자는 이처럼 불완전한 자료에 의존해 연구를 수행할 수밖에 없고 경우에 따라 사실과 부합하지 않는 자료가 있을 경우 사실과의 부합 여부를 판별할 수단이 없다는 데 있다.

4) 실험(experiment)의 방법

사회학자는 다양한 독립변수 중에서 한 가지 또는 몇 가지에 변화를 줌으로써 그것이 어떤 결과를 가져오는지 연구할 수 있는데, 이러한 방법이 실험의 방법이다. 실험의 방법은 자연과학 분야에서 광범위하게 사용되고 있으나 사회학 분야에서는 제한적으로 사용될 수 있다.

이 방법의 장점은 연구자가 특정한 변수의 영향을 통제할 수 있고 어떤 연구자가 한번 실험을 수행하면 그 후 다른 연구자가 보다 쉽게 실험을 반복할 수 있다는 데 있다. 이 방법의 단점은 대부분의 사회적 삶이 실험실의 상황에서 재현될 수 없으며 실험 상황에 따라 연구 참여자의 반응이 달라질 수 있다는 데 있다.

5) 면담(interview)의 방법

사회학자는 면담의 방법을 사용하여 연구 참여자와 면담을 수행하고 그를 통해 자료를 수집하면서 연구를 수행할 수 있다. 미리 설문지를 준비하여 그것을 가지고 인터뷰를 수행할 수도 있고 설문지 없이 인터뷰를 수행할 수도 있다. 연구자는 연구 목표에 따라 면담의 심도를 적당한 수준으로 유지할 수 있다.

이 방법은 한편으로는 심층적인 연구 자료를 확보할 수 있다는 장점을 가지고 있으나 다른 한편으로는 연구자가 면담을 통해 연구 참여자에게 영향을 미칠 수 있다는 단점을 가지고 있다.

6) 생애사(life histories) 연구 방법

생애사 자료는 흔히 어떤 개인의 삶에 대해 전기(biography)의 형태로 작성된 자료를 뜻한다. 사회학자는 이러한 생애사 자료를 연구함으로써 사회 현상을 규명할 수 있는데, 이것이 생애사 연구 방법이다. 생애사 연구 방법은 그 어떤 사회학적 연구 방법보다도 생생하고 구체적으로 어떤 개인의 삶의 역사를 추적할 수 있도록 하는 장점을 가지고 있다. 생애사 연구는 개인의 심리학적 발전 과정과 사회적 과정의 관계를 해명하고자 할 경우 특히 유용하게 활용될 수 있다. 편지, 신문 기사, 타인들의 보고 내용 등이 생애사 연구를 보충할 수 있는 자료로 활용될 수 있다.

7) 일기(diaries) 분석의 방법

사회학자는 어떤 개인이 특정한 사회적 환경 안에서 매일매일 어떤 활동을 했는지 추적하기 위하여 일기 분석의 방법을 사용할 수 있다. 일기 분석의 방법은 경우에 따라 어떤 개인의 하루의 삶을 시간대별로 재구성할 수 있다는 장점을 가지고 있다. 이러한 점에서 그것은 그 어떤 사회학적 방법보다도 장점을 가지고 있다. 그러나 일기 분석의 방법만을 통해 수행된 훌륭한 사회학적 연구는 거의 없다. 일기 분석의 방법은 다른 연구 방법을 보충하기 위한 방법으로 유용하게 활용될 수 있을 뿐이다.

8) 대화 분석(conversation analysis)의 방법

사회학자는 사람들이 일상적으로 나누는 대화를 분석하여 사회학적으로 유의미한 내용을 추출하면서 사회학적 연구를 수행할 수 있는데, 이것이 대화 분석의 방법이다. 대화 분석의 방법은 사람들의 사회적인 상호작용과 일상적인 삶을 연구하기 위하여 유용하게 활용될 수 있다. 연구자는 연구 참여자들의 대화 내용을 녹음하거나 대화 상황을 녹화하여 그것을 토대로 그들의 사회적인 상호작용과 일상적인 삶을 연구할 수 있다. 실제로 대화 분석의 방법은 사회학적 연구를 위하여 광범위하게 사용되고 있다. 대화는 모든 사회적 행위를 위해 꼭 필요한 보편적인 요소이기 때문이다.

지금까지 살펴본 다양한 유형의 경험적 사회학의 방법은 서로 보완적으로 사용될 수 있다. 이처럼 다양한 방법을 상호보완적으로 사용할 경우 경험적 사회학은 사회 현상을 보다 더 구체적으로 분석하면서 보다 완벽하게 전개될 수 있을 것이다.

경험적 사회학의 다양한 방법에 대한 지금까지의 논의를 통하여 우리는 경험적 사회학 역시 자연과학과 통섭될 수 없다는 사실을 확인할 수 있다. 앞서 살펴본 방법 중에서 실험의 방법처럼 자연과학적 방법으로 분류될 수 있는 것 또는 자연과학적 방법과 유사한 것이 있기 때문에 이러한 방법을 사용할 경우 사회학을 자연과학과 통섭할 수 있지 않을까 생각해 볼 수 있다. 그러나 이러한 방법이 사회학에서 사용될 경우, 그것은 자연과학에서 사용될 경우와 똑같은 의미를 가지는 것이 아니다. 예컨대 실험의 경우 사회를 구성하는 요소는 인간이며 인간을 대상으로 실험하는 일은 많은 한계를 가지고 있을 수밖에 없기 때문이다. 이러한 점에서 사회학에서 사용되는 실험의 방법은 자연과학에서 사용되는 실험의 방법과 다른 것이라고 할 수 있다. 따라서 사회학을 자연과학과 통섭하는 일은 불가능하다.

사회학에 대한 지금까지의 논의는 대부분 정치학, 경제학, 인류학 등 여타의 사회과학의 경우에도 타당하다. 이제 이 절의 논의를 마무리하면서 사회과학에 대한 윌슨의 그릇된 견해 하나를 짚고 넘어가고자 한다. 윌슨은 사회과학자들이 부당하게도 사회과학을 자연과학과 통섭하는 일을 거부하면서 "잘못된 개념들에 젖은 상식에 입각하여 인간 본성을 이해하는 이른바 통속 심리학(folk psychology)[...]을 받아들이고 있다"(『통섭』, 321)고 주장한다. 필자는 이러한 윌슨의 주장에 대해 다음과 같은 두 가지 사실을 지적하고자 한다.

첫째, 사회과학자들이 사회과학을 자연과학과 통섭하는 일을 거부하는 데에는 나름의 타당성이 있다. 자연과학과 통섭될 수 없는 사회과학의 분야들은 사회 현상의 정체 해명에 있어서 커다란 역할을 수행하는 데 반해 자연과학과 통섭될 수 있는 사회과학의 분야들은 사회 현상의 정체 해명에 있어서 그처럼 커다란 역할을 수행할 수 없기 때문이다.

둘째, 사회과학자들이 학문으로 간주될 수 없는 통속 심리학을 받아들이고 있으며 따라서 그들이 전개하는 사회과학이 학문이 아니라는 윌슨의 주장은 부당하다. 이 점을 이해하기 위하여 우리는 학문이 무엇인지 살펴볼 필요가 있다. 학문이란 타당한 방법을 사용하여 획득된 어떤 대상 영역에 대한 합리적이며 체계적인 진술 체계를 뜻한다. 여기서 알 수 있듯이 모든 학문은 타당한 방법을 사용해야 한다. 그런데 각각의 학문이 사용해야 할 타당한 방법은 그것이 연구하고자 하는 대상의 본성에 토대를 두고 있어야 한다. 앞서 살펴보았듯이 자연과학은 관찰, 실험, 수리화 등의 방법을 사용하는데, 그것은 자연과학이 다루는 대상인 자연이 본성상 관찰, 실험, 수리화를 통해 파악될 수 있기 때문이다. 한편 현상학적 심리학은 반성의 방법을 사용하는데, 그것은 현상학적 심리학이 다루는 대상인 의식이 그 본성상 관찰, 실험, 수리화 등의 방법이 아니라 반성의 방법을 통해 파악될 수 있기 때문이다. 또한 수학은 수학적 직관의 방법을 사용하는데, 수학이 다루는 대상인 수, 도형 등이 관찰, 실험, 수리화 등의 방법 또는 반성의 방법이 아니라 수학적 직관의 방법을 통해서 파악될 수 있기 때문이다.

이처럼 각각의 학문이 사용해야 할 방법이 그것이 연구하고자 하는 대상의 본성에 토대를 두고 있어야 하는 것은, 물고기를 잡는 그물을 만들 경우 잡고자 하는 물고기를 보아 가면서 만들어야 하는 것과 마찬가지이다. 예를 들어 대구를 잡기 위한 그물을 만들 경우 우리는 대구의 크기, 형태 등을 보아 가며 그것에 적합하게 만들어야 한다. 대구를 잡기 위한 그물을 만들면서 멸치도 빠져나가지 못할 만큼 너무 촘촘하게 만든다면 그 그물은 문제가 있는 그물이라 할 수 있다. 마찬가지로 멸치를 잡기 위한 그물을 만들 경우 우리는 멸치의 크기, 형태 등을 보아 가면서 그에 적합하게 만들어야 한다. 멸치를 잡기 위한 그물을 만들면서 대구도 빠져나갈 만큼 아주 성긴 그물을 만든다면 그 그물 역시 문제가 있는 그물이라 할 수 있다.

이러한 논의를 통해 우리는 학문의 연구 방법이 다원적이라는 사실을 알 수 있다. 윌슨은 이러한 사실을 망각하고 통섭 프로그램을 신봉하면서 자연과학적 방법을 모든 학문적 연구를 위해 사용될 수 있는 유일한 방법으로 간주하고, 그러한 토대 위에서 자연과학적 방법을 사용하지 않는 사회학을 통속 심리학에 비유하면서 학문이 아니라고 주장하는 것이다. 사회학을 비롯해 사회과학의 다양한 분야가 자신에게 적합한 방법을 사용하는 한 그것은 모두 정당하게 학문이라 불릴 자격이 있는 것이다.

6. 예술학의 통섭 불가능성

윌슨은 예술의 기원 등 예술과 관련된 몇몇 주제들을 다루는 예술학과 자연과학의 통섭 가능성에 대해 논하고 있다. 예를 들어 그는 인간의 예술적 영감의 기원은 진화생물학을 통해 훌륭하게 설명될 수 있다고 말하면서 예술과 자연과학을 통섭할 수 있다고 생각한다. 그리고 그는 인간의 예술적 본성을 자연과학적으로 해명하면서 "생물시학(biopoetics)", "생물미학(bioaesthetics)"(『통섭』, 375) 등의 새로운 학문 분과가 탄생하는 예를 보여 주기도 하고 신경생물학을 통해 인간의 "심미적 본능"(『통섭』, 397)을 해명할 수 있는 가능성에 대해서도 언급하고 있다.

필자는 윌슨이 예로 들고 있는 예술학과 자연과학의 통섭이 원칙적으로 가능하다고 생각한다. 인간의 예술적 본성을 해명하면서 새로 탄생한 "생물시학(biopoetics)", "생물미학(bioaesthetics)"(『통섭』, 375) 등의 학문 분과들은 예술학과 자연과학이 원칙적으로 통섭 가능함을 보여 주는 예들이라 할 수 있다. 그는 신경생물학을 통해서 인간의 "심미적 본능"을 해명할 수 있는 가능성에 대해 언급하고 있는데, 최근에는 진화생물학을 통해 인간의 심미적 본능, 즉 예술적 본능을 해명하고자 한 연구가 선보여지기도 하였다.[35] 앞으로 진화생물학을 비롯해 뇌과학, 신경과학, 인지심리학, 신경생물학 등 다양한 자연과학을 통해 다양한 예술 현상의 정체가 해명되면서 예술학의 새로운 분야들이 나타날 것이다.

그러나 이러한 사실이 예술학을 자연과학과 통섭하는 일이 가능함을 보장해 주는 것은 아니다. 그것은 다양한 분야의 예술학이 가능하며 그처럼 다양한 예술학의 분야 중에서 많은 것들은 자연과학과 통섭될 수 없기 때문이다. 이 점을 살펴보기 위해서 우선 예술학의 몇몇 분야에 대해서 살펴보자.

예술학이란 예술에 관한 학문을 통칭하는 개념이다. 우선 예술

35 D. Dutton, *The Art Instinct: Beauty, Pleasure, & Human Evolution*, New York: Bloomsbury Press, 2009.

철학으로서의 미학이 예술학에 속한다. 미학은 철학의 한 분과로서 아름다움을 연구 대상으로 삼는다. 미학(die Ästhetik, the aesthetics)이라는 용어를 처음으로 사용한 사람은 18세 중엽 독일의 철학자인 바움가르텐(A. G. Baumgarten)이다.[36] 그에게 아름다움에 대한 철학으로서의 미학은 아름다움을 경험할 수 있는 능력을 해명하는 학문을 뜻한다. 그는 아름다움을 경험할 수 있는 능력을 일종의 인식능력으로 간주하면서 그것을 감성이라 부른다. 이 경우 감성은 하위 인식능력을 뜻하는 것으로서 사유 대상을 인식하는 상위 능력인 이성적 인식능력과 구별된다. 미학이란 이 감성의 능력을 분석함으로써 아름다움의 정체를 해명하고자 하는 철학의 한 분과를 뜻한다. 바움가르텐이 미학이라는 용어를 처음으로 사용하면서 감성의 학으로서의 미학을 정초한 이후 미학은 칸트, 실러, 헤겔 등의 독일관념론을 거쳐 현대에 이르기까지 철학의 한 분과로서 확고하게 자리를 잡아 가면서 다방면으로 연구되어 왔다.

미학이라는 용어를 처음으로 사용한 학자는 바움가르텐이지만 그 이전에 아름다움에 대한 철학으로서의 미학이 없었던 것은 아니다. 미학은 이미 고대 희랍에서도 활발하게 연구되었다. 고대 희랍에서 철학의 한 분과로서의 미학을 처음으로 개척한 것은 피타고라스학파이다. 피타고라스학파는 "우주론적 질서 속에서 진행되는 세계의 모든 규칙적 운동이 조화로운 음을 낳는다고 생각했고, 이런 의미

36 이하 바움가르텐의 미학에 대한 논의는 김수현, 「바움가르텐」, 미학대계간행위원회 편, 『미학의 역사』, 미학대계 제1권, 서울: 서울대학교출판부, 2007, 259쪽 이하를 참조하였다.

에서 우주가 천구의 음악을 산출한다고 주장했다. 이에 그들에게서 음들의 조화, 즉 음악은 바로 우주 속에 숨어 있는 내적 질서의 표현으로 간주되었다."[37] 고대 희랍에서는 피타고라스학파를 효시로 하여 다양한 미학이 등장했는데, 불변하는 이데아 세계와 부단히 변화하는 경험적 세계의 구별을 토대로 이데아로서의 아름다움과 경험적 아름다움을 구별하면서 전개되는 플라톤의 미학과 모방설을 토대로 전개되는 아리스토텔레스의 미학이 대표적인 예이다.[38] 이러한 미학의 전통은 중세철학과 근대의 합리론과 경험론을 거처 바움가르텐으로 이어졌고 바움가르텐을 거쳐 칸트, 실러, 헤겔 등 독일관념론을 거쳐 현재까지 이어지고 있다.

예술학의 두 번째 분야로는 일반예술학(die allgemeine Kunstwissenschaft)을 들 수 있다. 일반예술학은 20세기에 들어 우티츠(E. Utitz) 등에 의해 정립된 예술학의 한 분과이다. 바움가르텐 이후 독일에서 미학은 아름다움에 대한 경험을 분석하면서 전개되었는데, 우티츠는 예술 경험 대신에 예술 작품을 연구의 중심에 놓으면서 "예술의 본질(das Wesen der Kunst)"[39]을 연구하는 예술학을 정립하고자 시도하였다. 그리고 바로 이러한 예술학이 일반예술학이다. 말하자면 일반예술학은 "근본적이며 엄밀한 예술의 본질 탐구(eine gruendliche und exakte Wesensuntersuchung der Kunst)"[40]를 지향하면서 "예술적인 것

37 권혁성, 「서양 고대미학의 주요 흐름들에 대한 소고」, 미학대계간행위원회 편, 『미학의 역사』, 9.

38 권혁성, 「서양 고대미학의 주요 흐름들에 대한 소고」, 9, 17쪽 이하 참조.

39 E. Utitz, *Grundlegung der allgemeinen Kunstwissenschaft*, Bd. 1/2, Stuttgart: Enke, 1914, 39.

40 E. Utitz, *Grundlegung der allgemeinen Kunstwissenschaft*, Bd. 1/2, 22.

의 본질을 그의 순수성에서 파악하고자 함(das Wesen des Kuenstlerischen in seiner Reinheit zu erfassen)"[41]을 목표로 하는 학문이라 할 수 있다.

뤼츨러(H. Lützeler)는 조형예술인 미술을 예로 들어 일반예술학의 과제에 대해 해명하고 있다. 그에 의하면 일반예술학은 다음과 같은 문제들을 해명함을 목표로 한다. 조형예술의 본질은 무엇인가? 조형예술은 시, 음악, 무용 등과 어떻게 구별되는가? 조형예술의 경우 작품 창작은 어떤 과정을 통해 이루어지는가? 조형예술에는 어떤 유형이 존재하는가?[42] 이 모든 질문은 조형예술의 본질과 조형예술의 다양한 유형, 즉 회화, 조각, 건축 등의 본질과 관련된 질문들이다. 두말할 것도 없이 일반예술학은 조형예술에만 국한되어 전개될 수 있는 것이 아니다. 일반예술학은 조형예술을 비롯해 문학, 음악, 무용, 연극 등 모든 유형의 예술에 대해서도 전개될 수 있다. 조형예술뿐 아니라 여타의 예술들도 나름의 본질을 가지고 있기 때문이다.

예술학의 세 번째 분야로는 예술에 관한 다양한 경험과학을 들 수 있다. 그 대표적인 예는 예술사이다. 잘 알려져 있듯이 예술사는 예술의 역사를 해명함을 목표로 하는 학문이다. 우리는 미술의 역사를 추적하면서 미술사를 전개할 수 있고 음악의 역사를 추적하면서 음악사를, 문학의 역사를 추적하면서 문학사를 전개할 수 있다. 물론 예술사의 어떤 측면을 추적하느냐에 따라 다양한 유형의 예술사를 전개할 수 있다. 미술사를 예로 들어 설명하자면 미술 작품에 나타

---

41 E. Utitz, *Grundlegung der allgemeinen Kunstwissenschaft*, Bd. 1/2, 23-24.

42 H. Lützeler, *Kunsterfahrung und Kunstwissenschaft. Systematische und entwicklungsgeschichtliche Darstellung und Dukumentation des Umgangs mit der bildenden Kunst*, Bd. 1, Freiburg/München: Karl Alber, 1975, 491.

난 도상의 의미를 중심으로 미술 작품의 역사를 추적할 경우 미술도상학(Ikonographie)이 정립될 수 있고, 다양한 도상들이 어떤 세계관을 토대로 나타났는지 도상들의 세계관적인 배경을 추적하면서 그들 사이에 존재하는 연관에 초점을 맞추어 미술 작품의 역사를 추적할 경우 도상해석학(Ikonologie)이 정립될 수 있으며, 예술 작품을 지배하는 양식에 초점을 맞추어 작품을 분석할 경우 양식사로서의 미술사가 전개될 수 있다.

그러나 예술사 이외에도 어떤 학문적 관심을 가지고 어떤 관점에서 예술 작품을 연구하느냐에 따라 다양한 유형의 예술에 관한 경험과학이 가능하다. 예를 들어 예술 작품을 창작한 예술가의 무의식 등에 초점을 맞추어 예술 작품을 연구할 경우 예술심리학이 정립될 수 있으며, 예술 작품이 등장하게 된 사회적 배경을 연구할 경우 예술사회학이 정립될 수 있다. 또는 예술 작품을 정치적 관점, 경제적 관점, 경영학적 관점에서 연구할 경우 각기 예술정치학, 예술경제학, 예술경영학 등이 정립될 수 있다. 더 나아가 우리는 자연과학적 관심에서 출발해 예술 작품을 연구할 수도 있다. 예를 들어 예술 작품을 창작한 작가의 의식을 뇌과학적 관점에서 연구할 경우 예술에 관한 뇌과학이 정립될 수도 있고 그것을 진화생물학의 관점에서 연구할 경우 예술의 진화생물학이 정립될 수도 있다.

그러면 이제 이처럼 다양한 유형의 예술학이 자연과학과 통섭될 수 있는지 하는 점을 검토하기로 하자. 물론 예술학의 다양한 분야 중에서 자연과학과 통섭할 수 있는 분야가 존재함은 두말할 필요도 없다. 윌슨이 『통섭』에서 예술의 문제를 다루면서 언급하고 있는 "생물시학(biopoetics)", "생물미학(bioaesthetics)"을 비롯해 예술에 관한 진화생물학, 뇌과학, 신경과학, 인지심리학, 신경생물학 등이 그 대표적인 예이다. 그럼에도 불구하고 이 점과 관련해 유의해야 할 것은 이러한 학문들은 예술학의 한 부분에 불과하며 그것들 이외에도 다양한 분야의 예술학이 존재하는데, 이들 분야들은 대부분 자연과학과의 통섭이 불가능하다는 사실이다.

예를 들어 앞서 살펴본 예술의 본질을 연구함을 목표로 하는 일반예술학은 자연과학과의 통섭이 원칙적으로 불가능하다. 모든 유형의 본질이 그러하듯이 일반예술학이 해명함을 목표로 하는 다양한 유형의 예술의 본질은 이념적 존재로서 자연적 인과관계의 망 속에서 존재하는 것이 아니기 때문이다. 이처럼 다양한 유형의 예술의 본질이 자연적 인과관계의 망 속에서 존재하지 않기 때문에 그것은 자연 속에서 존재하는 것들에 대해 어떤 영향을 미치지도 않고 또 그들로부터 어떤 영향을 받지도 않는다. 말하자면 예술의 본질과 자연 속에서 존재하는 것들은 서로 다른 세계에 존재하는 것이다. 바로 이런 이유에서 실험, 관찰, 수량화 등 자연과학적 연구 방법을 통해서는 예술의 본질을 해명할 수 없다. 예술의 본질은 실험, 관찰, 수량화의 대상이 아니기 때문이다. 따라서 망원경, 현미경 등 고성능의 실험 장비가 발명된다고 하더라도 예술의 본질을 해명함을 목표로 하는 일반예술학에 있어서는 학문의 진보가 나타나지 않는다. 예술의 본질은 망원경, 현미경 등의 관찰 장비를 통해서 경험될 수 있는 것이 아니기 때문이다. 이러한 논의를 통해 우리는 일반예술학이 자연과학과 통섭될 수 없다는 사실을 이해할 수 있다.

일반예술학뿐 아니라, 앞서 살펴본 예술에 대한 경험과학 대부분은 자연과학과 통섭될 수 없다. 다음 절에서 우리는 역사학이 자연과학과 통섭될 수 없다는 사실을 살펴볼 것인데, 동일한 이유에서 역사학의 한 분야인 예술사 역시 자연과학과 통섭될 수 없다. 또한 우리는 앞서 사회학이 자연과학과 통섭될 수 없다는 사실을 살펴보았는데, 동일한 이유에서 사회학의 한 분야인 예술사회학 역시 자연과학과 통섭될 수 없다. 더 나아가 우리는 앞서 의식에 관한 학문이 자연과학과 통섭될 수 없다는 사실을 살펴보았는데, 동일한 이유에서 예술심리학 역시 자연과학과 통섭될 수 없다. 그 이외에도 예술정치학, 예술경제학, 예술경영학 등도 자연과학과 통섭될 수 없는데, 그에 대한 구체적인 논의는 생략하기로 한다.

마지막으로 철학의 한 분야인 미학 역시 자연과학과 통섭될 수 없다. 우리는 Ⅳ장에서 철학과 학제적 연구의 문제를 검토하면서 철학이 자연과학과 통섭될 수 없다는 사실을 살펴볼 것이다. 미학은 철학의 한 분야이다. 따라서 철학이 자연과학과 통섭될 수 없다 함은 미학 역시 자연과학과 통섭될 수 없다는 사실을 함축한다. 따라서 여기서는 미학이 자연과학과 통섭될 수 없다는 사실을 따로 고찰하지 않기로 한다. 미학이 자연과학과 통섭될 수 없는 이유에 대한 자세한 논의는 Ⅳ장을 참조하기 바란다.

7. 역사학의 통섭 불가능성

앞서 살펴보았듯이 윌슨은 역사학에 대한 나름의 독특한 견해를 토대로 역사학과 자연과학의 통섭 가능성에 대해 논의하고 있는데, 우리는 위에서 역사학과 자연과학의 통섭 가능성에 대한 윌슨의 견해를 다음과 같이 요약하였다.

1) 인간은 자연적 인과관계에 따라 행동하는 존재이며 따라서 인간의 역사 과정은 별의 역사, 생물의 역사 등 물리적 역사와 본질적으로 구별되지 않는다.

2) "1만 번의 인간 역사를 지구를 닮은 1만 개의 행성에서 추적할 수 있는" 가능성이 존재하듯이, 모든 자연적인 사건과 마찬가지로 인간의 역사 과정도 귀납적이며 인과적인 설명을 통해서 완벽하게 해명될 수 있다.

3) 따라서 현재 기초 학문 중의 하나로 간주되고 있는 역사학은 천문학, 지질학, 진화생물학 등과 통섭되면서 일종의 자연과학, 다시 말해 고도로 복잡한 자연과학, 즉 응용 자연과학으로 탈바꿈할 것이다.

그러나 이러한 윌슨의 견해는 많은 문제점을 지니고 있다. 우선 인간이 자연적 인과관계에 따라 행동하는 존재라는 그의 견해가 지니고 있는 문제점을 살펴보자. 물론 인간이 자연적 인과관계에 따라 행동하는 존재라는 윌슨의 견해는 부분적으로 타당하다. 예를 들어 어떤 사람과 돌을 건물의 옥상에서 떨어뜨릴 경우 돌과 마찬가지로 그 사람 역시 중력 법칙의 지배를 받으면서 땅으로 떨어질 것이며, 그러한 한에서 그 사람은 돌과 마찬가지로 "자연적 인과관계"의 망 속에서 존재하는 것이라 할 수 있다.

그러나 돌, 별 등과 인간 사이에 이러한 공통점이 있음에도 불구하고 양자 사이에는 본질적인 차이점 또한 존재한다. 그 본질적인 차이점은 돌이나 별이 오직 "자연적 인과관계"의 망 속에서만 존재할 수 있는 것들임에 반해 인간은 "목적 연관" 내지 "동기 연관" 속에서 살아가는 존재라는 사실에 있다. 인간은 매 순간 어떤 목적을 가지고 선택을 하면서 살아가는 존재이다. 그리고 어떤 목적은 인간의 어떤 행위가 존재하기 위한 원인의 역할을 한다. 예를 들어 우리가 건강해지기 위해서 운동할 경우 건강이라는 목적은 운동의 원인이며 지식을 얻기 위해서 공부할 경우 지식을 얻음은 공부하는 행위의 원인이다. 이러한 예에서 알 수 있듯이 어떤 목적이 인간의 어떤 행위가 존재할 수 있는 원인이기 때문에 우리는 이 목적을 행위의 원인이라 부를 수 있으며, 1) 행위와 2) 행위의 원인으로서의 목적 사이에 존재하는 인과관계를 자연적 인과관계와 구별하여 "목적 인과관계"라 부를 수 있다.

여기서 우리는 목적 인과관계가 자연적 인과관계와 본질적으로 다르다는 사실에 유의할 필요가 있다. 양자의 차이점은 자연적 인과관계의 경우에는 어떤 행위 또는 사건의 원인이 행위 또는 사건보다 시간적으로 늘 앞서는 데 반해, 목적 인과관계의 경우에는 반대로 어떤 행위 또는 사건의 원인이 행위 또는 사건보다 시간적으로 늘 뒤에 온다는 데 있다. 예를 들어 어떤 당구공이 다른 당구공을 쳐서 그것을 움직였을 경우 양자 사이에는 자연적 인과관계가 존재하며 이 경우 1) 하나의 당구공이 다른 당구공을 치는 사건이 2) 맞은 당구공이 움직이는 사건보다 시간적으로 늘 앞서지만, 건강을 위해 운동을 할 경우 운동이라는 행위의 원인인 건강이 운동보다 시간적으로 늘 나중에 온다.

그런데 오직 자연적 인과관계의 관점에서 대상을 연구하고자 하는 자연과학의 경우 목적 인과관계의 관점은 대상을 연구함에 있어 아무런 의미도 지니지 못한다. 말하자면 자연과학은 목적 인과관계의 관점에서 대상을 연구하는 학문이 아니며 따라서 자연과학은 목적 인과관계에서 드러날 수 있는 대상에 관해 그 어떤 지식도 알려 줄 수 없다. 예를 들어 천문학은 지구가 태양의 주위를 도는 목적이 무엇인가 하는 질문을 제기하지 않고 그에 대해 연구하지도 않는다. 이처럼 목적 인과관계는 자연과학에서는 아무런 의미도 지니지 못하지만 역사학의 경우는 사정이 다르다. 목적 인과관계의 관점은 역사학을 위해서 아주 중요한 의미를 지닌다. 많은 경우 역사학은 어떤 행위가 있을 경우 그 사건의 주체들이 무슨 목적으로 그런 행위를 했는가 하는 질문을 제기하고 그에 대해 답하고자 시도한다. 이처럼 목적 인과관계의 관점이 물리학과 역사학에서 전혀 다른 의미를 가지고 있기 때문에 자연과학과 역사학 사이에는 지울 수 없는 경계가 존재하며 따라서 자연과학과 역사학을 "봉합선 없이" 통섭하는 일은 원칙적으로 불가능하다.

이 점과 관련해 혹자는 자연과학과 역사학 사이의 직접적인 통섭은 불가능하지만 진화생물학을 통한 간접적인 통섭은 가능하리라고 주장하면서, 그것은 진화생물학 역시 생명체의 진화를 다루며 생명체의 진화를 다루는 한 생명체를 목적 인과관계의 관점에서 다룰 수 있기 때문이라고 할 것이다. 물론 목적 인과관계의 관점에서 생명체의 진화를 연구하는 진화생물학이 존재한다면, 우리는 이러한 진화생물학이 역사학과 통섭될 수 있는 가능성이 존재한다는 사실을 인정해야 할 것이다. 물론 이 경우 통섭은 윌슨식의 통섭이 아니라, 역사학을 중심으로 한 통섭이라고 할 수 있을 것이다. 그러나 윌슨이 주장하듯이 진화생물학이 철저하게 물리학에 기초해 자연적 인과관계의 관점에서 생명체의 진화를 연구하며, 그런 한에서 물리학과의 통섭을 통해 성립한 학문이라고 한다면 진화생물학은 역사학과 원칙적으로 통섭될 수 없다. 이 경우 진화생물학은 목적 인과관계의 관점에 따라 생명체를 연구하는 학문이 아니기 때문이다. 따라서 윌슨이 주장하는 것과는 달리 진화생물학을 통한 자연과학과 역사학의 통섭은 원칙적으로 불가능하다.

이처럼 자연과학이 역사학과 통섭될 수 없다는 사실은 역사학의 목표가 무엇인지, 그리고 역사학이 구체적으로 어떤 방식으로 연구를 수행하는지를 살펴보면 보다 분명히 밝혀진다. 우선 역사학의 목표와 관련하여 우리는 역사학이 자연과학과 동일한 목표를 추구하는 학문이 아니라는 사실에 유의해야 한다. 자연과학은 반복되는 관찰 및 실험에 기초한 귀납을 통해 자연현상을 지배하는 일반 법칙을 발견하고 이러한 법칙을 토대로 다양한 현상을 자연적 인과관계의 관점에서 설명함을 목표로 한다. 물론 윌슨이 "1만 번의 인간 역사를 지구를 닮은 1만 개의 행성에서 추적할 수 있는" 가능성을 언급하듯이 역사학의 목표 역시 자연과학의 경우와 유사하게 귀납에 기초한 일반 법칙을 토대로 역사 현상을 "자연적 인과관계"의 관점에서 설명하는 데 있다고 주장할 수도 있다. 그러나 필자는 역사학자를 비롯해 대부분의 사람들은 이러한 윌슨의 견해에 동의하지 않으리라 생각한다. 백 보를 양보해 윌슨이 제시하는 이러한 목표를 역사학의 목표로 인정한다고 하더라도 그러한 목표는 역사학의 유일한 목표가 될 수도 없고 가장 중요한 목표가 될 수도 없다. 역사학의 가장 중요한 목표는 과거에 있었던 역사적 사건의 정체가 정확히 무엇인지 재구성하고 그것이 인간의 삶에 대해 어떤 의미를 지니는지를 자연과학적으로 "설명"하는 데 있는 것이 아니라 해석학적으로 "이해"하는

데 있는 것이다.

이처럼 과거의 사건을 재구성하고 그 의미를 이해하기 위해서 역사학은 자연과학과는 다른 연구 방법을 동원한다. 앞서 지적했듯이 자연과학은 관찰과 실험이라는 연구 방법에 토대를 두고 있으며 이를 위해 망원경, 현미경 등의 첨단 장비가 동원된다. 물론 역사학 역시 과거의 사건을 정확하게 재구성하기 위해서 망원경, 현미경 등의 첨단 장비를 동원할 수 있으며 첨단 장비가 역사학 연구를 위해 나름의 기여를 할 수 있음은 두말할 필요도 없다. 그러나 역사학 연구가 이러한 첨단 장비만으로 완벽하게 이루어질 수 있는 것은 아니다. 비록 첨단 장비가 역사학 연구를 위해 도움을 줄 수 있을지라도 그를 통해 대치될 수 없는 역사학 나름의 고유한 연구 방법이 있는데, 그것이 바로 "해석"의 방법이다. 역사학은 과거의 사건을 재구성하고 그 의미를 이해하기 위해서 문헌을 해석해야 하며 문헌 해석을 위해서 해석의 방법을 사용해야 하는데, 이러한 해석의 방법은 망원경, 현미경 등의 첨단 장비로 대치될 수 없다. 성능이 아주 좋은 망원경, 현미경을 사용한다고 해서 어떤 문헌의 의미가 그렇지 않을 경우보다 더 잘 해석될 수 있는 것은 아니다. 이러한 첨단 장비는 문헌 해석을 위해 아무것도 기여할 수 없다.

8. 윤리학의 통섭 불가능성

윌슨은 진화생물학을 통해 윤리의 기원을 해명할 수 있기 때문에 윤리학을 자연과학과 통섭할 수 있다고 생각한다. 그러나 이러한 윌슨의 견해는 많은 문제점을 가지고 있다. 필자의 견해에 의하면 우선 진화생물학을 통해 윤리의 기원을 해명할 수 있다는 윌슨의 견해는 기껏해야 제한적인 타당성만을 지닌다. 그리고 이러한 견해가 절대적인 타당성을 지니고 있다고 하더라도 진화생물학을 통해 윤리학을 자연과학과 통섭할 수 있는 것은 아니다. 그러면 우선 진화생물학을 통해 윤리의 기원을 해명할 수 있다는 윌슨의 견해가 기껏해야 제한적인 타당성만을 가지고 있다는 사실을 살펴보자.

윤리의 기원에 대한 윌슨의 진화생물학적 해명이 안고 있는 가장 중요한 문제는 그것이 특정한 유형의 도덕을 전제하고 있다는 데 있다. 이 점을 이해하기 위하여 다시 한 번 윤리의 기원에 대한 윌슨의 견해를 살펴보자. 윌슨에 의하면 한 사회에서 통용되는 도덕적 격률들은 진화의 산물로서, 그 사회에 살고 있는 사람들의 생존과 번식 가능성을 높이는 데 기여하였기 때문에 그들의 합의를 통해 격률의 지위를 부여받은 것에 불과하다. 윌슨에 의하면 "도덕 진화의 처음 단계가 어떠했을지는 게임이론을 통해, 특히 죄수의 딜레마(Prisoner's Dilemma)에 대한 해결책을 찾는 과정에서 더 분명해진다."(『통섭』, 435) 이처럼 윌슨은 도덕의 진화 과정을 죄수의 딜레마에 대한 해결책을 찾는 과정에서 확인할 수 있다고 생각한다.

그런데 여기서 윌슨은 특정한 도덕을 전제하고 있다. 그가 전제하고 있는 도덕이란 다름 아닌 최대다수의 최대행복이라는 원리에 토대를 둔 공리주의적 도덕이다. 죄수의 딜레마에 대한 해결책 역시 해당 죄수들의 최대행복을 전제하면서 모색되는 것이기 때문이다. 말하자면 윌슨은 공리주의적 도덕을 염두에 두면서 윤리의 기원에 대한 진화생물학적 해명이 가능하다고 생각하고 있는 것이다. 이러한 사실은, 도덕적 격률들은 진화의 산물로서 그 사회에 살고 있는 사람들의 생존과 번식 가능성을 높이는 데 기여하였기 때문에 그들의 합의를 통해 격률의 지위를 부여받은 것에 불과하다는 그의 견해를 통해서도 확인할 수 있다.

리들리(M. Ridley) 역시 윌슨의 『통섭』이 출간되기 2년 전인 1996년에 공리주의적 도덕의 기원이 생물학을 통해 해명될 수 있다는 견해를 제시하였다.[43] 이들의 견해가 옳은 것으로 판정이 난 것은 아니지만, 그럼에도 불구하고 그것은 하나의 가설로서 나름의 의미를 지닐 수 있다. 그러나 그들은 도덕의 기원을 해명하면서 암암리에 공리주의적 도덕을 전제하고 있기 때문에, 그들의 시도가 성공적이라고 하더라도 그것이 곧바로 그들이 도덕 일반의 기원을 해명함에 있어 성공했음을 보여 주는 것은 아니다. 공리주의적 도덕 이외에도 다양한 유형의 도덕이 있으며, 이러한 다른 유형의 도덕의 기원을 해명해야 할 과제가 남아 있기 때문이다.

필자는 공리주의적 도덕 이외의 다양한 유형의 도덕 중에는 진화생물학을 통해서 그 기원을 해명할 수 없는 도덕도 존재한다고 생각한다. 칸트의 윤리학에서 해명되고 있는 도덕이 그 대표적인 예에 해당한다. "너의 인격뿐 아니라, 다른 모든 사람의 인격 속에 있는 인간성을 언제나 결코 수단이 아니라 목적 자체로 대할 수 있도록 행동하라!"[44]는 정언명령으로 요약되는 칸트의 윤리학에 나타난 도덕은

43 M. Ridley, *The Origins of Virtue: Human Instincts and the Evolution of Cooperation*, New York: Penguin Books, 1998/ 신좌섭 역, 『이타적 유전자』, 서울: 사이언스북스, 2001.

44 I. Kant, *Grundlegung zur Metaphysik der Sitten*, in: Kant Werke Bd. 6, Schriften zur Ethik und Religionsphilosophie, Darmstadt: Wissenschaftliche Buchgesellschaft, 1983, 61.

공리주의적 도덕과는 전혀 다르다. 칸트의 입장에서 보면 최대다수의 최대행복을 최종적인 목적으로 간주하면서 그 어떤 사람도 목적 자체로 대우하지 않는 공리주의적 도덕은 사실은 도덕의 자격을 갖추고 있지 못하며 도덕이라 불려서는 안 된다. 이처럼 공리주의적 도덕과 모순 관계에 있는 칸트의 도덕의 기원을 공리주의적 도덕의 기원을 해명하기 위한 수단인 진화생물학을 통해서 해명하는 일은 불가능하다. 공리주의적 도덕과는 달리 칸트의 도덕은 사회 구성원의 최대다수의 최대행복을 목표로 하는 것도 아니요, 사람들의 생존과 번식 가능성을 높이는 데 기여함을 목표로 하는 것도 아니기 때문이다. 칸트의 도덕은 경우에 따라 최대다수의 최대행복에 걸림돌이 될 수도 있고 사람들의 생존과 번식 가능성을 낮출 수도 있다. 이러한 칸트의 도덕의 기원을 해명함에 있어 진화생물학은 그 어떤 기여도 할 수 없을 것이다.

위의 논의를 통하여 특정의 윤리학은 자연과학과 통섭될 수 있을지 몰라도 모든 유형의 윤리학이 자연과학과 통섭될 수 있는 것은 아니라는 사실이 드러난다. 윤리의 발생적 기원을 자연과학적으로 해명함을 목표로 하는 진화론적 윤리학은 자연과학과 통섭될 수 있지만, 윤리의 정체와 관련해 자연과학적 방법 이외의 방법을 통한 해명을 요구하는 윤리학은 자연과학과 통섭될 수 없다.

이처럼 윤리학이 자연과학과 통섭될 수 있다는 윌슨의 견해는 심각한 문제를 가지고 있다. 그러면 이제 윤리학과 자연과학의 통섭에 대한 윌슨의 견해에 들어 있는 몇 가지 다른 문제점들도 아울러 살펴보기로 하자.

첫째, 윌슨은 윤리학과 자연과학의 통섭에 대한 논의를 전개하면서 윤리의 진화를 이끄는 추동력에 대해 일관성 있게 논의하지 않는다. 그는 한편으로 윤리의 진화를 이끄는 추동력으로 생존과 번식 가능성에 대한 기여를 꼽고 있다. 이 경우 그는 이성을 윤리의 진화를 이끄는 추동력으로 전혀 고려하고 있지 않다. 다른 한편 그는 죄수의 딜레마가 도덕 진화의 처음 단계를 설명하는 모델이 될 수 있을 것이라고 논하면서 이성을 윤리의 진화를 이끄는 추동력으로 간주하고 있다. 죄수의 딜레마에서는 이성, 즉 도구적 이성이 핵심적인 역할을 담당하기 때문이다. 이처럼 윤리의 진화를 이끄는 추동력에 대한 윌슨의 견해는 일관성을 결여하고 있다.

필자의 견해에 의하면 윤리의 진화를 이끄는 추동력 중의 하나는 이성이다. 사실 지금까지 인류가 경험해 왔던 윤리적 진화 혹은 진보를 추동해 온 가장 중요한 요소가 바로 이성이다. 그렇다고 해서 필자가 죄수의 딜레마에 대한 윌슨의 견해를 받아들이는 것은 아니다. 죄수의 딜레마에서 작동하는 이성은 도구적 이성인 데 반해 필자가 윤리적 진화를 추동하는 힘으로 간주하는 이성은 도덕적 이성이기 때문이다. 윌슨은 윤리의 진화를 논하면서 도덕적 이성의 역할에 대해 논의하지 않으며 이 점 역시 윤리학의 통섭에 대한 그의 논의가 안고 있는 취약점 중의 하나이다.

둘째, 윌슨은 도덕의 발생 기원에 대한 해명과 도덕의 타당성에 대한 해명을 동일한 것으로 간주한다. 그의 견해에 의하면 도덕의 발생 기원을 해명하게 되면 동시에 도덕의 타당성도 해명되는 것이다. 바로 이러한 이유에서 그는 도덕의 타당성의 문제를 따로 논의하지 않는다. 물론 이러한 그의 견해는 현존하는 도덕의 사실적 타당성에 대한 해명을 위해서는 나름의 역할을 할 수 있을 것이다. 실제로 현존하는 도덕의 타당성은 도덕의 기원을 해명함으로써 해명될 수 있는 경우가 많기 때문이다. 그럼에도 불구하고 도덕과 관련해서는 사실적 타당성뿐 아니라, 이념적 타당성의 문제도 제기될 수 있다. 실제로 이러한 문제는 도덕적 담론에서 종종 제기되는 문제이다. 예를 들어 그 어떤 성윤리의 규범이 현재 어느 사회에서 타당한 것으로 받아들여지고 있다고 해서 그것이 진정으로 타당한 것이지 묻는 경우가 이에 해당한다. 윌슨의 통섭 프로그램은 도덕 규범의 이념적 타당성의 문제를 제기할 수도 없고 그것을 해결할 수도 없다. 바로 이 점에서 윌슨의 통섭 프로그램은 도덕 담론과 관련해 결정적인 한계를 가지고 있다. 도덕의 이념적 타당성의 문제를 논하기 위해서는 도덕적 이성의 문제를 검토해야 한다. 도덕적 이성이 다름 아닌 도덕의 타당성을 심판할 수 있는 최종적인 심급이기 때문이다.

셋째, 윌슨은 윤리학이 자연과학과 통섭될 수 있다는 논지를 전개하면서 윤리학적 회의주의의 입장을 견지하고 있다. 이 점과 관련해 그는 "나는 도덕적 가치들(신으로부터 나온 것이건 아니건 간에)의 독립성을 믿는다"(『통섭』, 412)는 입장인 초월론과 "나는 도덕적 가치들이 오직 인간으로부터 나온 것일 뿐임을 믿는다"(『통섭』, 412)는 입장인 경험론을 구별하면서 초월론은 부당하고 경험론은 타당하다고 말한다. 그의 입장은 한마디로 객관적으로 존재하는 윤리학적 진리는 존재하지 않는다는 윤리학적 회의주의이다. 그러나 이러한 윤리학적 회의주의는 나름의 문제점을 가지고 있다. 윤리학의 여러 분야 중에서는 객관적으로 타당한 진리들의 체계인 학문들도 존재하기 때문이다. 그 대표적인 예는 후설이 제시하는 형식적 가치론이다. 그러면 이 점에 대해 더 자세하게 살펴보자.[45]

후설에 의하면 논리학의 분야에서 객관적으로 타당한 법칙들이 존재하듯이 윤리학의 영역에서도 그 어떤 회의주의적 도전에도 동요하지 않는 객관적으로 타당한 법칙들이 존재한다. 그는 이론이성(인식적 이성)과 비이론적 이성(가치평가적 이성과 실천이성) 사이에 존재하는 유비 관계를 통해 이러한 사실을 해명한다. 양자 사이의 유비 관계에 의하면 이론이성의 영역에서 그 어떤 회의주의에도 굴하지 않을 수 있는 객관적으로 타당한 법칙이 존재하듯이 비이론적 이성의 영역에서도 그 어떤 회의주의에도 굴하지 않을 수 있는 객관적으로 타당한 법칙이 존재한다. 그러면 우선 이론이성의 영역에서 확인할 수 있는 그 어떤 회의주의에도 굴하지 않을 수 있는 객관적으로 타당한 법칙이 무엇인지 살펴보자.

우리는 그 예로 형식논리학의 규칙들을 제시할 수 있다. "모든 A가 B이고 모든 B가 C이면 모든 A는 C이다."를 비롯한 여러 가지 형식논리학의 규칙들을 예로 들 수 있는 것이다. 우리는 이러한 형식논리학의 규칙들이 타당하다고 생각한다. 그러면 이러한 규칙들이 타당한 이유는 무엇인가? 이와 관련해 심리학주의는 이러한 규칙이 타당한 것은 인식하는 주관이 그것들을 타당한 것으로 간주하기 때문이라고 주장한다. 즉 심리학주의에 따르면 형식논리학의 규칙의 타당성은 그것을 인식하는 주관의 의식에 의존해 있다.

그러나 후설에 의하면 심리학주의는 형식논리학의 규칙의 타당성의 정체를 올바로 해명하고 있지 못하다. 형식논리학의 규칙은 그

---

45 후설의 형식적 가치론에 대한 이 절의 논의는 이남인, 「후설의 현상학적 사회윤리학의 의의와 과제」, 『인문논총』 제69집, 2013에서 따왔다.

것을 인식하는 주관이 존재하건 존재하지 않건 객관적으로 타당한 법칙이다. 인간을 비롯해 형식논리학의 규칙을 인식할 수 있는 생명체들이 이 우주에서 완전히 사라진다고 하더라도 형식논리학의 규칙은 타당하다. 말하자면 형식논리학의 규칙들은 인간이라는 종 또는 여타의 생명체들의 종에 의존해 상대적으로 타당한 것이 아니라, 그 어떤 생명체의 종과 무관하게 절대적으로, 즉 객관적으로 타당하다.

이처럼 이론이성의 영역에서 객관적으로 타당한 법칙들이 존재하듯이 비이론적 이성의 영역에서도 객관적으로 타당한 법칙들이 존재한다. 그러면 비이론적 이성의 영역 중에서 가치평가적 이성의 영역에 들어 있는 객관적으로 타당한 법칙들을 살펴보자.

우리는 가치평가적 이성의 영역에서 다양한 유형의 객관적으로 타당한 법칙을 확인할 수 있다. 가치의 영역을 살펴보면 우리는 예술적 가치, 도덕적 가치, 정치적 가치, 경제적 가치 등 다양한 "가치범주"(Hua XXVIII, 90)가 존재함을 알 수 있다. 그런데 우리가 어떤 하나의 가치범주에 한정하여 논할 경우 이 가치범주에 속하는 다양한 가치들 사이에는 "동등함", "더 큼", "더 작음"이라는 세 가지 유형의 관계가 존재한다. 말하자면 어떤 하나의 가치범주에 속하는 가치 A와 B 사이에는 "A는 B와 동등한 가치를 가지고 있거나 A가 B보다 더 큰 가치를 가지고 있거나 A가 B보다 더 작은 가치를 가지고 있거나 하는 세 가지 경우가 존재한다."(Hua XXVIII, 90) 그런데 이러한 법칙에 대해 잠시 생각해 보면 알 수 있듯이 그것은 객관적으로 타당하다.

그 이외에도 가치평가적 이성의 영역에서 확인할 수 있는 객관적으로 타당한 법칙들의 예는 다음과 같이 다양하다.

> 좋은 것이 존재하는 상황이 나쁜 것이 존재하는 상황보다 더 낫고 나쁜 것이 존재하지 않는 상황이 선한 것이 존재하지 않는 상황보다 더 낫다.(Hua XXVIII, 93)

> 어떤 좋은 것이 있을 경우 그것 홀로 존재하는 상황이 그것과 나쁜 것이 섞여 존재하는 상황보다 더 좋다.(Hua XXVIII, 93)

> 어떤 좋은 것(G)이 있고 좋지도 않고 나쁘지도 않은 어떤 것(A, Adiaphoron)이 있을 경우 그것(G)은 좋지도 않고 나쁘지도 않은 어떤 것(A)과 그것을 합한 것(G+A)과 동일하게 좋다.(Hua XXVIII, 93)

가치평가적 이성의 영역에서 확인할 수 있는 객관적으로 타당한 법칙들은 가치의 구체적인 내용과 무관하게 오직 형식적인 관점에서 볼 때 객관적으로 타당한 법칙들이다. 그러한 점에서 그것들은 이론이성의 영역에서 확인할 수 있는 형식적으로 타당한 형식논리학의 법칙들과 유사한 성격을 가지고 있다. 바로 이러한 이유에서 후설은 가치평가적 이성의 영역에서 확인할 수 있는 형식적으로 타당한 객관적인 법칙들을 연구하는 학문을 "형식적 가치론(die formale Axiologie)"(Hua XXVIII, 70 ff.)이라 부른다. 형식논리학의 다양한 법칙들과 마찬가지로 형식적 가치론의 다양한 법칙들은 그것을 인식하는 주관이 존재하느냐 존재하지 않느냐 하는 문제와 무관하게 객관적으로 타당한 법칙이라 할 수 있다. 말하자면 형식논리학의 여러 법칙들과 마찬가지로 형식적 가치론의 여러 법칙들은 그 어떤 회의주의의 도전에도 굴하지 않는 명제이다. 형식적 가치론은 윤리학적 회의주의가 부당함을 보여 준다.

9. 질적 연구와 자연과학의 원칙적 통섭 불가능성

흔히 수학적 수단을 사용하여 대상을 양화하면서 수행되는 연구를 양적 연구(quantitative research)라 부르고 그렇지 않은 연구를 질적 연구(qualitative research)라고 부른다. 양적 연구는 측정의 방법을 사용하며 측정을 위해 대상을 양적인 관점에서 파악하며 연구한다. 이와는 달리 질적 연구는 측정의 방법을 통해서 파악될 수 없는 대상의 질적 속성들, 예를 들어 "의미", "동기", "목적" 등을 파악함을 목표로 한다.

지금까지 살펴본 현상학적 심리학, 사회학, 역사학, 미학, 윤리학을 비롯해 측정의 방법을 사용하지 않는 다양한 학문들은 모두 질적 연구에 해당한다. 물론 질적 연구가 이러한 예에만 국한되는 것은 아니며, 그 범위는 훨씬 더 넓다. 예를 들어 문학, 언어학, 정치학뿐 아니라 법학, 경영학, 행정학 등에 걸친 제반 인문학·사회과학의 분야에서도 질적 연구를 수행할 수 있다.

지난 20-30년 사이에 한국을 비롯해 전 세계적으로 질적 연구에 대한 관심이 비약적으로 증가하고 있다.[46] 이처럼 인문학·사회과학의 분야에서 질적 연구가 활발하게 이루어지고 있는 것은 그동안

46 이 점에 대해서는 이남인, 『현상학과 질적 연구』, 파주: 한길사, 2014; 이남인, 「현상학과 질적 연구—철학과 인접 학문의 학제적 연구의 활성화를 위한 제언」, 『철학과 현실』 제64집, 2005를 참조할 것.

인문학·사회과학의 영역에서는 양적 연구가 나름의 의미도 있지만 현장 개선의 효과 등에서 많은 문제점을 지니고 있으며, 따라서 양적 연구와 더불어 질적 연구가 필요하다는 사실을 연구자들이 깨닫게 되었기 때문이다. 앞으로 인문학·사회과학 분야에서 질적 연구에 대한 관심은 계속해서 고조될 것이며 질적 연구가 더욱더 활발하게 이루어질 것으로 전망된다.

그런데 우리의 논의와 관련해 중요한 의미를 지니는 것은 질적 연구를 통해 정립될 수 있는 인문학·사회과학의 다양한 분야들을 자연과학과 통섭하는 일이 원칙적으로 불가능하다는 사실이다. 질적 연구란 자연과학과는 달리 측정의 방법을 사용하는 연구가 아니기 때문이다.

질적 연구가 자연과학과의 통섭을 허용하지 않는 연구라고 해서 모든 양적 연구를 자연과학과 통섭할 수 있는 연구로 간주해서는 안 된다. V장에서 논의되겠지만 양적 연구 중에는 자연과학과 통섭되지 않는 연구도 존재한다. 그 대표적인 예는 수량경제학이다. 수량경제학이 다루는 대상을 자연과학적으로 철저하게 환원하여 그것을 일종의 생물학적 대상 또는 물리학적 대상으로 간주할 수 없기 때문이다. 이러한 논의를 통해 우리는 자연과학과 통섭하는 일이 원칙적으로 불가능한 학문 분야가 아주 다양하다는 사실을 확인할 수 있다.[47]

47 이 점에 대해서는 V장에서 다시 자세하게 다룰 것이다.

Ⅳ. 철학과 자연과학의 원칙적 통섭 불가능성

Ⅳ장의 목표는 철학에 대한 윌슨의 견해를 비판적으로 검토하면서 윌슨이 주장하는 것과는 달리 철학과 자연과학을 통섭하는 일이 원칙적으로 불가능하다는 사실을 해명하는 데 있다.

이러한 목표를 위해 우선 1절에서 철학에 대한 윌슨의 견해를 비판적으로 검토할 것이다. 이어 2절에서는 철학사에 등장한 철학에 대한 다양한 정의를 살펴보고, 3절에서는 철학이 근원에 관한 학으로 규정될 수 있다는 사실을 해명할 것이다. 거기에 이어 4절에서는 철학의 다양한 방법에 대해 살펴보면서 철학의 방법이 자연과학의 방법과 본질적으로 다르다는 사실을 해명하면서 철학과 자연과학을 통섭하는 일이 불가능하다는 사실을 해명할 것이다.

1. 철학에 대한 윌슨의 견해에 대한 비판[48]

앞서 살펴보았듯이 윌슨은 철학을 "모르는 것에 대한 숙고"로서 정의한다. 그런데 그는 로젠버그를 인용하면서 철학을 이처럼 정의한다. 그러나 철학에 대한 로젠버그의 견해와 윌슨의 견해 사이에는 커다란 차이가 존재한다. 따라서 철학에 대한 로젠버그의 견해는 윌슨의 견해를 뒷받침하지 않고, 오히려 윌슨의 견해가 타당하지 않음을 보여 주고 있다. 이러한 사실을 이해하기 위해서 철학에 대한 로젠버그의 견해를 검토해 보자. 앞서 살펴보았듯이 로젠버그는 철학이 답해야 할 질문과 관련해 다음과 같이 말한다.

> 철학이라는 분야는 두 가지 유형의 질문을 다루고자 한다. 1. 과학들—물리학, 생물학, 사회과학, 행동과학—이 답할 수 없는 질문들, 2. 왜 첫 번째 질문에 대해 과학이 답할 수 없는지에 대한 질문들[49]

이처럼 로젠버그에 의하면 철학은 "과학이 답할 수 없는 질문"과 "왜 과학이 그러한 질문에 답할 수 없는지에 대한 질문"에 답하려고 하는 학문이다. 여기서 알 수 있듯이 로젠버그는 "과학이 답할 수 없는 질문들"이 있다는 사실을 인정한다. 이러한 로젠버그의 입장은 윌슨의 입장과 정면으로 배치된다. 윌슨의 통섭 프로그램에 의하면

48 이 장의 많은 부분은 이남인, 「철학과 학제적 연구—통섭 개념에 대한 비판적 검토를 토대로 삼아」, 김광웅 편, 『융합 학문 어디로 가고 있나?』, 서울: 서울대학교출판문화원, 2011에서 따왔다.

49 A. Rosenberg, *Philosophy of Social Science*, Oxford: Oxford University Press, 1988, 1.

과학이 답할 수 없는 질문은 없다. 만일 그러한 질문이 있다면 그것은 사이비 질문에 불과할 뿐이다.

윌슨과는 달리 로젠버그는 "과학이 답할 수 없는 질문"이 있다고 생각하며 그러한 질문의 예를 제시한다. 이 점과 관련해 그는 "과학은 [...] 세계가 존재하는 방식을 기술하고 설명하지만 무엇이 옳은지, 좋은지, 아니면 당연히 있어야 할 경우인지 하는 질문에 대해서는 답하지 않는다"[50]고 지적한다. 그것은 바로 과학이 그러한 질문에 답할 수 없기 때문이며 바로 이처럼 과학이 답할 수 없는 질문이 철학이 답해야 하는 질문인 것이다.

과학적 질문과 철학적 질문에 대한 로젠버그의 구별은 명료하다. 여기서 그는 존재와 당위의 구별을 토대로 과학적 질문과 철학적 질문을 구별하고 있다. "과학이 세계가 존재하는 방식을 기술하고 설명한다"고 말하는 데서 알 수 있듯이 그는 과학적 질문을 존재, 즉 사실에 관한 질문으로 규정하며, 철학적 질문을 "무엇이 옳은지, 좋은지, 아니면 당연히 있어야 할 경우인지 하는 질문"으로 규정하는 데서 알 수 있듯이 그는 철학적 질문을 당위에 관한 질문, 즉 윤리학적 질문으로 규정하고 있다. 그런데 존재에 대한 질문과 당위에 대한 질문 중에서 과학은 전자에 대해 답할 수 있지만 후자에 대해서는 답할 수 없고, 반대로 철학은 후자에 대해서는 답할 수 있지만 전자에 대해서는 답할 수 없다.

그런데 윌슨은 이러한 로젠버그의 철학에 대한 정의를 "모르는

50 A. Rosenberg, *Philosophy of Social Science*, 2.

것에 관한 숙고"로 이해하고 있다. 그러나 이러한 윌슨의 이해는 통섭 프로그램을 토대로 한 자의적인 이해에 불과하다. 그에 의하면 질문에는 "과학이 답할 수 있는 질문"과 "과학이 답할 수 없는 질문" 두 가지가 존재한다. 그리고 과학만이 앎을 산출할 수 있기 때문에 "과학이 답할 수 없는 질문"에 대한 숙고로서의 철학은 "알 수 없는 것", 즉 "모르는 것"에 대한 숙고로 정의되는 것이다. 이처럼 로젠버그의 철학에 대한 정의를 "모르는 것에 대한 숙고"로 규정하는 윌슨의 견해는 통섭 프로그램을 전제로 한 오해에 불과하다.

그런데 윌슨 자신도 철학에 대한 자신의 견해와 로젠버그의 견해 사이에 근본적인 차이점이 존재한다는 사실을 인식하고 있었다. 따라서 철학의 정의와 관련해 로젠버그에 대한 윌슨의 태도는 이중적이라 할 수 있다. 실제로 이 점과 관련해 그는 "하지만 그는[로젠버그는] 과학자들도 철학자들이 모르는 문제가 무엇이며 그리고 왜 그들이 그것을 모르는지에 대해 말할 자격이 있다는 사실을 무시하고 있다"(『통섭』, 44)고 주장하면서 로젠버그를 비판하고 있다. 물론 이러한 비판이 타당한 비판이 아님은 두말할 필요도 없다. 존재에 관한 질문으로서의 과학적 질문과 당위에 관한 질문으로서의 철학적 질문을 구별하면서 당연히 로젠버그는 "과학자들도 철학자들이 모르는 문제가 무엇이며 그리고 왜 그들이 그것을 모르는지에 대해 말할 자격이 있다는 사실"을 철저하게 인정하고 있기 때문이다.

그런데 이처럼 철학을 모르는 것에 관한 숙고로 정의하는 것은 형식적인 관점에서 볼 때도 심각한 문제를 안고 있다. 도대체 모르는 것에 관한 숙고로서의 철학적 활동이 어떻게 가능하단 말인가? 무엇에 대해 숙고한다고 할 경우 숙고한다는 사실은 이미 숙고되는 대상에 대한 어느 정도의 지식을 전제하고 있는 것은 아닌가? 그리고 철학과는 반대로 과학적 활동은 모두 완전하게 아는 것에 대한 숙고라 할 수 있을까? 이미 완전히 알고 있다면 그에 대해 숙고한다는 일은 무엇을 뜻하는가? 과학의 경우에도 부분적으로는 알려져 있지만 아직 완벽하게 알려져 있지 않은 대상을 숙고하면서 연구하는 것은 아닌가?

그리고 앞서 살펴보았듯이 윌슨은 "모르는 것에 관한 숙고"로서의 철학과 관련해 "철학, 즉 모르는 것에 관한 숙고는 그 통치권이 점점 약해지고 있다"(『통섭』, 44)고 말한다. 그가 철학의 "통치권이 점점 약해지고 있다"고 평가하는 것은 본래 모든 것을 포괄하던 철학에서 여러 분야들이 계속해서 하나씩 과학으로 전환되어 왔으며, 그에 따라 철학의 영역이 점점 줄어들어 왔다고 판단하기 때문일 것이다. 여기서 우리는 과학혁명 이후 철학으로부터 물리학이 독립해 나간 후 계속하여 화학, 생물학 등이 철학으로부터 독립해 나갔고, 이러한 현상은 인문학 및 사회과학으로도 확산되어 경제학, 심리학, 사회학, 정치학, 인류학, 역사학 등 제반 학문들이 철학으로부터 독립해 나갔음을 상기할 필요가 있다. 바로 이처럼 철학으로부터 제반 학문들이 독립해 나가는 과정을 보고 윌슨은 "모르는 것에 관한 숙고"로서의 철학의 통치권이 점점 약해지고 있다고 평가하는 것이다.

이러한 윌슨의 평가는 겉보기에 상당히 설득력이 있어 보인다. 모든 분과 학문을 포괄하던 철학에서 그것들이 하나씩 독립해 나가면 그만큼 철학의 영역이 축소되어 철학의 통치권이 점점 축소되고, 마침내 모든 학문이 철학으로부터 독립해 나가면 철학 고유의 영역은 하나도 남지 않아 철학의 통치권이 모두 사라질 것처럼 보이기 때문이다. 윌슨의 견해에 의하면 현재 철학으로부터 분과 학문의 독립 과정이 충분히 이루어지지 않아서 그렇지 그러한 과정이 완벽하게 진행되면 철학은 모두 과학으로 바뀌면서 공중 분해되어 철학이라는 종가에는 아무것도 남아 있지 않게 될 것이다.

그러나 이러한 윌슨의 진단은 타당하지 않다. 무엇보다도 철학사가 진행되어 온 과정을 살펴보면 그의 진단이 타당하지 않다는 사실을 확인할 수 있다. 과학혁명 이후 물리학을 비롯해 다양한 학문이 철학으로부터 독립되어 온 것은 사실이다. 그러나 그렇다고 해서 철학의 영역이 축소된 것은 아니다. 철학사의 전개 과정을 살펴보면, 신기하게도 분과 학문이 하나씩 철학으로부터 독립해 감에 따라 철학의 영역이 하나씩 사라졌던 것이 아니라, 반대로 독립해 나간 분과 학문을 철학적으로 성찰하면서 새로운 철학의 분야가 하나씩 생겨났다는 사실을 확인할 수 있다. 예를 들어 철학으로부터 가장 먼저 독립해 나간 물리학이 정립된 후에 물리학에 대한 철학적 성찰이 다각도로 진행되면서 현재에 이르기까지 다양한 유형의 물리철학이 생겨났다. 그 가장 대표적인 예는 뉴튼의 물리학이 독립한 후 얼마 지나지 않아서 등장한 칸트의 순수이성비판이다. 잘 알려져 있듯이 칸트는 자신의 순수이성비판이 해결할 문제 중의 하나로서 "순수 자연과학이 어떻게 가능한가?"[51]라는 문제를 제기하는데, 이 문제는 바로 뉴튼의 물리학의 철학적 토대와 관련된 문제라 할 수 있다. 그리고 칸트가 "순수 자연과학이 어떻게 가능한가?"라는 물음을 해명하고자 시도한 이래 오늘에 이르기까지 물리학을 둘러싸고 다양한 유형의

51 I. Kant, *Kritik der reinen Vernunft*, Hamburg: Felx Meiner, 1956, B19/ 백종현 역, 『순수 이성비판 1』. 서울: 아카넷, 2006, 230.

물리철학이 등장했음은 잘 알려진 사실이다.

이러한 사실은 단지 물리학과 관련해서만 타당한 것이 아니다. 생물학을 비롯해 경제학, 심리학, 사회학, 정치학, 인류학, 역사학 등 다양한 여타의 학문 분야가 철학으로부터 독립해 나감에 따라 그것들의 철학적 토대를 반성적으로 검토하면서 생물철학, 경제철학, 심리철학, 사회철학, 정치철학, 문화철학, 역사철학 등 다양한 유형의 철학 분과가 다양한 방식으로 등장하였다. 물론 이러한 다양한 철학의 분과 중에서 이전부터 존재해 왔던 철학의 분과들도 있었지만 이전에 존재하지 않았던 새로운 분과가 등장한 것도 사실이며, 또 이전부터 존재해 왔던 철학의 분과 역시 이전과는 다른 새로운 문제의식을 가지고 해당 철학적인 문제들을 보다 본격적으로 분석해 들어가기 시작했다.

우리는 흔히 한때 모든 학문의 모태가 되었던 철학으로부터 분과 학문이 독립되어 가는 과정을 돌아보면서 윌슨처럼 분과 학문의 독립 과정에 대응해 철학의 영역이 점점 좁아질 것이라고 판단하기 쉽다. 과학사 분야의 권위자인 김영식 교수 역시 철학으로부터 분과 학문이 독립되어 가는 과정을 분석하면서 철학의 영역이 점점 더 좁아져 왔다는 견해를 피력한 적이 있다. 그렇다고 해서 김 교수가 윌슨의 통섭 프로그램을 지지하는 것은 아니다. 김 교수는 한 집담회에서[52] "통섭은 인문학과 자연과학을 연결할 수 있는 하나의 방식이지만 그러한 통섭에 만족할 수 없다"고 지적하면서 윌슨의 통섭 프로그램에 대해

---

52 2009년 3월 17일 "'과학기술시대'의 인문학"을 주제로 한 서울대학교 사회과학연구원 주최의 집담회를 말한다.

비판적인 견해를 피력한 바 있다. 그럼에도 불구하고 김 교수는 "분과 학문들이 철학에서 독립해 나감에 따라 철학의 영역이 점점 더 좁아질 것"이라고 주장하면서 윌슨과 유사한 견해를 피력하고 있다. 그는 2007년에 펴낸 한 저서에서 철학에 대해 논하면서 "결국 오늘날에 와서는 윤리학과 미학 정도가 철학의 주된 탐구 분야로 남아 있다"고 피력하면서 철학에 대한 자신의 견해를 개진하고 있다.

> 원래 인간과 사회, 그리고 자연세계 모두를 그 대상으로 다루던 철학으로부터 차츰 그 부분들이 분리되어 별개의 과학 분야들이 생기는 과정은 자연과학 분야들에만 국한된 것은 아니었다. 그 같은 분리는 인류학, 심리학, 경제학, 사회학 등 사회과학 분야들을 두고도 일어났으며, 또한 논리학, 정치철학 등도 과거 전통적으로 철학의 일부분을 이루고 있던 분야들이었지만 철학으로부터 어느 정도 분리되어 별개의 분야—그 경계가 뚜렷한 것은 아니지만—가 되었다. 그 외에도 존재론의 경우에는 철학으로부터 분리되어 독립된 분야가 된 것은 아니지만 더 이상 철학에서 진지하게 다루어지지 않거나 심지어는 철학이 포기한 분야가 되었고, 반면에 인식론의 문제들은 현재도 많이 다루어지지만 점점 과학과 과학자를 주된 대상으로 하는 분야가 되었다. 결국 오늘날에 와서는 윤리학과 미학 정도가 철학의 주된 탐구 분야로 남아 있다고 말할 수 있겠다.[53]

53 김영식, 『과학, 인문학 그리고 대학』, 서울: 생각의나무, 2007, 81-82.

여기서 알 수 있듯이 김 교수는 윌슨과 유사하게 모든 학문을 포괄하던 철학에서 분과 학문들이 독립해 나가면서 철학의 영역이 점점 더 좁아지고 있다는 견해를 피력하고 있다. 윌슨의 견해와 마찬가지로 김 교수의 견해가 문제를 안고 있음은 두말할 필요도 없다. 사실 필자는 김 교수의 주장을 접하면서 여러 가지 점에서 커다란 당혹감을 느끼게 된다. 우선 김 교수는 "존재론의 경우에는 철학으로부터 분리되어 독립된 분야가 된 것은 아니지만 더 이상 철학에서 진지하게 다루어지지 않거나 심지어는 철학이 포기한 분야가 되었다"고 주장하는데, 무엇을 근거로 이런 주장을 하는지 알 수 없다. 존재론이야말로 서양 고대철학에서부터 현대철학에 이르기까지, 그리고 현대철학에서는 특히 유럽철학에서 다방면에 걸쳐 활발하게 연구되고 있고 현재는 영미철학에서도 점점 더 활발하게 연구되고 있는 분야인데, 김 교수는 무엇을 근거로 존재론이 "더 이상 철학에서 진지하게 다루어지지 않거나 심지어는 철학이 포기한 분야가 되었다"고 평가하는지 대단히 궁금하다. 그리고 전 세계에 걸쳐 일일이 열거할 수 없을 만큼 수많은 철학의 분야들이 활발하게 연구되고 강의되고 있으며 최근 들어서도 계속해서 새로운 철학 분야가 개척되고 있는데, 윤리학과 미학 정도가 철학의 주된 탐구 분야라고 하는 김 교수의 주장을 필자는 이해할 수 없다. 현재 한국뿐 아니라, 전 세계의 철학과에서 강의되고 연구되고 있는 내용을 살펴보면 그 누구도 "결국 오늘날에 와서는 윤리학과 미학 정도가 철학의 주된 탐구 분야로 남아 있다고 말할 수 있겠다"는 주장을 할 수 없을 것이다. 세계 도처에 존재하는 웬만한 대학 철학과의 수강편람만 잠시 살펴보아도 우리는 김 교수의 주장이 사실이 아님을 쉽사리 확인할 수 있을 것이다.

물론 김 교수는 같은 책에 수록된 다른 글에서 철학에 대한 이러한 견해를 약간 수정하고 있다. 2005년 2월에 서울대학교 인문대학 신입생들을 대상으로 한 강연에서 그는 다음과 같이 말하고 있다.

> 그리고 철학도 원래는 인간의 지식 모든 분야를 포괄하던 데서 차츰 여러 분과 학문들을 독립시키면서 점점 영역을 좁혀 왔지만, 오늘날에 와서는 그렇게 좁혀진 엄밀한 시각과 문제의식을 가지고 다시 모든 영역들을 철학적 탐구의 대상으로 하여 종교철학, 과학철학, 기술철학, 예술철학, 경제철학 등 무수히 많은 분야를 포함하게 되었습니다.[54]

여기서 알 수 있듯이 김 교수는 우선 철학으로부터 여러 분과 학문들이 독립됨에 따라 철학의 영역이 점점 좁아져 왔다는 기존의 견해를 그대로 유지하고 있다. 그러나 그는 이전과는 달리 더 이상 "결국 오늘날에 와서는 윤리학과 미학 정도가 철학의 주된 탐구 분야로 남아 있다고 말할 수 있겠다"고 주장하지 않으며 그 대신 철학이 "종교철학, 과학철학, 기술철학, 예술철학, 경제철학 등 무수히 많은 분야를 포함하게 되었다"는 견해를 피력하고 있다. 일단 이러한 두 가지 견해는 서로 상충한다고 할 수 있다. 그런데 김 교수는 이 점과 관련하여 철학이 "그렇게 좁혀진 엄밀한 시각과 문제의식을 가지고 다시 모든 영역들을 철학적 탐구의 대상으로" 삼았기 때문에 무수

54 김영식, 『과학, 인문학 그리고 대학』, 200.

히 많은 분야를 포함하게 되었다고 주장한다.

앞서 살펴보았듯이 김 교수의 견해 중에서 철학이 현재 무수히 많은 영역을 포함하게 되었다는 주장은 전적으로 타당하다. 그러나 필자의 견해에 의하면 철학이 이처럼 무수히 많은 영역을 포함하게 된 주요 원인은 김 교수가 주장하는 것처럼 "철학이 영역을 점점 좁혀 왔다가 그렇게 좁혀진 엄밀한 시각과 문제의식을 가지고 다시 모든 영역들을 철학적 탐구의 대상으로" 하였기 때문이 아니다. 그 핵심적인 원인은, 뒤에서 논의되겠지만, 철학이 본성상 근원에 관한 학이라는 점에 있다. 말하자면 그 어떤 분야가 철학으로부터 독립할 때 그 독립한 분야는 늘 "근원"의 문제를 안고 있기 마련이며, 바로 근원에 대한 반성적 성찰이 새로운 철학의 분과를 낳게 되는 것이다. 이 점과 관련해 우리는 그 어떤 건물도 "정초" 없이는 존재할 수 없듯이 모든 학문은 나름의 "토대", 즉 근원이 없이는 존재할 수 없다는 사실을 염두에 두어야 할 필요가 있다. 바로 어떤 학문이 서 있는 근원을 반성적으로 성찰하면서 탐구하면 그 학문에 대한 철학이 정립될 수 있는 것이며, 바로 이러한 이유에서 어떤 학문이 철학으로부터 독립하게 되면 그에 대해 반성적으로 성찰하게 되면서 새로운 철학의 분야가 탄생하게 되는 것이다.

2. 모르는 것에 관한 숙고로서의 철학에 대한 정의

이처럼 "모르는 것에 관한 숙고"로서의 철학에 대한 윌슨의 정의는 심각한 문제점을 안고 있다. 더하여 이 점과 관련하여 지적해야 할 것은 이러한 식의 정의가 철학자들 사이에서 널리 받아들여지고 있는 정의가 아니라는 사실이다. 물론 철학을 이러한 방식으로 이해하려는 시도가 전혀 없었던 것은 아니다. 윌슨이 철학을 "모르는 것에 관한 숙고"로 이해하고 있는 데서 알 수 있듯이 철학을 이러한 방식으로 이해하려는 시도가 존재하는 것은 사실이다. 그러나 극소수의 철학자들만이 이러한 정의를 옹호한다. 이러한 사실은 몇몇 철학 사전에 나오는 "철학"에 관한 항목을 살펴보아도 알 수 있다. 그러면 전 세계적으로 가장 자세한 내용을 담고 있는 철학사전 중의 하나인 리터(J. Ritter)와 그륀더(K. Gründer)가 편집한 *Historisches Wörterbuch der Philosophie*[55]에 나오는 "철학"에 관한 항목을 살펴보면서 "모르는 것에 관한 숙고"로서의 철학에 대한 정의가 차지하는 위상이 어느 정도인지 살펴보기로 하자.

이 철학사전에서 "철학"에 관한 항은 7권에 약 300쪽 이상의 분량(574-882)으로 수록되어 있다. 이 사전에 수록된 "철학"에 관한 항은 시대적으로는 고대 희랍 철학에서 시작하여 현대에 이르기까지 철학사에 등장한 다양한 유형의 철학에 대한 정의를 수록하고 있고, 지역별로는 서양에 있어서의 철학에 대한 다양한 정의뿐 아니라 동양에 있어서의 철학에 대한 다양한 정의를 수록하고 있다.

이 사전의 7권은 데카르트로부터 20세기 초에 이르기까지의 철학에 대한 다양한 정의를 6개 항으로 나누어 설명하고 있다. 이 6개

55 J. Ritter & K. Gründer(eds.), *Historisches Wörterbuch der Philosophie*, Bd. 7, Basel: Schwabe & Co AG., 1989, 574-882. 이 장의 2절과 3절에서 아무런 표시 없이 괄호 안에 들어 있는 숫자는 이 철학 사전의 쪽수를 뜻한다.

항 중의 하나가 바로 5항 "냉정해짐: 학문에 관한 학문으로서의 철학(Ernüchterung: Philosophie als Wissenschaftswissenschaft)"인데, 바로 이 5항의 한 부분으로서 "모르는 것에 대한 숙고"로서의 철학에 대한 정의가 7권의 726-727쪽에서 약 1쪽 분량으로 다루어지고 있다. 7권의 "철학"에 관한 항이 300쪽 이상 되는데 그중에서 "모르는 것에 대한 숙고"로서의 철학에 대한 정의가 약 1쪽을 차지하는 것을 보면 "모르는 것에 대한 숙고"로서의 철학이 차지하는 위상이 대단히 미미함을 알 수 있다.

5항의 필자인 마르카르트(O. Marquard)는 우선 "철학은 이제 [...] 학문에 대한 학문으로서의 과학의 시녀(Ancilla scientiarum)가 되는데, 학문에 대한 학문은 부분적으로는 학문의 종합(Wisenschaftssynthese)으로, 부분적으로는 학문에 대한 신칸트학파적 비판으로, 그리고 부분적으로는 과학 속에서의 철학의 해체로 이해되고 있다"(724)고 적고 있다. 그에 의하면 학문의 학문, 즉 과학의 시녀로서의 철학이라는 기치 아래 19세기 말에서 20세기 초에 세 가지 유형의 철학이 등장했는데, 그것은 1) 다양한 분과 학문들의 결과를 귀납적으로 종합하면서 일반적인 학문 체계로 등장할 수 있는 과학론(Wissenschaftslehre), 2) 칸트의 비판철학의 정신을 부활시키면서 인식론, 논리학 등을 새롭게 정립하고자 시도한 신칸트학파의 철학, 3) 과학 속에서 철학을 해체하고자 시도한 철학이다. 그런데 이러한 3가지 철학에 대한 정의 중에서 윌슨이 로젠버그에 의지해 피력하고 있는, "모르는 것에 대한 숙고"로서의 철학에 해당하는 것은 세 번째 정의, 즉 "과학 속에서의 철학의 해체"를 모색한 철학이다. 그러면 이 점을 더 자세히 살펴보자.

마르카르트에 의하면 "과학 속에서의 철학의 해체"를 모색한 철학은 말 그대로 "실증과학, 무엇보다도 자연과학의 진보에 직면하여 철학이 [...] 그것에 의해 대체되어야 한다"(726)고 생각하는 철학적 입장이다. 이러한 철학에는 다양한 유형의 것이 존재하는데, "힘과 질료"만을 인정하는 뷔히너(L. Büchner)의 유물론적 세계관, 내적 경험과 외적 경험이라는 실증적 사실만을 인정하는 라아스(E. Laas)의 경험주의, 경험적 자연 연구를 토대로 관찰 가능한 현상의 일반적 연관에 대한 심오한 인식을 모색했던 헤켈(E. Haeckel)의 일원론 철학, 아베나리우스(B. Avenarius), 마하(E. Mach) 등의 경험적 비판주의, 사유의 기술인 논리학을 전체 인식론 체계의 토대로 간주한 바힝거(H. Vaihinger)의 철학 등이 그것이다. 마르카르트는 다윈(C. Darwin)과 스펜서(H. Spencer)의 진화론, 그리고 듀이(J. Dewey)와 제임스(W. James)의 실용주의 철학도 이러한 철학에 영향을 미친 철학으로 간주하고 있다.

그런데 "과학 속에서의 철학의 해체"를 주장하는 몇몇 철학자들이 있는 것이 사실이지만 이러한 철학은 전체 철학의 흐름에서 볼 때 극히 지엽적인 현상에 불과하다. 이 점과 관련해 다음과 같은 세 가지 사실을 지적하고자 한다.

첫째, 앞서도 언급되었지만, *Historisches Wörterbuch der Philosophie*에 나오는 300여 쪽에 이르는 "철학"에 관한 항 중에서 "과학 속에서의 철학의 해체"를 추구하는 실증주의는 불과 1쪽 정도에 걸쳐서 다루어지고 있으며 300여 쪽 대부분은 그와는 다른 다양한 유형의 철학의 정의를 다루고 있다. 참고로 영미철학 분야에서 중요한 역할을 담당하는 에드워즈(P. Edwards)가 편집한 *The Encyclopedia of Philosophy*[56]에 나오는 "철학"의 항에는 "모르는 것에 관한 숙고로서의 철학"에 해당하는 내용이 아예 수록되어 있지 않다.

둘째, 앞서 살펴본 "과학 속에서의 철학의 해체"를 주장한 철학자들은 현재 철학의 전개 과정에서 거의 영향을 미치고 있지 못하다. 현재 전 세계적으로 철학을 연구하는 사람들 중에서 아베나리우스나 마하 등의 철학자를 알고 있는 사람들은 있을지라도 뷔히너, 라아스, 헤켈 등의 철학자를 알고 있는 사람들은 특별한 경우가 아니면 거의 없다고 할 수 있다. 게다가 아베나리우스나 마하 등의 철학자들의 이름이 현대에 완전히 잊힌 것은 아니라 할지라도 그들의 철학은 현대 철학에서 거의 아무런 영향력도 발휘하고 있지 못하다.

셋째, 겉보기에 "과학 속에서의 철학의 해체"를 주장한 것처럼 보이는 철학자들 중에서 실제로는 그렇지 않은 철학자들이 있다. 그 대표적인 예는 제임스(W. James)이다. 앞서 살펴보았듯이 마르카르트는 제임스를 "과학 속에서의 철학의 해체"를 주장하는 철학의 선구자로 간주하고 있는데, 필자는 제임스가 그런 철학의 선구자로 간주될 수 없다고 생각한다. 물론 얼핏 보면 제임스는 그런 철학의 선구자로 간주될 수 있는 것처럼 보인다. 이 점과 관련해 그는 이미 만족할 만한 대답이 주어진 문제들을 과학적 문제들로 간주하고 아직 만족할 만한 대답이 주어지지 않은 문제들을 철학적 문제들로 간주하고 있다.[57] 더 나아가 그는 "우주에 관한 가장 완벽한 지식"을 추구하는 학으로서의 철학은 "과학들의 모든 연구 결과를 포섭해야 하며"[58]

---

56 P. Edwards, *The Encyclopedia of Philosophy*, New York: Macmillan Publishing Co., 1967.

57 W. James, "Philosophy and Its Critics", in: J. J. McDermott(ed.), *The Writings of William James*, Chicago and London: The University of Chicago Press, 1967, 480.

58 W. James, "Philosophy and Its Critics", 482.

과학을 토대로 "완벽하게 통일된 지식의 체계"[59]를 구축해야 한다고 주장한다. 제임스는 이처럼 완벽하게 통일된 지식의 체계를 과학과 구별하면서 "형이상학"[60]이라고 부른다.

그런데 제임스가 형이상학이라고 부르는 것의 정체를 살펴보면 우리는 철학에 대한 그의 견해가 "과학 속에서의 철학의 해체"라는 견해와는 무관함을 알 수 있다. 그가 "[형이상학의] 보다 오래된 의미가 더 가치 있는 의미이다."[61]라고 말하듯이 그가 염두에 두고 있는 형이상학은 전통적인 의미의 형이상학이다. 그가 형이상학을 과학과 구별되는 것으로 간주하는 데서 알 수 있듯이, 그에 의하면 형이상학을 추구하는 작업은 "과학 속에서의 철학의 해체"를 추구하는 작업과는 전혀 다르다. 이 점과 관련해 그는 "그러나 그렇다고 해서 유일하게 가능한 철학이 역학적이며 수학적이어야 한다고 생각하고 다른 유형의 물음들에 대한 탐구를 폄하하는(disparage) 것은 의심의 여지없이 실재가 조망될 수 있는 저처럼 극단적으로 다양한 관점들을 망각하는 일"[62]이라고 주장한다.

---

59 W. James, "Philosophy and Its Critics", 482.

60 W. James, "Philosophy and Its Critics", 482.

61 W. James, "Philosophy and Its Critics", 482.

62 W. James, "Philosophy and Its Critics", 481. 마르카르트는 러셀(B. Russell)을 "과학 속에서의 철학의 해체"를 주장하는 철학자로 거론하며 논의하지 않는다. 철학에 대한 러셀의 견해에 익숙한 연구자라면 러셀 역시 "과학 속에서의 철학의 해체"를 피력하는 철학자로 간주하고 싶어 할지도 모른다. 그러나 사실은 그렇지 않다. 러셀 역시 철학 이외의 학문 분야는 "확정적인 대답"을 가지고 있는 데 반해, 철학은 확정적인 답을 가지고 있지 않은 학문이라고 주장한다.(B. Russell, *The Problems of Philosophy*, London/Oxford/New York: Oxford University Press, 1980, 154) 이 점과 관련해 그는 "어떤 주제와 관련하여 확정적인 지식이 가능하게 되자마자, 그것은 철학이라 불리기를 그치고 독립

여기서 알 수 있듯이 제임스는 윌슨이 제시하는 통섭적 세계관에 대해 비판적인 관점을 가지고 있다. 그가 구상하고 있는 "완벽하게 통일된 지식의 체계"로서의 형이상학은 윌슨이 제시하는 통섭적 형이상학과는 전혀 다르다. 윌슨의 통섭적 형이상학이 자연과학적 방법 내지 생물학적 방법을 절대시하는 자연과학적 제국주의 내지 생물학적 제국주의인 데 반해 "극단적으로 다양한 관점들"을 강조하는 제임스의 형이상학은 다양한 방법 각각이 지닌 고유한 권리를 인정하는 진정한 의미의 다원주의 철학이다.

여기서 우리는 윌슨의 통섭적 형이상학에 대해 비판적으로 검토하고자 한다. 통섭적 형이상학이란 "모르는 것에 관한 숙고"로서의 기존의 철학이 해체된 후 그 대신 들어서야 할 새로운 세계관으로서의 형이상학을 뜻한다. 그러나 통섭적 형이상학은 그릇된 형이상학에 불과하다. 우리는 앞서 II장에서 인문학·사회과학과 자연과학 사이의 통섭의 원칙적 불가능성에 대해 논의하였는데, 이러한 논의는 통섭적 형이상학의 불가능성을 웅변해 주는 것이다.

실제로 윌슨의 통섭 프로그램의 관점에서 볼 때 통섭적 형이상

적인 과학이 된다"(B. Russell, *The Problems of Philosophy*, 155)고 지적하면서 지성사에서 철학으로부터 천문학, 심리학 등이 독립되어 온 과정을 언급한다. 이 지점까지만 보면 러셀의 철학에 대한 견해는 윌슨의 철학에 대한 견해와 유사하다고 할 수 있다. 그럼에도 불구하고 러셀의 견해는 윌슨의 견해와 결정적인 점에서 차이가 난다. 러셀에 의하면 철학은 과학으로 환원될 수 없는 고유한 가치를 지니기 때문이다.(B. Russell, *The Problems of Philosophy*, 161) 예를 들어 철학적 질문은 "가능한 것에 관한 우리의 관념을 넓혀 주고, 우리의 지적 상상력을 풍부하게 해 주며, 사변을 못하도록 우리의 마음을 닫아 버리는 독단적 확신을 줄여주기"(B. Russell, *The Problems of Philosophy*, 161) 때문에, 그 나름의 고유한 가치를 지니며 따라서 철학은 이러한 철학적 질문 때문에 연구될 가치가 있는 것이다.

학이라는 개념은 논리적으로 모순적인 개념에 불과하다. 통섭적 형이상학에 따르면 진리를 발견할 수 있는 유일한 방법은 자연과학적 방법이다. 그러나 이 점과 관련하여 "진리를 발견할 수 있는 유일한 방법은 자연과학적 방법"이라는 통섭 형이상학적 명제가 진리라면 이러한 진리는 어떤 방법을 통해 발견될 수 있는가 하는 질문이 제기될 수 있다. 이 점에 대해 통섭 프로그램의 신봉자인 윌슨은 "자연과학적 방법"을 통해서라고 답해야 할 것이다. 이 점과 관련해 그는 실제로 "통섭을 입증하거나 반박하는 일은 자연과학에서 개발된 방법을 통해서만 가능하다"(『통섭』, 44)고 주장한다. 그러나 통섭 형이상학적 명제는 자연과학적 방법을 통해 입증되거나 반증될 수 없다. 통섭 형이상학적 명제는 관찰이나 실험을 통해 입증될 수 있는 것이 결코 아니기 때문이다. 그리고 이러한 명제가 지시하는 사태가 있다면 그것은 자연과학적 대상들과는 달리 "자연인과적 연관" 안에 존재하는 것도 아니다. 따라서 "통섭을 입증하거나 반박하는 일은 자연과학에서 개발된 방법을 통해서만 가능하다"는 윌슨의 주장은 타당하지 않다.

그럼에도 불구하고 윌슨은 "통섭을 입증하거나 반박하는 일은 자연과학에서 개발된 방법을 통해서만 가능하다"는 견해를 관철하기 위해 노력하고 있다. 이 점과 관련해 그는 통섭의 가능성에 대한 믿음이 "몇몇 과학자와 철학자만이 공유하는 소수 견해"라는 사실을 인정하면서 그것이 "아직 과학이 아니"(『통섭』, 40)라고 말한다. 여기서 우리는 "아직"이라는 단어에 주목할 필요가 있다. 이러한 윌슨의 주장은 "통섭의 가능성에 대한 믿음은 아직 과학이 아니지만" 언젠가는 과학이 될 수 있다는 것이다. 실제로 이 점과 관련해 그는 다음과 같이 말한다.

그것[통섭의 가능성에 대한 믿음]은 제1원리로부터 논리적으로 증명될 수 없다. 또 어떤 경험적 시험에도 뿌리를 두고 있지 않다. 그렇다면 그 세계관을 지지해 주는 것은 무엇인가? 자연과학이 지금까지 지속적으로 발전해 왔다는 사실밖에는 없다. 즉 그런 성공으로부터 추정할 수 있을 뿐이다. 만일 사회과학과 인문학에서도 이 세계관이 힘을 발휘한다면 그것은 아주 확실한 지지 증거로 작용할 것이다.(『통섭』, 40)

여기서 알 수 있듯이 윌슨은 자연과학이 계속해서 발전하고 인문학·사회과학과 자연과학 사이의 통섭이 보다 활발하게 수행되면 통섭적 형이상학은 더 확실한 형이상학으로 등장할 것이라고 확신하고 있다. 그러나 Ⅲ장에서 인문학·사회과학과 자연과학 사이의 통섭이 원칙적으로 불가능하다는 사실을 논의했는데, 이러한 논의는 이러한 윌슨의 기대가 얼마나 그릇된 것인지 잘 보여 주고 있다. 아무리 자연과학이 발달한다고 해도, 그리고 그와 더불어 인문학·사회과학과 자연과학 사이의 통섭이 다방면으로 활발하게 수행된다고 해도 양자 사이의 보편적 통섭은 원칙적으로 불가능하며 따라서 통섭적 형이상학 역시 불가능한 이념으로 머물 수밖에 없다. 통섭적 형이상학은 우리 인간에게만 불가능한 것이 아니라 신에게도 불가능한 것이다.

3. 철학에 대한 다양한 정의들

앞서 지적하였듯이 "과학 속에서의 철학의 해체"라는 철학의 정의는 전체 철학사의 흐름에서 볼 때 극히 지엽적인 현상에 불과하다. 그러면 "과학 속에서의 철학의 해체"라는 철학의 정의 이외에 어떤 유형의 정의가 존재하는가? 이 점을 살펴보기 위해서 *Historisches Wörterbuch der Philosophie*에 수록된 "철학"에 관한 항에 등장하는 다양한 유형의 철학의 정의 중에서 서양철학을 중심으로 중요한 것을 간단히 정리해 보자.[63]

- 플라톤: 철학은 "이데아에 대한 지식", "모든 이데아의 최종적인 근거이며 진리와 존재의 근거인, 선의 이데아에 대한 지식"(579)을 뜻하며, "영혼을 정신적인 것을 향하도록 함으로써 이승의 삶 안에서 영혼을 신체의 감옥으로부터 해방시켜야 할 과제를 가지고 있고"(577) "신과 동일해지는 일"로 정의될 수 있다.(578) 이를 한마디로 요약하면 철학은 "근원에 대한 지식"(581)인데, 철학에 대한 이런 이해는 아리스토텔레스와 소요학파에서 보다 구체화되었다.

- 아리스토텔레스: 모든 인간의 지식은 "원인, 근거"를 가지고 있는데, 그에 대한 인식이 철학이다.(586) 철학에는 세 가지가 있는데, 1) 신처럼 영원하고 독립적인 대상을 다루는 제일철학, 2) 1, 2, 3, 삼각형, 사각형 등 영원하지만 비독립적인 대상

63 J. Ritter & K. Gründer(eds.), *Historisches Wörterbuch der Philosophie*, Bd. 7, 574-882. 필요한 경우 내용에 변화가 없는 한 조금 수정하고 보완한 부분이 있어 그 내용이 사전의 내용과 완전하게 일치하지 않을 수도 있음을 밝혀 둔다. 이 장 2절과 3절에서 괄호 안에 표시된 숫자는 이 철학 사전의 쪽수를 뜻한다.

을 다루는 수학, 3) 돌, 물, 나무처럼 영원하지는 않지만 독립적인 대상을 다루는 자연학이 그것이다.

- 소요학파 및 고대 말의 아리스토텔레스 주석가들: 철학은 1. 존재하는 한에 있어서의 존재자에 대한 지식, 2. 인간적인 것과 신적인 것에 대한 지식, 3. 그것이 인간에게 가능한 한에 있어서 신과 동등해지는 일, 4. 죽음의 연습, 5. 예술들의 예술, 학문들의 학문, 6. 지혜에 대한 사랑 등을 뜻한다.

- 헬레니즘 시대: 철학은 사적인 삶과 공적인 삶을 잘 영위할 수 있도록 준비를 시켜 주는 교양 교육 또는 격정과 불안으로부터 인간을 해방시켜 줄 수 있는 치료술이다. 에피쿠로스에게 "철학은 이론(logoi)과 배움(dialogismoi)을 통해 우리에게 행복한 삶을 가져다 주는 활동이다."(593)

- 중세철학: 철학은 신학과의 대비 속에서 정의되는데, 신학은 계시의 빛에 토대를 둔 진리의 체계이고 철학은 자연 이성의 빛에 토대를 둔 진리의 체계이다.(647)

- 데카르트(R. Descartes): 전 철학을 나무에 비유하자면 그것의 뿌리는 형이상학이요, 그 둥치는 자연학이며, 자연학에서 뻗어 나온 줄기는 응용 학문들인데, 그것들은 역학, 의학, 도덕학으로 환원된다.(682)

- 칸트(I. Kant): 철학은 선험적 개념의 출처인 이성에 대한 비판이요, 비판으로서의 철학은 지식론이며 지혜에 관한 탐구이다.(715)

- 피히테(J. G. Fichte): 철학은 학문론, 즉 학문 일반에 관한 학문이다.(717)

- 셸링(F. W. J. Schelling): 철학은 자기의식의 역사, 즉 자기의식의 초월적 역사에 관한 기억이다.(717)

- 헤겔(G. W. F. Hegel): 철학은 모든 것들의 절대적 근거에 관한 학이다.(718)

- 콩트(A. Comte): 철학은 인간이 가지고 있는 개념들의 체계, 학문론이다.(721)

- 마르크스(K. Marx): 철학은 이데올로기 비판이다.(722) 지금까지 철학자들은 세계를 각기 다른 방식으로 해석해 왔다. 철학은 이제 인간 해방을 위해 세계를 변혁해야 한다.(722)

- 분트(W. Wundt): 철학은 분과 학문들을 통해 획득된 일반적인 지식들을 모순 없는 하나의 체계로 통일해야 하는 일반적인 학문이다.(725)

- 딜타이(W. Dilthey): 철학은 세계관의 한 유형이다.(730)

- 프레게(G. Frege): 철학자가 하는 작업의 중요한 부분은 언어와의 투쟁에 있거나 있어야 한다.(787)

- 후설(E. Husserl): 철학은 참된 출발점, 참된 원천, 모든 것의 뿌리에 관한 학이다.(742)

- 비트겐슈타인(L. Wittgenstein): 모든 철학은 언어비판이다.(787)

여기서 알 수 있듯이 철학사에 등장한 많은 철학자들은 철학을 다양하게 정의해 왔다. 그리고 이러한 현상은 19-20세기에 들어서도 계속되고 있다. 이처럼 다양한 철학 개념이 존재한다는 사실은 철학을 여타의 분과 학문들과 구별시켜 주는 결정적인 징표 중의 하나이다. 실제로 분과 학문의 경우 학문의 정체성에 대한 물음이 철학처럼 심각하게 제기되지는 않는다. 각각의 학문이 다루는 대상이 비교적 분명하기 때문이다. 예를 들어 경제학의 대상은 경제 현상이고, 역사학의 대상은 역사 현상이다. 우리는 경제 현상이 무엇인지, 역사 현상이 무엇인지 알고 있으며 양자를 구별할 수도 있다. 그러나 철학의 경우는 사정이 다르다. 우리는 앞서 철학에 대한 다양한 정의들을 살펴보았지만 철학이 무엇을 연구하는 학문인지는 여전히 분명하지 않다. 바로 이러한 이유에서 분과 학문의 경우와는 달리 철학의 경우 철학자마다 철학에 대한 본격적인 논의를 시작하기 전에 철학이 무엇인지 검토하는 작업을 하곤 한다. 앞서 철학에 대한 정의를 살펴보면서 확인할 수 있었듯이 이러한 작업은 고대 희랍의 플라톤과 아리스토텔레스에서 시작하여 중세철학 및 근대철학을 거쳐 현대에 이르기까지 계속되고 있으며, 특히 19세기 이후 현대에 접어들면서 더욱 더 활발하게 계속되고 있다.[64]

4. 철학에 대한 주도적인 정의: 근원에 관한 학으로서의 철학

그러면 철학에 대한 이처럼 다양한 정의 중에서 가장 중요한 위치를 차지하는 정의는 무엇일까? 이 점에 대해서는 각자의 철학적 입장에 따라 다양한 견해가 있을 수 있을 것이다. 경우에 따라 가장 중요한 위치를 차지하는 철학에 대한 정의는 존재하지 않는다는 입장을 취할 수도 있을 것이다. 그러나 필자의 견해에 의하면 그중에서 가장 중요한 위치를 차지하며 앞으로도 계속해서 중요한 위치를 차지할 것으로 전망되는 정의가 있는데, 바로 고대 희랍에서 플라톤과 아리스토텔레스에 의해 정초된 철학에 대한 정의, 즉 "철학은 근원에

64 철학의 정체성에 대한 본격적인 논의는 19세기 이후 유럽의 철학에서 활발하게 이루어지고 있다. 그 대표적인 예로는 다음의 문헌들을 들 수 있다: W. Dilthey, 김준섭 역, 『철학의 본질』, 서울: 을유문화사, 1961; E. Husserl, *Philosophie als strenge Wissenschaft*, Frankfurt/M.: Vittorio Klostermann, 1965; M. Heidegger, *Was ist das—Philosophie*, Tübingen: Pfullingen, 1956/ 최동희·황문수 역, 『철학이란 무엇인가?』, 서울: 삼성출판사, 1982. 그러나 이러한 논의는 유럽철학에서만 이루어지는 것이 아니다. 분석철학에서도 철학의 정체성에 대한 논의가 진행되어 왔는데, 최근의 대표적인 논의로는 T. Williamson, *The Philosophy of Philosophy*, Malden, MA: Blackwell Pub. Ltd., 2007을 들 수 있다.

관한 학"이라는 정의가 바로 그것이다. 필자는 비록 철학의 구체적인 내용은 시대에 따라, 그리고 개별 철학자에 따라 바뀌어 왔지만, 플라톤과 아리스토텔레스에 의해 정초된 "철학은 근원에 관한 학"이라는 철학에 대한 정의가 그 당시부터 현대에 이르기까지 가장 중요한 역할을 해 왔으며 앞으로도 중요한 역할을 할 것이라고 생각한다. 그리고 VI장에서 자세하게 논의되듯이 이러한 정의는 철학과 관련된 학제적 연구의 가능성을 위해서도 아주 중요한 의미를 지닌다.

우선 근원에 대한 학으로서의 철학이 무엇을 의미하는지 간단히 살펴보기로 하자. 근원에 관한 학으로서의 철학이 무엇을 뜻하는지 하는 점은 건물의 비유를 통해서 구체적으로 드러난다. 그 어떤 건물도 정초 없이 존재할 수 없다. 철학의 탐구 대상인 근원은 건물로 치면 건물의 정초, 즉 토대에 비유될 수 있다. 정초가 없이는 그 어떤 건물도 존재할 수 없듯이 분과 학문, 예술 등 철학 이외의 일체의 것은 근원이 없이는 존재할 수 없다. 학문, 예술 등 철학 이외의 일체의 것이 어떤 토대, 즉 근원에 바탕을 두고 전개될 수 있는 것인데 반해 철학은 바로 학문, 예술 등 여타의 것이 그 위에 서 있는 토대, 즉 근원을 주제로 삼아 그에 대해 반성적으로 성찰하는 학문이다. 철학은 한마디로 분과 학문, 예술 등 일체의 것이 그 위에 정초하고 있는 근원을 주제적으로 성찰하는 반성적 학문이다.

철학이 근원에 관한 학이라는 사실을 유클리드 기하학과 관련된 철학적 논의를 예로 들어 살펴보자. 유클리드 기하학은 모두 13권으로 구성되어 있는데, 그중에서 1권을 중심으로 살펴보기로 하자.

유클리드 기하학 1권은 크게 두 부분으로 구성되어 있다. 첫째 부분은 1) 뜻매김, 2) 공리, 3) 상식으로 이루어진 서론 부분이고 둘째 부분은 본격적인 의미의 기하학적 명제들에 해당하는 48개의 법칙들로 이루어진 본론 부분이다. 그러면 우선 서론 부분의 내용을 간단히 살펴보기로 하자.

앞서도 언급하였듯이 서론 부분은 1) 뜻매김, 2) 공리, 3) 상식의 세 부분으로 이루어져 있는데, 그 각각의 내용은 다음과 같다.[65]

1) 뜻매김

유클리드의 기하학 원론 1권은 뜻매김으로부터 시작한다. 이 부분에서는 유클리드 기하학이 다루고 있는 기본적인 대상들에 대한 정의가 이루어진다. 유클리드 기하학이 다루는 가장 단순한 대상은 점이며, 이 부분에서는 점에 대한 정의를 출발점으로 삼아 선, 직선, 면, 평면, 각, 직선각, 직각, 둔각, 예각, 경계, 도형, 중점, 원의 지름, 다각형, 정삼각형, 이등변삼각형, 부등변삼각형, 직각삼각형, 둔각삼각형, 예각삼각형, 정사각형, 직사각형, 마름모, 평행사변형, 부등변사각형, 평행선 등에 대한 정의가 이루어지고 있다. 뜻매김은 모두 23개가 등장하는데, 그 맨 앞부분을 옮겨 보면 다음과 같다.

① 점은 쪼갤 수 없는 것이다.
② 선은 폭이 없이 길이만 있는 것이다.
③ 선의 양 끝은 점들이다.
④ 직선은 점들이 쭉 곧게 있는 것이다.

65 Euclid, 이무현 역, 『기하학원론. 다면기하학』 가, 서울: 교우사, 1997, 3쪽 이하.

⑤ 면은 길이와 폭만이 있는 것이다.

⑥ 면의 끝은 선들이다.

⑦ 평면은 직선들이 쭉 곧게 있는 것이다.

뜻매김에 이어 5개의 공리와 5개의 상식이 나오는데, 그것을 모두 옮겨 보면 다음과 같다.

2) 공리

① 모든 점에서 다른 모든 점으로 직선을 그을 수 있다.

② 유한한 직선이 있으면, 그것을 얼마든지 길게 늘일 수 있다.

③ 모든 점에서 모든 거리를 반지름으로 해서 원을 그릴 수 있다.

④ 직각은 모두 서로 같다.

⑤ 두 개의 직선이 있고, 다른 한 직선이 이 두 개의 직선과 만나는데, 어느 한쪽의 두 내각을 더한 것이 두 개의 직각보다 작다고 하자. 그러면 두 직선을 얼마든지 길게 늘였을 때, 두 직선은 내각을 더한 것이 두 개의 직각보다 작은 쪽에서 만난다.

3) 상식

① 어떤 것 둘이 어떤 것과 서로 같다면, 그 둘도 서로 같다.

② 서로 같은 것들에다 서로 같은 것들을 더하면, 그 결과도 서로 같다.

③ 서로 같은 것들에서 서로 같은 것들을 빼면, 그 결과도 서로 같다.

④ 서로 일치하는 것들은 서로 같다.

⑤ 전체는 부분보다 더 크다.

유클리드 기하학 1권은 이처럼 1) 뜻매김, 2) 공리, 3) 상식을 타당한 것으로 간주하고 그를 토대로 기하학적 법칙들 혹은 명제들을 도출함을 목표로 한다. 유클리드 기하학 1권에는 모두 48개의 법칙들과 그것들이 도출되는 과정이 기술되어 있는데, 그 첫 번째 법칙과 그것이 도출되는 과정은 다음과 같다.

법칙 1: 유한한 길이의 직선을 주었을 때, 그것을 써서 정삼각형을 만드시오.

보임: 주어진 유한한 길이의 직선을 AB로 나타내자. 직선 AB를 갖고 정삼각형을 만드시오.
A를 중심으로, AB를 거리로(반지름으로) 하여 원 BCD를 그려라. (공리 3)
B를 중심으로, BA를 거리로 하여 원 ACE를 그려라. (공리 3)
두 원이 서로 만나는 점 C에서 두 점 A, B로 직선 CA, CB를 그려라. (공리 1)
점 A는 원 CDB의 중심이니까, AC와 AB는 길이가 같다. (뜻매김 15)
그런데 CA와 AB는 길이가 같음을 보였다. 따라서 두 직선 CA, CB는 AB와 길이가 같다.
어떤 것 둘이 어떤 것과 같으면, 그 둘도 서로 같다. (상식 1)
따라서 CA와 CB는 길이가 같다.
그러므로 세 직선 CA, AB, BC는 모두 길이가 같다.
그러므로 삼각형 ABC는 정삼각형이다. 이것은 주어진 유한한 길이의 직선 AB를 써서 만든 것이다.

법칙 1은 23개의 뜻매김, 5개의 공리, 5개의 상식들 중에서 특정한 것들을 선택해 결합한 것이다. 구체적으로 말하자면 그것은 공리 3이 2개, 공리 1이 1개, 뜻매김 15가 1개, 상식 1이 1개가 특정한 방식으로 결합된 것이다. 여기서 알 수 있듯이 23개의 뜻매김, 5개의 공리, 5개의 상식 중에서 특정한 것들을 골라 특정한 방식으로 결합하면 유의미한 명제들, 즉 기하학적 법칙들이 구성되는데, 법칙 1을 비롯해 유클리드 기하학 1권에 소개된 48개의 법칙들은 모두 이러한 방식으로 얻어진 것이다.

유클리드 기하학과 관련해 우리는 1) 23개의 뜻매김, 5개의 공리, 5개의 상식으로 이루어진 서론 부분과 2) 48개의 명제로 이루어진 본론 부분을 나누어 볼 필요가 있다. 이 둘 중에서 어디에 초점을 맞추어 연구를 진행하느냐에 따라 서로 다른 두 가지 유형의 학문이 전개될 수 있다.

그 첫 번째 유형의 학문은 지금까지 살펴본 기하학이다. 기하학은 23개의 뜻매김, 5개의 공리, 5개의 상식으로 이루어진 서론 부분을 타당한 것으로 간주하고 다양한 기하학적 법칙을 발견함을 목표로 한다. 기하학이 서론 부분을 타당한 것으로 간주하고 다양한 기하학적 법칙을 발견하기 위하여 앞으로 나아가기 때문에 우리는 기하학을 "전진적(progressive)" 학문이라 부를 수 있을 것이다. 기하학은 23개의 뜻매김, 5개의 공리, 5개의 상식으로 이루어진 서론 부분에서 다양한 기하학적 법칙을 도출하는 본론 부분으로 전진적으로 향한다.

그러나 기하학과는 정반대 방향으로 진행하는 학문도 가능하다. 이 학문은 기하학과는 달리 법칙들로 이루어진 본론 부분에서 서론 부분으로 관심을 돌리면서 23개의 뜻매김, 5개의 공리, 5개의 상식을 탐구의 대상으로 삼는다. 이러한 서론 부분은 기하학적 연구의 경우 타당한 것으로 전제될 뿐 그 자체로 주제화되어 탐구의 대상으로 등장하지 않는다. 그러나 기하학과 구별되는 이 학문에서는 23개의 뜻매김, 5개의 공리, 5개의 상식이 과연 진정으로 타당한지 그렇지 않은지, 그것들이 도대체 어떤 의미를 가지는 것인지 등이 탐구의 주제로 등장한다. 이러한 학문은 본론 부분에서 서론 부분으로 되돌아가는 연구이기 때문에 우리는 그러한 학문을 첫 번째 학문과 구별해 "후행적(regressive)" 학문 또는 "반성적(reflective)" 학문이라 부를 수 있을 것이다. 이러한 반성적 학문이 다름 아닌 철학이며, 이 경우 철학이 유클리드 기하학의 서론 부분 자체를 반성의 대상으로 삼고 있기 때문에 그것은 "유클리드 기하학의 철학"이라 불릴 수 있다.

유클리드 기하학의 철학이 탐구 대상으로 삼고 있는 23개의 뜻매김, 5개의 공리, 5개의 상식으로 이루어진 서론 부분은 기하학이 탐구 대상으로 삼고 있는 48개의 법칙들로 구성된 본론 부분이 가능하기 위해 "앞서 주어진 것으로 전제되어야 할 것"이다. 이처럼 "앞서 주어진 것으로 전제되어야 할 것" 세 종류가 주어지지 않으면 48개의 법칙으로 이루어진 유클리드 기하학 제1권은 성립할 수 없다. 이러한 점에서 "앞서 주어진 것으로 전제되어야 할 것"은 유클리드 기하학 제1권 전체와 관련지어 보면 그것의 근원에 해당한다고 할 수 있다. 바로 이처럼 유클리드 기하학 제1권이 가능하기 위해서 "앞서 주어진 것으로 전제되어야 할 것"으로서의 "근원"의 의미, 타당성, 한계 등을 주제적으로 검토하면서 성찰하면 유클리드 기하학에 대한 철학이 정립되는 것이다. 그리고 이처럼 유클리드 기하학의 철학이 유클리드 기하학이 가능하기 위해서 "앞서 주어진 것으로 전제되어야 할 것", 즉 근원을 탐구 대상으로 삼고 있기 때문에 철학은 "근원에 관한 학"이라 불린다.

그러면 근원에 관한 학으로서의 철학의 존재 의의에 대해 잠시 살펴보기로 하자. 유클리드 기하학이 다양한 유형의 기하학적 법칙들의 발견을 가능하게 해 주기 때문에 나름의 고유한 존재 의미를 가지고 있듯이 유클리드 기하학의 철학 역시 나름의 존재 의미를 가지고 있다. 이 점과 관련해 우리는 유클리드 기하학의 철학의 탐구 대상인 "앞서 주어진 것으로 전제되어야 할 것"이 문제점을 가지고 있을 경우 그러한 문제점이 모두 유클리드 기하학에 반영될 수밖에 없다는 사실에 유의할 필요가 있다. "앞서 주어진 것으로 전제되어야 할 것"의 타당성이 의심스러울 경우 유클리드 기하학의 타당성 역시 의심스러울 수밖에 없는 것이다. 극단적인 경우 "앞서 주어진 것으로 전제되어야 할 것"이 전혀 타당하지 않다면 유클리드 기하학 역시 타당하지 않으며 사상누각에 불과할 것이다.

물론 오직 기하학적 법칙들을 발견하는 데에만 관심을 가지고 있는 기하학자에게 23개의 뜻매김, 5개의 공리, 5개의 상식 등 유클리드 기하학의 근원은 절대적 타당성을 지닌 것으로 보일 수도 있다. 그러나 유클리드 기하학의 근원은 그것의 타당성을 비판적으로 검토함을 목표로 하는 철학자에게는 더 이상 절대적 타당성을 지닌 것으로 간주되지 않는다. 이러한 점에서 기하학의 근원을 비판적으로 검토하기 위해 노력하는 철학적 정신이 기하학적 법칙을 발견하기 위해 노력하는 기하학적 정신보다 더 비판적이며 철저하다고 할 수 있다.

실제로 지성사가 보여 주듯이 유클리드 기하학의 근원에 대한 철학적 반성을 통해 그것이 절대적 타당성을 가지고 있는 것이 아니며 실제로는 많은 문제점을 가지고 있다는 사실이 밝혀졌다. 무엇보다도 다섯 번째 공리는 많은 논쟁을 야기했다. 이 공리는 여러 가지 점에서 다른 4개의 공리들과 성격을 달리한다. 다른 공리들이 간단하며 이해하기 쉬운 데 반해 이 공리는 길며 쉽게 이해되지도 않는다. 이 공리를 다시 한 번 살펴보자.

> 두 개의 직선이 있고, 다른 한 직선이 이 두 개의 직선과 만나는데, 어느 한쪽의 두 내각을 더한 것이 두 개의 직각보다 작다고 하자. 그러면 두 직선을 얼마든지 길게 늘였을 때, 두 직선은 내각을 더한 것이 두 개의 직각보다 작은 쪽에서 만난다.

바로 이 공리에 대한 철저한 철학적 반성을 통해서 그것이 절대적으로 타당한 것이 아니라, 유클리드 기하학 체계 안에서만 타당한 것임이 밝혀졌던 것이다. 더 나아가 다섯 번째 공리를 대체할 수 있는 공리들도 존재하며 이러한 공리들이 비유클리드 기하학을 가능하게 하는 "근원"이라는 사실도 밝혀졌다. 이처럼 유클리드 기하학에 대한 철학적 반성을 통해 유클리드 기하학의 정체, 의의, 한계 등이 밝혀지면서 다양한 유형의 비유클리드 기하학의 발견도 가능하게 되었다.[66]

이처럼 유클리드 기하학의 근원이 절대적 타당성을 지닌다는 생각으로부터 벗어나는 일은 기하학적 정신이 아니라 철학적 정신

---

66 이 주제에 대해서는 S. F. Barker, *Philosophy of Mathematics*, Englewood Cliffs, N.J.: Prentice-Hall, 1964/ 이종권 역, 『수리철학』, 서울: 종로서적, 1983을 참조.

의 결실이다. 실제로 인류 지성사에서 기하학적 정신만 각성되고 철학적 정신은 각성되지 않은 채로 있었다면 유클리드 기하학은 절대적 타당성을 지닌 것으로 간주되었을 것이고 다양한 유형의 비유클리드 기하학을 발견하는 일은 불가능하였을 것이다. 유클리드 기하학이 특정의 전제에 입각해 기하학적 법칙을 발견할 수 있다는 점에서 의의를 가지고 있다면, 철학은 유클리드 기하학의 의미와 타당성을 해명하면서 다양한 유형의 비유클리드 기하학의 발견을 가능하게 해 준다는 점에서 의의를 가지고 있다고 할 수 있다.

지금까지의 논의를 통해 근원에 관한 학으로서의 철학이 무엇을 뜻하는지 분명해졌다. 이제 필자는 근원에 관한 학으로서의 철학의 정의와 관련해 다음의 몇 가지 사실을 지적하고자 한다.

첫째, 근원에 관한 학으로서의 철학에서 "근원"이라는 개념은 아리스토텔레스가 그의 『형이상학』 5권 1장에서 사용한 희랍어 arche의 한국어 번역어이다. 아리스토텔레스의 경우 arche가 "시작점", "출발점" 등을 의미하듯이 근원 역시 동일한 의미를 지닌다. 그 이외에도 "근원"과 동일한 의미로 사용될 수 있는 전문 용어들로서는 "근거", "원리", "원천", "뿌리", "전제", "가능조건" 등이 있다. 말하자면 철학은 그 무엇의 근원, 근거, 원리, 원천, 뿌리, 전제, 가능조건, 출발점 등을 탐구하는 학문이다. 이처럼 다양한 용어 중에서 철학자마다 선호하면서 즐겨 사용하는 용어가 있는데, 예를 들어 앞서 살펴보았듯이 아리스토텔레스는 "근원"이라는 용어를 사용하고, 칸트는 "가능조건"이라는 용어를 주로 사용한다.[67]

둘째, 다양한 유형의 근원이 존재하며 그에 따라 다양한 유형의 철학이 존재한다. 다양한 유형의 근원이 존재한다는 사실과 관련해 우리는 우선 앞서 살펴본 기하학뿐 아니라 수학의 다양한 분야가 존재하며, 더 나아가 다양한 학문 분야가 존재하고 학문을 넘어 다양한 유형의 예술, 종교 등이 존재한다는 사실에 유의할 필요가 있다. 그런데 이 모든 것은 나름의 출발점, 즉 근원을 가지고 있으며 그에 따라 다양한 유형의 근원에 대한 탐구로서의 다양한 유형의 철학이 존재할 수 있다. 더 나아가 우리는 철학의 탐구 대상으로서의 근원을 "존재에 있어서의 근원", "인식에 있어서의 근원", "행위에 있어서의 근원" 등으로 나누어 볼 수 있으며, 그에 따라 존재의 근원을 해명함을 목표로 하는 존재론 혹은 형이상학, 인식의 근원을 해명함을 목표로 하는 인식론, 행위의 근원을 해명함을 목표로 하는 실천철학 등으로 다양한 유형의 철학을 나누어 볼 수도 있다. 이 점과 관련해 아리스토텔레스는 『형이상학』 5권 1장에서 근원이라는 개념이 지닌 다의적인 의미를 해명하면서 "존재의 근원", "인식의 근원", "생성의 근원" 등을 구별하고 있는데,[68] 이러한 아리스토텔레스의 구별은 지금 문제가 되고 있는 다양한 유형의 철학의 구별을 이해함에 있어 중요한 의미를 지닌다.

셋째, 다양한 차원의 근원이 존재하며 그에 따라 다양한 차원의 철학이 존재한다. 앞서 우리는 기하학의 철학과 기하학의 구별을 살펴보았는데, 이와 관련해 마치 철학과 철학 아닌 것의 경계가 명확하

---

67 I. Kant, *Kritik der reinen Vernunft*.

68 이 점과 관련해 아리스토텔레스는 "그렇다면 모든 원리에서 공통적인 것은, 그것으로부터 어떤 것이 존재하고, 생성하고, 알려지게 되는 첫 번째 것이라는 점"(Aristotle, 전헌상 역, 『형이상학』, 이남인 편, 『서양철학의 이해』, 서울: 서울대학교출판문화원, 2011, 42)이라고 말한다.

리라 생각할 수도 있다. 그러나 앞서 살펴본 유클리드 기하학은 뉴튼의 고전물리학적 탐구를 위한 전제 내지 근원의 역할을 담당하며, 그러한 한에서 그것은 고전물리학의 철학의 역할을 담당한다. 더 나아가 고전물리학은 그것을 토대로 전개되는 다양한 유형의 응용과학의 전제 내지 근원을 탐구하며, 그러한 한에서 그것은 후자의 철학의 역할을 담당한다고 할 수 있다. 이러한 논의를 통해 우리는 다양한 차원의 철학이 존재한다는 사실을 확인할 수 있다.

실제로 몇몇 철학자들은 다양한 차원의 철학을 구별한다. 예를 들어 앞서 살펴보았듯이 아리스토텔레스는 1) 독립적이며 영원한 실체인 신적 실체를 탐구 주제로 삼는 제일철학, 2) 1, 2, 3처럼 독립적이지는 않지만 영원한 실체를 다루는 수학, 3) 독립적이지만 영원하지 않은 실체인 자연적 실체를 탐구 주제로 삼는 자연학을 구별하고 있는데,[69] 제일철학은 수학보다, 수학은 자연학보다 더 깊은 차원의 철학에 해당한다. 그리고 후설은 영역적 존재론, 형식적 존재론, 초월론적 현상학 등을 구별하고 있는데, 초월론적 현상학은 형식적 존재론보다, 형식적 존재론은 영역적 존재론보다 더 깊은 차원의 철학에 해당한다.[70]

넷째, 이처럼 다양한 차원의 철학과 다양한 유형의 철학이 존재하기 때문에 근원을 탐구하는 철학은 다양한 모습을 보일 수밖에 없다. 그리고 이처럼 다양한 모습을 보이는 근원에 관한 학으로서의 철학들은 겉보기에 서로 무관하며 경우에 따라서는 서로 상충하는 것

69 Aristotle, *Metaphysics.*, trans. by W. D. Ross, Oxford: Clarendon Press, 1924, 1026a.
70 영역적 존재론, 형식적 존재론, 초월론적 현상학의 구별에 대해서는 V장 3절을 참조.

처럼 보일 수도 있다. 그러나 많은 경우 서로 무관한 것처럼 보이는 철학들, 또는 서로 상충하는 것처럼 보이는 철학들이 실제로는 모두 "근원에 관한 학"으로서의 철학의 서로 다른 모습일 경우도 있다.

다섯째, 바로 이러한 이유에서 필자는 앞서 살펴본 여러 가지 철학에 대한 정의 중에서 겉보기에는 근원에 대한 탐구로서의 철학에 대한 정의에 부합하지 않는 것처럼 보이는 것도 실제로는 근원에 대한 탐구로서의 철학의 정의와 부합할 수 있다고 생각한다. 예를 들어 "이론과 배움을 통해 우리에게 행복한 삶을 가져다 주는 활동"이라는 에피쿠로스의 철학에 대한 정의는 겉보기에는 근원에 대한 탐구로서의 철학에 대한 정의와 무관한 것처럼 보이지만 실제로 그것이 "행복한 삶의 근원"을 탐구하는 학인 한에서 "근원에 대한 학"으로서의 철학으로 이해될 수 있다. "철학은 세계관의 한 유형"이라는 딜타이의 철학에 대한 정의 역시 세계관이 모든 개별적인 판단 및 행위의 근원 역할을 하는 한 "근원에 대한 학"으로서의 철학으로 이해될 수 있다. 언어분석철학이 언어를 분석의 대상으로 삼을 경우 그것은 언어가 지닌 다양한 측면의 근원, 예를 들어 의미론적 근원, 화용론적 근원을 분석한다고 할 수 있으며, 그러한 한에서 "철학은 언어분석"이라는 정의 역시 "철학은 근원에 관한 학"이라는 정의의 한 가지 유형으로 이해될 수 있을 것이다. 마르크스는 "지금까지 철학자들은 세계를 각기 다른 방식으로 해석해 왔다. 철학은 이제 인간 해방을 위해 세계를 변혁해야 한다"고 주장하면서 철학을 이데올로기 비판으로 이해하는데, 이 경우 이데올로기는 인간의 모든 개별적 행위의 출발점, 즉 근원의 역할을 하며 그러한 한에서 이데올로기 비판으로서의 철학 역시 근원에 관한 학으로서의 철학의 한 유형으로 이해될 수 있을 것이다.

5. 철학의 방법

윌슨에 의하면 실재 세계를 탐구하기 위한 가장 효과적인 방법은 자연과학적 방법이며 철학 역시 자연과학적 방법을 사용해야 한다. 이 점과 관련하여 그는 자연과학적 방법이 전통적으로 사용되어 오던 철학의 방법을 대체할 수 있을 것이라고 간주한다. 예를 들어 그는 전통적으로 마음을 탐구하기 위해 철학에서 사용되어 온 내성(introspection)의 방법이 문제를 안고 있으며, 따라서 마음의 구조를 탐구하기 위해서는 내성의 방법이 아니라 자연과학의 방법을 사용해야 한다고 주장한다. 그에 의하면 마음을 탐구하기 위해서 우리는 뇌를 탐구해야 하며, 뇌를 탐구하기 위한 가장 효과적인 방법은 내성의 방법이 아니라 자연과학적 방법인 것이다.

이제 우리는 내성의 방법에 대한 윌슨의 비판을 비판적으로 검토하면서 내성의 방법이 타당한 철학의 방법 중의 하나라는 사실을 해명하고 더 나아가 내성의 방법 이외에 다양한 철학의 방법이 존재함을 해명하고자 한다.

앞서 Ⅲ장 4절에서 "의식에 관한 학문의 통섭 불가능성"의 문제를 살펴보면서 논의하였듯이 윌슨이 주장하는 것과는 달리 내성의 방법은 철학의 방법 중의 하나로서 정당한 권리를 가지고 있으며 결코 자연과학적 방법에 의해 대치될 수 없다. 자연과학적 방법은 자연적 인과관계의 틀 속에 놓인 대상들을 탐구하기 위한 효과적인 방법은 될 수 있지만, 자연적 인과관계의 틀을 벗어나 있는 대상을 탐구하기 위한 방법이 될 수는 없다. 예를 들어 현상학적 심리학의 대상인 다양한 유형의 마음 역시 자연적 인과관계의 틀 속에서 존재하는 것들이 아니며, 따라서 그것들은 자연과학적 방법을 통해서 파악될 수 없다. 앞서 살펴보았듯이 현상학적 심리학의 대상인 다양한 유형의 마음은 내성의 방법을 통해 파악될 수 있다.

필자는 내성의 방법에 대한 윌슨의 주장과 관련해 다음의 몇 가지 사실을 지적하고자 한다.

첫째, 앞서 살펴보았듯이 윌슨은 "내성으로만 시작된 논리는 신빙성이 떨어지고 실제와 괴리될 수 있으며 흔히 잘못된 방향으로 흐르기 쉽다. 역사는 언제나 그렇게 말한다. 데카르트로부터 칸트로 이어지는 근대철학은 뇌에 대한 설명을 시도하기는 했으나 대부분 실패로 끝났다."라고 주장한다. 그러나 이러한 윌슨의 논리는 정당하지 못하다. 데카르트나 칸트가 철학의 방법으로 사용하고 있는 내성의 방법의 정당성 문제와 근대철학이 시도하고 있는 뇌에 대한 설명의 성공 여부는 전혀 별개의 사안이기 때문이다. 말하자면 근대철학이 시도한 뇌에 대한 설명이 성공하지 못했다고 하더라도 데카르트나 칸트가 마음의 구조를 해명하기 위해서 사용하고 있는 내성의 방법은 정당할 수 있는 것이다.

둘째, 따라서 우리는 뇌과학의 방법과는 무관하게 내성의 방법이 마음에 대한 철학적 탐구를 위해 어떤 의미를 지닐 수 있는지 살펴보아야 한다. 이 점과 관련해 윌슨은 내성이 "신빙성"이 떨어진다고 주장하면서 내성이 정당한 방법일 수 없다고 주장하고 있다. 이 점에서 윌슨은 내성의 방법에 대해 비판적인 입장을 보이는 많은 연구자들과 동일한 입장을 취하고 있다고 할 수 있다. 내성의 방법이 신빙성이 떨어진다고 주장하면서 내성의 방법에 대해 비판적인 입장을 보이는 연구자들은 내성이 주관적이기 때문에 신빙성이 떨어진다고 주장할 것이다. 그러나 내성이 주관적이기 때문에 신빙성이 떨어진다는 주장은 정당하지 못하다. 주관적이라고 해서 모두 신빙성이 떨어진다고 속단할 수는 없기 때문이다. 예를 들어 외적 지각 역시 일차적으로는 주관적인데, 그럼에도 불구하고 외적 지각은 나름의 정당성을 지니고 있는 인식의 원천으로 간주된다. 이와 마찬가지로 비록 내성이 주관적임에도 불구하고 우리가 특별한 주의를 기울이면서 노력할 경우 우리는 마음과 관련된 객관적인 지식을 얻을 수 있는 것이며, 현상학적 심리학은 바로 이 내성의 방법을 통해 획득된, 마음에 관한 객관적 지식들을 추구하는 학이다.

셋째, "내성으로만 시작된 논리는 신빙성이 떨어지고 실제와 괴리될 수 있으며 흔히 잘못된 방향으로 흐르기 쉽다"고 주장하면서 윌슨은 수행적 모순을 범하고 있다. 도대체 윌슨은 무엇을 근거로 하여 내성에 대해 이러한 부정적인 판단을 내릴 수 있는 것인가? 그는 다름 아닌 내성에 토대를 두고서만 이런 주장을 할 수 있는 것이다. 만일 그렇지 않다면 우리는 그의 주장에 귀 기울일 필요조차 없다. 이처럼 그가 "내성이 신빙성이 떨어진다"고 말하면서 그와 관련해 진리 주장을 하는 한 그는 "내성이 자신의 진리 주장을 위한 토대가 된다"는 사실을 암묵적으로 인정하고 있는 것이며, 바로 이러한 이유에서 그는 수행적 모순을 범하고 있는 것이다.

넷째, 윌슨은 내성의 방법의 의의를 전혀 인정하지 않고 있으나 Ⅲ장 4절에서 살펴보았듯이 내성의 방법은 뇌과학 연구를 위해서도 필요하다. 어떤 점에서 현상학적 심리학은 뇌과학에 대해 철학의 역할을 담당하는 학문이다. 어떤 유형의 마음의 본질적 구조에 대한 선행적인 앎이 없이는 그러한 유형의 마음에 대한 뇌과학적 연구가 불가능하기 때문이다. 말하자면 어떤 유형의 마음의 본질적 구조에 대한 앎은 그러한 유형의 마음에 대한 뇌과학적 연구를 위해 없어서는 안 될 전제 조건, 즉 근원의 역할을 담당하는 것이다. 어떤 특정한 마음의 구조를 뇌과학적으로 연구하기 위해서는 해당 연구자가 우선 그 마음이 무엇인지, 그리고 그것이 다른 유형의 마음과 어떻게 구별되는지 현상학적 심리학적 관점에서 알고 있어야 한다. 그렇지 않을 경우 그는 자신이 탐구하고자 하는 대상이 무엇인지 확인할 수 없으며 따라서 마음에 대한 뇌과학적 연구를 시작할 수도 없다.

다섯째, 앞서 우리는 뇌과학과 현상학적 심리학이 심리 치료에 있어 서로 협력해야 한다는 사실을 살펴보았다. 그런데 심리 치료의 관점에서 볼 때도 내성의 방법은 어떤 점에서 뇌과학의 방법인 자연과학적 방법에 대해 우선권을 가진다. 우울증 등 일군의 정신 질환의 경우 어떤 사람이 정신적으로 문제가 있는지 없는지에 대한 진단은 자연과학적 방법을 통해서가 아니라 내성의 방법을 통해서 시작될 수 있기 때문이다. 어떤 사람이 내성의 방법을 통해 우울감을 호소하지 않는다면 의사는 그가 우울증을 앓고 있는지 여부에 대한 진단을 시작할 수 없을 것이다. 이와 마찬가지로 우울증이 치료되었는지 아닌지를 판단할 수 있는 토대 역시 내성의 방법이다. 일정 기간 치료를 받은 환자가 내성의 방법을 통해 우울증으로부터 자유로워졌다는 느낌을 가지지 않는다면 의사는 환자의 우울증이 치료되었다고 결론을 내릴 수 없을 것이다. 다른 말로 하자면 환자가 계속해서 우울감을 호소하는 한 의사는 환자의 우울증이 치료되었다고 결론지을 수 없는 것이다.

지금까지 우리는 철학의 방법에 대한 윌슨의 주장이 안고 있는 문제점을 살펴보았다. 윌슨의 견해와는 달리 내성의 방법을 예로 들어 철학의 고유한 방법이 있으며 철학의 방법이 자연과학적 방법에 의해 대체될 수 없다는 사실을 살펴보았다. 필자는 철학의 방법과 관련해 다음의 두 가지 사실을 지적하고자 한다.

첫째, 두말할 것도 없이 내성의 방법 이외에 자연과학적 방법에 의해 대체될 수 없는 다양한 유형의 철학의 방법이 존재한다. 앞서 살펴보았듯이 다양한 유형의 철학이 존재하며 각각의 철학은 자신의 대상을 가장 효과적으로 탐구하기 위해 나름의 고유한 철학의 방법을 개발하였다. 플라톤은 이데아의 구조를 해명하기 위해 변증론의 방법을 개발하였고, 데카르트는 확실한 인식의 토대를 발견하기 위해 방법적 회의의 방법을 개발하였으며, 칸트는 학적 인식의 가능 근거를 해명하기 위해 초월론적 연역의 방법을 개발하였고, 헤겔은 변증법적 운동의 구조를 해명하기 위해 변증법을 개발하였다. 딜타이를 비롯한 해석학자들은 다양한 유형의 해석의 방법을 개발하였으며, 후설은 다양한 유형의 현상을 해명하기 위해 다양한 유형의 현상학적 환원의 방법을 개발하였고, 언어분석철학자들은 언어의 구조를 해명하기 위해 언어분석의 방법, 논리적 분석의 방법을 개발하였으며 해체주의자들은 이전의 철학이 가지고 있는 전제를 폭로하기 위해서 해체의 방법 및 고고학의 방법을 개발하였다. 지면 관계상 이 각각의 방법의 구체적인 내용은 무엇이며 그것들 사이의 관계는 무엇인지 하는 점은 이 자리에서 더 논의할 수 없다. 그러나 이와 관련하여 필자는 이 각각의 방법이 나름의 고유한 권리를 지니고 있으며, 그것들은 결코 자연과학적 방법에 의해 대체될 수 있는 것이 아니라는 사실을 강조하고자 한다.

둘째, 이처럼 자연과학적 방법에 의해 대체될 수 없는 다양한 유형의 철학의 방법이 존재한다고 주장하면서 필자는 자연과학적 방법이 철학 연구를 위해 아무런 기여를 할 수 없다고 주장하는 것은 아니다. 자연과학적 방법은 특정의 철학적 문제를 해결하기 위해서 결정적인 역할을 담당할 수 있다. 예를 들어 자연과학적 방법은 인간 본성의 기원에 관한 문제를 해명함에 있어서 결정적인 역할을 담당할 수 있을 것이다. 이런 점에서 필자는 어떤 철학적 문제를 해결하기 위해서는 앞서 살펴본 다양한 유형의 철학의 방법과 자연과학적 방법 또는 사회과학의 방법을 동시에 사용할 필요도 있다고 생각한다.

V. 학문의 전체 체계와 통섭의 정체

지금까지 심리학, 사회학, 예술학, 역사학, 윤리학 및 철학 등 다양한 분야의 지식을 예로 들어 통섭의 원칙적 불가능성을 해명하였다. 우리는 앞서 살펴본 다양한 학문 분야들이 자연과학적 방법을 통해서 전개될 수 없으며, 그러한 한에서 그것들은 자연과학과 통섭될 수 없다는 사실을 확인하였다. 이제 현대 학문 전체의 지형도를 살펴보면서 자연과학적 방법을 통해 통섭될 수 있는 학문들이 전체 학문 체계에서 어떤 위치를 차지하는지 살펴보고 그를 토대로 통섭의 정체를 해명하고자 한다.

우선 1절에서 현대 학문 체계의 출발점이 되었던 데카르트의 학문 체계를 살펴보고, 2절에서는 데카르트의 학문 체계와 윌슨의 통섭 프로그램이 어떤 관계에 있는지 살펴볼 것이다. 현대 학문의 체계라는 관점에서 볼 때 데카르트의 학문 체계는 나름의 한계를 가지고 있는데, 이러한 한계를 극복하고 새로운 학문 체계를 제시한 철학자가 바로 후설이다. 이어 3절에서는 후설의 현상학에 나타난 학문 체계를 검토할 것이다. 그러나 후설의 학문 체계 역시 현대의 다양한 학문을 포괄적으로 해명함에 있어 나름의 한계를 가지고 있다. 이에

4절에서는 양적 연구와 질적 연구의 구별을 고찰하면서 현대의 학문 체계를 새로운 각도에서 검토하고, 5절에서는 현대 학문의 전체 체계에서 윌슨의 통섭 프로그램이 어떤 위치를 차지하는지 살펴보면서 윌슨의 통섭 프로그램의 정체를 해명하고 그것이 커다란 한계를 가지고 있다는 사실을 해명할 것이다.

1. 데카르트의 학문 체계

데카르트는 라틴어로 출간된 『철학원리』의 프랑스어 번역자인 피코(L. C. Picot)에게 보낸 편지에서 철학 전체를 한 그루의 나무에 비유한다.

> 이처럼 철학 전체는 한 그루의 나무와 같은데, 이 나무의 뿌리는 형이상학이요, 둥치는 자연학이며, 이 둥치로부터 뻗어 나가는 가지들은 모든 여타의 학문들로서 그것들은 세 가지 중요한 것들, 즉 의학, 역학, 도덕학으로 환원된다[...].[71]

이 인용문에 나타나 있듯이 데카르트는 학문 전체를 한 그루의 나무에 비유하면서 그 뿌리를 형이상학이라 부르고 그 둥치를 자연학이라 부르며 그 가지들을 의학, 역학, 도덕학 등으로 환원될 수 있는 "여타의 학문들"이라 부르고 있다. 그러면 이제 이 세 종류의 학

---

71 R. Descartes, *Principes de la philosophie*, Oeuvres de Descartes IX-2, publiées par C. Adam/ P. Tanery, Paris: Librairie philosophique J. Vrain, 1978, 14.

문이 무엇을 뜻하는지 살펴보자.

1) 학문의 나무의 뿌리에 해당하는 형이상학은 "인식의 원리들"[72]을 해명하는 학문이다. 이 경우 "인식의 원리들"은 "신의 주요 속성들", "우리 영혼의 비물질성", "명석하고 단순한 모든 관념들" 등을 뜻한다. 형이상학의 핵심적인 연구 대상은 신, 영혼, 명석하고 단순한 관념들 등이다. 따라서 학문이라는 나무의 뿌리에 해당하는 형이상학은 신학, 영혼론, 단순관념에 관한 학 세 분야로 구성되어 있다고 할 수 있다. 데카르트에 의하면 신, 영혼, 명석하고 단순한 관념들 등이 형이상학의 핵심적인 연구 대상이 되는 것은 그것들이 모두 "인식의 원리들"이 되기 때문이다.

그러면 도대체 신, 영혼, 명석하고 단순한 관념들이 인식의 원리들이 되는 이유는 무엇인가? 이 점과 관련해 우리는 우선 "원리"가 무엇을 뜻하는지 이해할 필요가 있다. 우리말의 원리에 해당하는 라틴어 principium은 희랍어 arche에 해당하는 개념이다. 그런데 아리스토텔레스가 『형이상학』 5권 1장에서 arche가 가지고 있는 다양한 의미를 해명하면서 밝히고 있듯이 arche의 핵심적인 의미는 그 무엇의 "출발점", "시작점"이다.[73] 따라서 데카르트가 형이상학의 대상들로서 "인식의 원리들"이라 부른 것들은 다름 아닌 "인식의 출발점"을 뜻한다. 데카르트가 형이상학의 대상들로 간주하는 신, 영혼, 명석하고 단순한 관념들은 실제로 그의 철학 체계에서 인식의 출발점, 즉 그것이 없이는 인식이 성립할 수 없는 것을 뜻한다.

---

72 R. Descartes, *Principes de la philosophie*, 14.

73 Aristotle, *Metaphysics*., trans. by W. D. Ross, Oxford: Clarendon Press, 1924, 1012b 이하.

우선 명석하고 단순한 관념들이 인식의 출발점이 됨은 두말할 필요도 없다. 데카르트에 의하면 "명석하고 단순한 관념들"이란 "그에 대한 인식이 그처럼 명석하고 판명하여 우리의 마음에 의해 인식되는 다른 것들로 분석될 수 없는 것"으로서 데카르트는 그 예로 모양, 연장, 운동, 지식, 의심, 무지, 존재, 통일성, 지속 등을 들고 있다.[74] 실제로 이런 관념들에 대한 암묵적인 선행적 인식이 없이는 경험적 대상에 대한 그 어떤 인식도 불가능하다. 예를 들어 모양, 연장, 운동 등 명석하고 단순한 관념들에 대한 암묵적인 선행적 인식이 없이는 특정한 모양과 연장을 가지고 있고 특정한 방식으로 운동하는 사물을 인식할 수 없으며, 바로 이러한 점에서 모양, 연장, 운동 등의 명석하고 판명한 관념들은 인식의 원리들이라 할 수 있다.

더 나아가 생각하는 속성을 지니며 그러한 한에서 비물질성을 가지고 있는 영혼, 즉 생각하는 자아는 데카르트의 철학 체계에서 방법적 회의라는 시험대를 통과한 것으로서 참된 인식 체계를 구축하기 위한 출발점, 즉 원리가 된다. 이와 관련해 데카르트는 생각하는 자아에 대한 인식을 모든 여타의 인식을 정초 지울 수 있는 "아르키메데스의 점"에 비유하고 있다. 이와 관련해 데카르트는 제2『성찰』 초두에서 그 어떤 회의주의의 반론에도 굴하지 않을 확실한 자아의 존재를 발견하기 전에 그것에 대해 다음과 같이 말한다.

아르키메데스가 지구를 그 자리에서 움직이기 위해 확고부동한 일

74 R. Descartes, *Rules for the Direction of the Mind*, in: Great Books of the Western world 31. Descartes. Spinoza, Chicago: William Benton, 1952, 21.

점밖에 찾지 않았듯이, 나 역시 확실하고 흔들리지 않는 최소한의 것만이라도 발견하게 된다면 큰 일을 도모할 수 있다고 희망할 수 있지 않을까?[75]

마지막으로 데카르트의 경우 신 존재 증명에 대한 논의가 보여주듯이 신의 주요 속성 중의 하나인 신의 성실성은 우리의 모든 인식이 참다운 인식이 될 수 있도록 해 주는 최종적인 토대이다. 이러한 점에서 신은 그의 철학 체계 전체를 떠받치고 있으며 우리의 모든 참다운 인식을 가능하게 해 주는 원리라 할 수 있다.

2) 학문이라는 나무의 둥치에 해당하는 자연학 역시 다양한 분야들로 이루어져 있다. 자연학의 첫 번째 분야는 "물질적 사물의 참된 원리들"[76]을 연구하는 학문이다. 이 경우 "물질적 사물의 참된 원리들"이란 그것이 없이는 물질적 사물들이 존재할 수 없는 것들을 뜻한다. 우리는 "물질적 사물의 참된 원리들"로 연장을 제시할 수 있다. 연장이 없이는 그 어떤 물질적 사물도 존재할 수 없기 때문이다. 여기서 알 수 있듯이 물질적 사물의 참된 원리들을 연구하는 자연학의 분야는 현대적인 용어로 말하자면 자연철학, 즉 물질적 자연의 철학에 해당한다고 할 수 있다.

그러나 자연학은 자연철학 이외에도 다양한 영역들을 가지고 있다. 자연학은 물질적 사물의 참된 원리들을 토대로 우주 전체가 어떻게 구성되어 있는지를 탐구한다. 이처럼 우주 전체가 어떻게 구성

75 R. Descartes, 이현복 역, 『성찰』, 서울: 문예출판사, 1997, 42.

76 R. Descartes, *Principes de la philosophie*, 14.

되어 있는지를 탐구함을 목표로 하는 자연학의 분야를 천체학 혹은 천문학이라 부를 수 있을 것이다. 더 나아가 자연학은 이 지구의 본성은 무엇이며 공기, 물, 불, 자석 및 기타 광물들처럼 지구 안에 존재하는 여러 가지 물체의 본성은 무엇인지를 탐구함을 목표로 한다. 이러한 자연학의 분야를 지구과학이라 부를 수 있을 것이다. 더 나아가 자연학은 "식물, 동물, 그리고 무엇보다도 인간의 본성"이 무엇인지 등을 해명함을 목표로 한다. 이러한 자연학의 분야를 생물학이라 부를 수 있을 것이다.

3) 마지막으로 의학, 기계학, 도덕학 등 앞의 두 가지 학문들과 구별하면서 데카르트가 "여타의 학문들"이라고 부르고 있는 학문들은 현대적인 개념을 사용하여 표현하자면 응용 학문 또는 실용 학문이라 할 수 있다. 응용 학문은 이론적 관점에서 볼 때 앞서 살펴본 두 가지 유형의 학문, 즉 형이상학과 자연학을 토대로 전개된다. 이러한 점에서 형이상학과 자연학은 순수 학문이라 불릴 수 있다. 순수 학문이 순수 이론적인 관심을 토대로 전개될 수 있는 데 반해 응용 학문은 특정한 실천적 관심을 토대로 전개되며, 그것이 특정한 실천적 관심을 충족시켜 줄 수 있는 한 그것은 우리 인간에게 구체적으로 유용함을 안겨 주는 학문이다. 비유하자면 응용 학문은 학문의 나무에서 나오는 과실을 우리에게 안겨 주는 학문이다.

응용 학문들이 우리에게 유용함을 안겨 줄 수 있는 것은 그것들이 우리가 당면한 다양한 구체적인 문제들을 해결하는 데 도움을 줄 수 있기 때문이다. 데카르트는 다양한 응용 학문들이 있지만 그것들은 크게 의학, 기계학, 도덕학의 세 가지 유형으로 나누어진다고 말하는데, 그것은 우리가 당면하는 문제들에 세 가지 유형이 존재하기 때문이다. 실제로 우리는 살아가면서 크게 세 가지 유형의 문제들에 당면하면서 살아간다. 첫째, 우리는 우리의 신체 때문에 다양한 어려움을 겪게 된다. 그 대표적인 예는 다양한 신체적인 질환이다. 신체 때문에 겪게 되는 어려움을 해결함을 목표로 하는 것이 의학이다. 둘째, 우리는 자연 속에서 살아가면서 자연 때문에 다양한 문제들에 직면하게 된다. 홍수, 무더위, 추위 등 자연이 우리에게 제기하는 문제는 다양하다. 자연 때문에 겪게 되는 어려움을 해결함을 목표로 하는 것이 기계학이다. 셋째, 우리는 우리의 마음 때문에 다양한 문제에 직면하게 된다. 마음가짐이 올바르지 않을 경우 우리는 질투, 분노 등 무수히 많은 어려움에 직면한다. 마음 때문에 겪게 되는 어려움을 극복함을 목표로 하는 것이 도덕학이다.

데카르트는 이러한 학문 체계의 구상을 완벽하게 실현해 보고자 노력하였다. 물론 그는 이러한 학문 체계의 구상을 완벽하게 실현할 수는 없었지만, 이러한 그의 노력이 체계적으로 전개되어 있는 저술이 다름 아닌 『철학원리』이다. 『철학원리』의 내용을 살펴보면 우리는 거기서 다루어지고 있는 내용이 앞서 살펴본 내용과 유사함을 확인할 수 있다.

『철학원리』는 모두 4부로 구성되어 있는데, 우선 제1부는 "인간 인식의 원리에 관하여"라는 제목을 달고 있으며 거기서 다루어진 내용은 데카르트의 형이상학에 해당한다. 이 제1부는 전체적으로 볼 때 역시 "인간 인식의 원리들"을 다루고 있다. 『철학원리』의 제2-4부는 자연학에 해당한다고 할 수 있다. 우선 제2부는 "물질적인 것들의 원리에 관하여"라는 제목을 달고 있으며 물질적 자연의 일반적인 원리를 다루고 있다. 제3부는 "가시 세계에 관하여"라는 제목을 달고 있으며 항성, 행성, 유성 등의 운동 원리를 다루고 있고 이는 전체적으로 볼 때 천문학적 논의에 해당한다. 제4부는 "지구에 관하여"라는 제목을 달고 있는데 지구 내부의 물질적 구조는 어떠한지, 물, 불, 공기 및 여러 가지 광물의 속성은 어떠한지 등의 문제를 자세히 다루고 있다. 제4부의 이러한 논의는 오늘날의 지질학, 광물학, 해양학 등에 해당한다고 할 수 있다. 그런데 제4부는 그러한 논의 이외에도 생명을 지닌 식물과 동물의 구조, 더 나아가 인간의 구조 등도 간단하게 다루고 있으며, 이러한 논의는 오늘날의 생물학에 해당한다고 할 수 있다.

앞서도 지적하였듯이 『철학원리』 서문에 따르면 학문 전체는 철학의 나무의 가지에 해당하는 의학, 기계학, 도덕학 등도 포함해야 하는데, 이러한 학문에 대한 논의는 『철학원리』에 들어 있지 않다.

2. 데카르트의 철학의 나무의 구상과 윌슨의 통섭 프로그램

그러면 이제 데카르트의 학문의 나무의 구상과 윌슨의 통섭 프로그램이 어떤 관계에 있는지 살펴보자. 데카르트의 학문의 나무의 이념은 부분적으로 통섭 프로그램과 유사성을 가지고 있다. 이 점을 확인하기 위해 데카르트의 자연학의 구조를 지금까지와는 다른 각도에서 잠시 고찰할 필요가 있다.

앞서 살펴보았듯이 데카르트의 자연학은 철학적 자연학과 경험적 자연학으로 구성되어 있다. 철학적 자연학은 앞서 우리가 현대의 자연철학에 해당하는 것이라 불렀던 것이고, 경험적 자연학은 천문학, 지구과학 등 그 이외의 자연학의 다양한 분야를 말하는 것이다. 그런데 그중에서 경험적 자연학의 다양한 분야들은 모두 대상을 자연적 인과관계의 망 속에서 존재하는 것으로 가정하고 자연인과적 설명 방식을 통해 그에 대해 해명하고자 한다. 이러한 사실은 천문학뿐 아니라 지구과학, 생물학 등 모든 유형의 경험적 자연학에 대해 타당하다. 데카르트는 경험적 자연학의 한 분야로서 생리학의 구상을 가지고 있었는데, 그는 생리학 역시 물리학과 유사한 과학으로 전개하고자 시도하였다. 생리학의 탐구 대상인 감각은 감각기관에서 출발해 신경계를 거쳐서 두뇌까지 이르는 감각체계를 통해서 발생한다고 할 수 있다. 이 경우 데카르트가 상정하듯이 감각체계가 일종의 기계로 간주될 수 있다면 감각의 구조를 연구하기 위해서 우리는 감각기관에서 신경계를 거쳐 두뇌에 이르는 감각체계의 구조를 고찰할 필요가 있다. 그런데 모든 다른 기계와 마찬가지로 감각체계는 자연적 인과관계의 망 속에서 존재하며 따라서 감각기관에서 시작해 신경계를 거쳐 두뇌에 이르는 일련의 과정은 자연인과적 설명 방식을 통해 해명될 수 있기 때문에 감각의 구조를 파악함을 목표로 하는 생리학은 물리학과 유사한 학문으로 전개될 수 있다. 실제로 현대생리학은 감각체계를 일종의 기계로 간주하면서 수리생리학으로 전개되고 있는데, 이러한 점에서 데카르트는 현대의 수리생리학의 창시자로 간주될 수 있다.[77]

---

77 데카르트가 현대의 과학적 생리학 및 과학적 심리학의 창시자로 간주될 수 있다는 견해에 대해서는 E. S. Reed, "Descartes' Corporeal Ideas Hypothesis and the Origin of Scientific Psychology", in: G. J. D. Moyal(ed.), *René Descartes, Critical Assessments VI*, London/New York: Routledge, 1991을 참조할 것. 그 이외에도 데카르트의 생리학에 대해서는 G. Hatfield, "Descartes' physiology and its relation to his psychology",

이처럼 데카르트가 경험적 자연학의 모든 분야를 물리학을 모범으로 하는 학문으로 전개하고자 한 점에서, 그의 학문의 나무의 구상과 윌슨의 통섭 프로그램 사이에는 유사성이 존재한다. 그럼에도 불구하고 양자가 전적으로 일치하는 것은 아니다. 데카르트의 학문의 나무에는 자연과학과 통섭을 허용하지 않는 다양한 학문 분야들이 존재하기 때문이다. 그 대표적인 예는 자연학의 한 부분인 자연철학이다. 자연철학은 철학의 한 분야로서 자연과학적 방법을 사용해 전개되지 않기 때문이다. 그뿐 아니라, 데카르트의 형이상학 역시 자연과학과 통섭을 허용하지 않는다. 예를 들어 명석하고 단순한 관념에 관한 이론은 자연과학적 방법을 통해 정립될 수 없다. 명석하고 단순한 관념들은 자연적 인과관계의 망 속에서 존재하는 것이 아니기 때문이다. 단순관념에 관한 이론은 단순관념을 통찰할 수 있는 이성적 직관 능력을 통해 정초될 수 있을 뿐이다. 더 나아가 데카르트의 형이상학의 또 다른 분야들인 자아론과 철학적 신학 역시 자연과학과의 통섭을 허용하지 않는다. 자아의 여러 가지 영혼 활동들과 신의 여러 가지 속성은 자연적 인과관계의 망 속에서 존재하지 않으며 따라서 자연과학적 방법을 통해 파악될 수 없기 때문이다.

이처럼 데카르트의 학문의 나무의 구상과 윌슨의 통섭 프로그램 사이에는 유사성과 더불어 차이점이 존재한다. 윌슨 역시 이러한 사실을 잘 알고 있었다. 그는 우선 양자 사이에 유사성이 존재한다는 사실을 그 누구보다도 잘 알고 있었다. 바로 이러한 이유에서 그는

---

in: J. Cottingham(ed.), *The Cambridge Companion to Descartes*, Cambridge: Cambridge University Press, 1992를 참조할 것.

데카르트를 통섭 프로그램의 선구자 중의 하나로 간주하면서 다음과 같이 적고 있다.

> 데카르트의 가장 소중한 비전은 지식이 궁극적으로 수학으로 추상화될 수 있는 상호 연계된 진리 체계라는 것이었다. 그에 따르면 이러한 비전은 1619년 11월의 어느 날 밤에 일련의 꿈을 통해 다가왔다. 기호들[...]의 돌풍 속에서 그는 우주가 합리적이며 인과율로 연결된 통일성을 지니고 있음을 깨달았다. 그는 이런 개념을 물리학에서 의학까지, 즉 생물학까지, 심지어는 도덕적 추론에까지 적용할 수 있다고 믿었다. 이런 측면에서 그는 18세기 계몽사상에 깊은 영향을 미친, 학문의 통일성에 관한 믿음에 토대를 놓았다.(『통섭』, 72)

> 1637-1649년에 발표된 논문들에서 데카르트는 개별적으로 분석될 수 있는 물리적 부분들의 집합으로서의 세계에 관한 연구, 즉 환원주의를 소개했다. 환원주의와 해석적 수학 모형화는 근대과학의 가장 강력한 지적 도구가 되었다.(『통섭』, 73)

그러나 윌슨은 데카르트의 학문의 나무의 구상과 자신의 통섭 프로그램 사이에 차이점이 있다는 사실 역시 잘 알고 있었다. 윌슨은 『통섭』의 여기저기서 양자 사이에 차이점이 존재한다는 사실을 지적하고 있는데, 가장 대표적인 예는 다음의 구절이다.

> 그렇지만 데카르트는 근본적으로 형이상학을 용인했다. 평생 동안 가톨릭 신자였던 그는 신이 절대적으로 완벽한 존재라고 믿었으며,

자신이 마음속에서 그러한 존재에 대해 사고할 수 있다는 사실에서 신의 존재를 증명할 수 있다고 보았다. 그리하여 그는 정신과 물질의 완전한 분리를 주장했다. 이러한 전략은 정신의 문제를 비껴가면서 순수한 기계로서의 물질의 문제에 집중하도록 했다.(『통섭』, 73)

이처럼 데카르트의 학문의 나무의 구상과 자신의 통섭 프로그램 사이에 차이점이 존재하기 때문에 그는 『통섭』의 여기저기서 데카르트를 비판하고 있다. 예를 들어 그는 마음의 문제를 다루는 장에서 데카르트를 비판하고 있다. 이 점과 관련해 그는 우선 전통적으로 철학자들이 마음을 연구하기 위한 수단으로 자연과학적 방법을 소홀히 하고 내성의 방법에 집착했다고 주장한다. 그리고 그는 "데카르트로부터 칸트로 이어지는 근대철학은 뇌에 대한 설명을 시도하기는 했으나 대부분 실패로 끝났다"(『통섭』, 183)고 지적하면서 내성의 방법에 집착한 데카르트를 비판하고 있다. 거기에 이어 그는 마음의 문제를 해명할 수 있는 궁극적인 열쇠를 가지고 있을 것으로 간주되는 뇌과학에 대해 논하면서 다음과 같이 데카르트를 비판한다.

이 주제에 대한 전문가인 모든 과학자와 철학자들은 의식과 합리적 과정들로 구성되어 있는 마음이 바로 뇌의 작용이라는 점에 동의한다. 그들은 『성찰』(1642)에서 '신적인 힘에 의해 마음은 신체가 없이도 존재할 수 있으며 신체는 마음 없이도 존재할 수 있다'고 결론 내린 르네 데카르트의 마음/뇌 이원론을 배격한다. 이 위대한 철학자는 비물질적인 마음과 불멸의 영혼은 물질적이고 필멸할 신체 내의 어딘가에서 쉬고 있다고 여겼다. 그는 그곳이 뇌의 기저부에 있는 미세한 기관인 송과선일지도 모른다고 생각했다. 이런 초기 신경생물학적 모델에서 뇌는 전신에서 정보를 받고 그 정보가 송과 중심부에 전달되면 거기서 그것이 어떤 식으로든 의식적 사고로 번역된다. 이원론은 데카르트 시대의 철학과 과학에 딱 들어맞는 것이었다. 당시에는 우주에 관해서는 물질주의적 설명이 호소력이 있었지만 이원론은 여전히 안전지대에 있었다. 이원론은 어떤 형태로든 20세기에도 영속했다. 그동안 연구자들은 뇌에 딸린 여러 선들을 낱낱이 조사해 보았지만 비물질적 마음이 자리 잡고 있는 곳이라고 여길 수 있는 그 어떤 장소도 발견하지 못했다.(『통섭』, 187)

윌슨의 통섭 프로그램의 목표는 데카르트에 의해 경험적 자연학의 분야에서만 수행된 부분적 통섭을 모든 가능한 학문 분과로 확장시키는 데 있다. 즉 그의 목표는 데카르트의 자연철학뿐 아니라 자아론, 철학적 신학, 단순관념에 관한 이론 등 모든 가능한 이론들을 자연과학적 방법을 통해 정초함으로써 그것들을 자연과학과 통섭하는 것이다. 우리는 지금까지의 논의를 통해 이러한 윌슨의 시도가 얼마나 많은 문제점을 가지고 있는지 알 수 있다.

3. 후설의 현상학과 학문의 보편적 체계

학문의 나무에 비유되는 데카르트의 학문 체계는 나름의 정초 관계 속에서 존재하는 다양한 학문들의 지형도를 보여 주고 있다는 점에서 중요한 의미를 가지고 있다. 그럼에도 불구하고 그것은 현대 학문의 전체적인 체계라는 관점에서 볼 때 나름의 한계를 가지고 있다. 이제 이 절에서는 데카르트의 학문 체계가 가지고 있는 문제점을 검토하면서 현상학의 창시자인 후설이 그리고 있는 학문의 체계를 검토하고자 한다. 실제로 후설은 데카르트와의 비판적 대결을 통해 자신의 현상학을 전개해 나갔는데, 그의 학문 체계 역시 데카르트의 학문 체계에 대한 비판적 검토를 통해 등장한 것이라 할 수 있다. 우선 데카르트의 학문 체계가 가지고 있는 문제점을 살펴보자.

현대 학문의 전체적인 체계와 관련해 데카르트의 학문 체계는 다음과 같은 두 가지 한계를 가지고 있다.

첫째, 데카르트의 학문의 나무에는 데카르트 당시에도 존재했던 학문들이 모두 망라되어 있지 않다. 예를 들어 산수학, 기하학, 해석학 등 수학의 다양한 분야들과 논리학은 데카르트의 학문의 나무에 나타나 있지 않다. 실제로 데카르트는 『철학원리』 서문에서 철학의 나무에 대해 논할 때 형이상학, 자연학, 응용과학 등만을 참된 철학의 분과로 간주하면서 그에 대해 논의할 뿐 수학이나 논리학에 대해서는 논의하지 않는다. 그렇다고 해서 데카르트가 『철학원리』 서문에서 수학이나 논리학에 대해 전혀 논의하고 있지 않은 것은 아니다. 철학의 나무에 대해 논의하기에 앞서 그는 형이상학, 자연학, 응용과학 등을 본격적으로 연구하기 이전에 학자가 일차적으로 전념하여야 할 학문으로 논리학을 꼽고 있다. 거기서 그는 자신이 염두에 두고 있는 논리학이 변증론이나 중세 스콜라 철학의 논리학이 아니라, 진리의 발견을 가능하게 해 주는 논리학이라는 사실을 분명히 밝히고 있다. 그리고 거기에 이어 그는 수학 등 단순한 문제들에 응용하면서 논리학 연습을 많이 해 보라고 당부하며 수학에 대해서도 언급하고

있다.[78]

그러나 데카르트는 이처럼 『철학원리』 서문에서 수학과 논리학에 대해 언급하고 있음에도 불구하고 수학과 논리학을 학문의 나무를 구성하는 그 어떤 요소로 간주하지 않는다. 수학과 논리학은 나무의 뿌리에 해당하는 것도 아니요 나무의 둥치에 해당하는 것도 아니며 나무의 가지에 해당하는 것도 아니다. 수학과 논리학이 모두 일종의 지식의 체계인 한에서 수학과 논리학을 철학의 나무에서 배제하는 데카르트의 태도는 나름의 심각한 문제를 안고 있다고 할 수 있다.

둘째, 데카르트의 학문의 나무에는 데카르트 이후 등장한 새로운 학문들이 들어 있지 않다. 이 점과 관련해 우리는 데카르트가 세상을 떠난 1651년 이후 데카르트 당시에는 존재하지 않았던 다양한 학문들이 서양의 지성계에 새롭게 탄생했다는 사실을 주목할 필요가 있다. 이 경우 무엇보다도 우리의 주목을 끄는 것은 물리학, 화학, 생물학 등의 자연과학과 구별되는 역사학, 경제학, 정치학, 심리학, 사회학, 인류학 등 소위 인문학 및 사회과학의 등장이다. 물론 이러한 인문학 및 사회과학들 중에서 수량경제학, 실험심리학처럼 자연과학과 유사성을 지니는 학문들도 존재하며 역사학, 정치경제학, 문화인류학처럼 그렇지 않은 학문들도 존재한다. 이때 전자의 학문들, 즉 일종의 자연과학과 유사한 학문들은 모두 원칙적으로 데카르트의 학문의 나무에서 한 위치를 차지할 수 있으나 후자의 학문들은 그렇지 못하며 바로 이 점이 데카르트의 학문의 나무가 가지고 있는 한계이다.

---

78 R. Descartes, *Principes de la philosophie*, 13-14.

후설은 바로 이러한 데카르트의 학문의 나무의 구상을 비판하면서 현대 학문의 전체적인 지형도를 그리고 있다. 후설은 학문의 전체적인 지형도를 그리면서 데카르트의 학문의 나무라는 구상을 받아들인다. 그러나 후설이 그리고 있는 학문의 나무의 구체적인 모습은 데카르트의 학문의 나무와 다르다. 그러면 이제 후설이 그리고 있는 학문의 나무의 모습을 살펴보기로 하자. 앞서 우리는 데카르트의 학문의 나무를 형이상학이라는 뿌리, 자연학이라는 둥치, 응용 학문이라는 가지의 순으로 살펴보았는데, 이제 후설의 학문의 나무를 고찰하면서 가지에 해당하는 응용 학문부터 살펴보고자 한다.

1) 데카르트와 마찬가지로 후설의 경우에도 학문의 나무는 응용 학문이라는 가지를 가지고 있다. 응용 학문의 대표적인 예로는 공학, 의학, 농학, 법학, 경영학, 행정학 등을 들 수 있다. 그런데 이처럼 다양한 응용 학문들은 크게 두 가지로 나누어지는데, 공학, 의학, 농학 등 이공 계열의 응용 학문과 법학, 경영학, 행정학 등 인문사회 계열의 응용 학문이 그것이다.

2) 다양한 응용 학문들의 아래에는 순수 학문들이 있다. 순수 학문들은 크게 세 층으로 나누어지는데, 순수 경험과학, 영역적 존재론, 형식적 존재론이 그것이다. 이 세 층의 순수 학문들은 서로 정초 관계 속에서 존재하는데, 이 세 층의 순수 학문들이 무엇인지 살펴보기로 하자.

순수 경험과학들은 응용 학문들의 직접적인 정초 토대가 되는 학문들이다. 예를 들어 이공 계열의 경우 공학, 의학, 농학 등의 응용 학문들의 직접적인 정초 토대가 되는 순수 경험과학들로는 물리학, 화학, 생물학 등을 들 수 있으며, 인문사회 계열의 경우 법학, 경영학,

행정학 등의 응용 학문들의 직접적인 정초 토대가 되는 순수 경험과학들로는 정치학, 경제학, 사회학, 심리학 등을 들 수 있다. 응용 학문이 순수 학문에 정초되어 있다 함은 응용 학문이란 이론적인 관점에서 볼 때 순수 학문이 존재하지 않는다면 존재할 수 없다는 것을 뜻한다. 예를 들어 공학이라는 응용 학문은 물리학, 화학, 생물학 등의 순수 학문에 정초되어 있다. 이는 공학이 물리학, 화학, 생물학 등이 존재하지 않으면 존재할 수 없음을 뜻한다. 이와 마찬가지로 경영학이라는 응용 학문은 경제학, 심리학, 사회학 등의 순수 학문에 정초되어 있다. 경제학, 심리학, 사회학 등이 없이는 경영학이 존재할 수 없기 때문이다.

그런데 모든 순수 경험과학은 영역적 존재론에 정초되어 있다. 여기서 우리는 모든 순수 경험과학이 나름의 영역적 존재론을 가지고 있다는 사실에 유의할 필요가 있다. 이 경우 어떤 순수 경험과학의 영역적 존재론이란 그것이 전개되기 위해 없어서는 안 되는 영역적 본질을 다루는 학문을 뜻한다. 따라서 영역적 존재론이 무엇인지 이해하기 위해서는 영역적 본질이 무엇인지 이해할 필요가 있다. 영역적 본질이란 어떤 하나의 존재 영역, 예를 들면 물리적 대상 영역에 속하는 모든 대상들이 공통적으로 가지고 있는 불변적인 속성을 뜻한다. 예를 들어 물리적 대상 영역에 속하는 모든 대상들은 공통적으로 물리적 시간이라는 불변적인 속성을 가지고 있다. 따라서 물리적 시간은 물리적 대상의 영역적 본질이라 불릴 수 있다. 물리적 시간 이외에도 물리적 공간, 자연적 인과관계 등도 물리적 대상의 영역적 본질이라 할 수 있는데, 그 어떤 물리적 대상도 물리적 공간, 자연적 인과관계가 없이는 존재할 수 없기 때문이다. 따라서 물리적 대상을 다루는 순수 학문인 물리학은 물리적 시간, 물리적 공간, 자연적 인과관계 등의 구조를 해명함을 목표로 하는 영역적 존재론에 정초되어 있다. 이와 마찬가지로 물리학 이외의 모든 순수 경험과학들 역시 나름의 영역적 존재론을 가지고 있다. 순수 경험과학이 감각적 경험을 토대로 전개되는 경험과학의 일종인 데 반해, 영역적 존재론은 경험과학이 아니라 일종의 본질학이다. 이러한 점에서 영역적 존재론은 순수 경험과학과는 다른 성격을 가지고 있다.

한편 순수 경험과학과 영역적 존재론은 형식적 존재론에 정초되어 있다. 형식적 존재론은 학적으로 탐구될 수 있는 모든 대상이 갖추어야 할 형식적인 본질적 법칙을 연구하는 학문이다. 영역적 존재론을 포함해 모든 학문은 형식적인 본질적 법칙을 위배해서는 안 된다. 형식적 존재론의 대표적인 예로는 형식논리학을 들 수 있다. 형식논리학의 법칙을 살펴보면 우리는 왜 형식논리학이 형식적 존재론의 한 예인지 이해할 수 있다. 형식논리학의 연구 대상 중의 하나는 타당한 추론 규칙이다. 타당한 추론 규칙의 예로는 "모든 A가 B이고, 모든 B가 C이면 모든 A는 C이다."를 들 수 있다. 그런데 그 어떤 학문적 연구의 대상도 이러한 추론 규칙을 위배해서는 안 된다. 이러한 점에서 이 규칙은 학적으로 연구될 수 있는 모든 대상의 본질에 해당한다고 할 수 있다. 이처럼 모든 대상의 본질을 연구하는 형식논리학은 경험과학이 아니라 본질학이다. 그러나 형식논리학이 연구하는 본질은 어떤 특정한 대상 영역에 대해서만 타당한 본질이 아니라, 모든 대상 영역에 대해서 타당한 본질이다. 이러한 점에서 형식논리학이 연구하는 본질은 어떤 내용을 담고 있는 내용적 본질이 아니라, 그 어떤 내용도 들어 있지 않은 본질, 즉 순수한 형식적 본질이라 할 수 있다. 바로 이처럼 모든 대상 영역에 대해 타당한 형식적 본질을 탐구하기 때문에 형식논리학은 일종의 형식적 존재론이라 불리며 그러한 한에서 그것은 내용적인 영역적 본질을 다루는 영역적 존재론과 구별된다. 형식논리학 이외에도 전체와 부분에 관한 이론, 순수문법학 등 다양한 형식적 존재론이 존재한다.

3) 후설은 초월론적 현상학을 응용 경험과학, 순수 경험과학, 영역적 존재론, 형식적 존재론 등 모든 학문의 뿌리로 간주한다. 초월론적 현상학은 일체의 대상과 세계가 다양한 의식 속에서 구성되는 과정을 연구함을 목표로 한다. 여기서 구성이란 일체의 대상과 세계가 다양한 의식 속에서 현출하며 경험되는 과정을 뜻한다.[79]

이 세상에는 물리학적 대상, 수학적 대상, 의식, 타인, 신체, 역사적 대상 등 다양한 유형의 대상이 존재한다. 그런데 이처럼 서로 다른 대상 유형은 각기 다른 방식으로 구성된다.

예를 들어 물리학적 대상은 시각, 후각, 청각, 미각, 촉각 등의 감각을 매개로 한 외적 지각이 없으면 구성될 수 없다. 물론 외적 지각만으로 물리학적 대상의 구성이 완성될 수 있는 것은 아니다. 외적 지각을 토대로 판단, 추론, 수리화 등 다양한 정신 작용이 있어야 물리학적 대상이 구성될 수 있다. 그러나 외적 지각이 없으면 물리학적 대상은 구성될 수 없다. 이러한 점에서 외적 지각은 물리학적 대상이 구성되기 위한 필수 조건이다.

의식은 물리학적 대상과는 다른 방식으로 구성된다. 우리 각자

---

79 초월론적 현상학에 대한 이 절의 논의는 이남인, 「현상학의 창시자 후설」, 철학아카데미 편, 『처음 읽는 독일철학』, 파주: 도서출판동녘, 2013에서 따왔다.

는 각자가 경험하는 의식, 예를 들어 기쁨, 슬픔 등에 대해 알 수 있다. 말하자면 우리 각자가 경험하는 의식은 나름의 방식으로 구성되는 것이다. 그러면 우리 각자가 경험하는 의식은 무엇을 통해서 구성되는 것일까? 그것이 앞서 살펴본 외적 지각을 통해 구성되는 것이 아님은 두말할 필요도 없다. 우리의 의식은 시각을 통해서 볼 수 있는 것도 아니고, 청각을 통해서 들을 수 있는 것도 아니며, 후각을 통해서 냄새 맡을 수 있는 것도 아니요, 미각이나 촉각을 통해서 맛보거나 만질 수 있는 것도 아니기 때문이다. 이러한 사실은 의식이 물리적 대상과는 전혀 다른 방식으로 구성됨을 보여 준다. 의식은 외적 지각이 아니라 내적 지각 혹은 반성을 통해 구성된다. 따라서 내적 지각 또는 반성의 능력이 없는 존재자는 의식을 구성할 수 없다.

수학적 대상은 물리학적 대상이나 의식과는 또 다른 방식으로 구성된다. 우리는 "2 더하기 3은 5"라는 사실을 이해하며 구성하고, "삼각형의 세 내각의 합은 180도"라는 사실을 이해하며 구성한다. 그러면 우리는 어떤 의식을 통해서 수학적 사실을 구성하는 것일까? 우리가 수학적 사실을 외적 지각을 통해서 구성하는 것이 아님은 두말할 필요도 없다. 만일 그렇다면 외적 지각의 능력을 가지고 있는 개나 고양이 등 동물들도 수학적 사실을 구성할 수 있어야 할 것이다. 우리는 수학적 사실을 내적 지각을 통해서 구성하는 것도 아니다. 자신의 마음 상태에 대해서 알고 있으며 그러한 한에서 내적 지각을 가지고 있다고 할 수 있지만 아직 수학적 진리에 대해서 모르는 아이들의 예가 보여 주듯이 내적 지각의 능력을 가지고 있다고 해서 수학적 사실을 구성할 수 있는 것이 아니기 때문이다. 수학적 대상은 외적 지각이나 내적 지각과는 다른 의식을 통해서 구성된다. 수학적 대상을 구성하는 능력을 수학적 직관이라 부를 수 있을 것이다.

초월론적 현상학의 관점에서 볼 때 구성하는 의식과 구성되는 대상 중에서 우선권을 가지고 있는 것은 구성하는 의식이다. 구성하는 의식이 있기 때문에 대상이 그러한 의미를 지닌 대상으로 구성될 수 있다. 초월론적 현상학의 관점에서 볼 때 구성하는 의식이 없다면 그 어떤 대상도 나름의 의미를 지닌 대상으로 우리에게 경험될 수 없다.

초월론적 현상학은 개별적 대상의 구성뿐 아니라 세계의 구성도 해명함을 목표로 한다. 초월론적 현상학에 의하면 개별적 대상뿐 아니라 세계 역시 나름의 의미를 지닌 것으로 구성된다. 그런데 세계가 나름의 의미를 지닌 것으로 구성되는 것은 세계를 향한 의식, 즉 세계의식이 존재하기 때문이다.[80] 바로 이 세계의식이 세계를 구성하는 장본인이라 할 수 있다.

세계가 구성되는 것이라고 하니까 의아해하는 사람이 있을 수도 있다. 이러한 의아심을 풀기 위해서 우리는 두 가지 종류의 세계를 구별해야 한다. 세계란 우선 "있는 것들의 총체"를 뜻한다. 돌, 나무, 풀, 산, 강, 바다, 지구, 달, 해, 별 등 이 모든 것들의 총체가 세계이다. 그러나 초월론적 현상학에서 세계의식을 통해서 구성되는 세계는 "있는 것들의 총체"로서의 세계가 아니라, 주체가 경험하는 의미로서의 세계를 뜻한다. "있는 것들의 총체"로서의 세계와 주체가

80 세계의식이란 의미로서의 세계를 향하고 있는 의식을 뜻한다. 의미로서의 세계를 향하고 있는 세계의식은 개별적 대상을 향하고 있는 의식들과 구별된다. 세계의식은 후설의 후기 철학의 중요한 주제 중의 하나이다.

경험하는 의미로서의 세계는 서로 다르며, 초월론적 현상학이 해명하고자 하는 것은 바로 의미로서의 세계이다.

그러면 의미로서의 세계가 실제로 세계의식을 통해 구성된다는 사실을 살펴보기로 하자. 이 세상에 살아가는 많은 사람들은 각자 나름대로 의미로서의 세계를 경험한다. 어떤 사람은 세계를 축복받은 세계라는 의미를 지닌 것으로 경험할 것이고, 어떤 사람은 권태로운 세계라는 의미를 지닌 것으로 경험할 것이며, 어떤 사람은 장밋빛 세계로, 어떤 사람은 빛바랜 세계로 경험할 수도 있다. 그러면 사람들이 세계를 이처럼 각자 다른 의미를 지닌 것으로 경험하는 이유는 무엇일까? 그것은 바로 각자가 서로 다른 삶을 살아가면서 서로 다른 세계의식을 가지고 있기 때문이다. 세계의식을 공유하고 있는 사람들은 의미로서의 세계 역시 공유하고 있다고 할 수 있다. 이러한 예는 의미로서의 세계가 실제로 세계의식을 통해서 구성되고 있음을 잘 보여 준다.

의미로서의 세계가 실제로 세계의식을 통해서 구성됨을 잘 보여 주는 또 다른 예가 있다. 우리들 각자는 10년 전에는 지금과는 다른 의미로서의 세계를 가지고 살았다. 예를 들어 결혼한 지 10년이 안 된 사람이 있다면 그의 경우 지금의 세계와 10년 전의 세계는 전혀 다른 의미를 가지고 있을 것이다. 10년 전의 세계에는 배우자가 없었을 테고 그에 따라 의미로서의 세계 역시 지금과는 전혀 달랐을 것이기 때문이다. 물론 그 사람은 20년 전에는 10년 전과는 또 다른 의미로서의 세계를 경험하며 살았을 것이고, 30년 전에는 20년 전과는 또 다른 의미로서의 세계를 경험하며 살았을 것이다. 그러면 이처럼 각 시기마다 의미로서의 세계가 다르게 경험되는 이유는 무엇일까? 생애의 시기에 따라 주체의 삶이 다르고 그에 따라 세계의식이 다르기 때문이다. 이러한 사실 역시 의미로서의 세계가 주체가 가지고 있는 세계의식을 통해 구성된다는 사실을 잘 보여 준다.

그런데 앞의 예에서 어떤 사람이 현재 가지고 있는 의미로서의 세계, 10년 전, 20년 전, 30년 전에 가지고 있었던 의미로서의 세계가 각기 다르다는 사실은 의미로서의 세계의 중요한 속성 하나를 잘 보여 준다. 그 속성이란 바로 의미로서의 세계가 부단히 변화한다는 점이다. 의미로서의 세계는 고정된 것이 아니라 끊임없이 변화한다. 의미로서의 세계를 구성하는 장본인인 우리 각자가 가지고 있는 세계의식이 끊임없이 변화하기 때문이다. 이런 점에서 세계의식과 더불어 그를 통해 구성되는 의미로서의 세계는 흘러가는 강물에 비유할 수 있을 것이다. 끊임없이 흘러가는 강물에 들어가 있을 때 우리는 어느 두 순간에도 동일한 물을 경험할 수 없다. 말하자면 우리는 매 순간 다른 강물을 경험하는 것이다. 흘러가는 강물에 대한 경험과 마찬가지로 세계의식과 의미로서의 세계 역시 끊임없이 변화한다.

이처럼 주관은 세계의식을 비롯해 다양한 의식을 통해서 의미로서의 대상과 세계를 구성한다. 후설은 이처럼 의미로서의 대상과 세계를 구성하는 주관을 초월론적 주관이라고 부른다. 지금까지 대상과 세계의 구성에 대해 살펴보았는데, 바로 초월론적 주관이 의미로서의 대상과 세계를 구성하는 장본인인 것이다. 초월론적 현상학은 바로 이 초월론적 주관, 초월론적 주관의 다양한 의식들, 그리고 그를 통해 구성되는 의미로서의 대상과 세계를 상호 연관 속에서 해명함을 목표로 하는 철학이다. 초월론적 현상학이 의미로서의 대상과 세계, 더 나아가 그것의 구성적 뿌리이자 원천인 초월론적 주관을 다루는 학이기 때문에 후설은 초월론적 현상학을 가장 근원적인 학문, 즉 모든 학문의 뿌리로 간주한다.

데카르트의 학문의 나무에 대한 비판의 결과 등장한 후설의 학문의 나무는 데카르트의 학문의 나무와 유사성과 더불어 차이점을 보이고 있다. 나무인 한에서 뿌리에 해당하는 학문, 둥치에 해당하는 학문, 가지에 해당하는 학문을 가지고 있다는 점에서 양자는 유사성을 가지고 있다. 그럼에도 불구하고 양자는 몇 가지 중요한 차이점도 가지고 있다.

첫째, 데카르트의 학문의 나무에서 둥치가 자연학 하나뿐인 데 반해 후설의 학문의 나무에서는 둥치가 인문사회 계열의 학문과 이공 계열의 학문 두 가지라는 점에서 양자는 차이점을 가지고 있다. 그에 따라 학문의 가지에 해당하는 응용 학문 역시 후설의 경우에는 인문사회 계열의 학문과 이공 계열의 학문 두 가지로 나누어지지만 데카르트의 경우는 그렇지 않다. 데카르트의 경우 학문의 나무의 둥치에 해당하는 것이 자연학 하나뿐인 것과 마찬가지로 학문의 나무의 가지에 해당하는 응용 학문도 자연학의 성격을 지니는 한 가지 학문밖에는 없다.

둘째, 후설의 학문의 나무에서 나무의 둥치에 해당하는 순수 학문은 순수 경험과학, 영역적 존재론, 형식적 존재론 세 가지로 구성되어 있으나, 데카르트의 학문의 나무에서 나무의 둥치에 해당하는 것은 자연철학과 다양한 순수 경험과학을 포괄하는 자연학뿐이다.

셋째, 산수학, 대수학 등 수학의 몇몇 분과들과 논리학 등의 학문이 데카르트의 학문의 나무에는 등장하지 않는 데 반해 그러한 학문들은 후설의 학문의 나무에서는 형식적 존재론으로서 중요한 한 부분을 차지하고 있다.

넷째, 학문의 뿌리에 해당하는 학문 역시 데카르트의 경우에는 자아론, 철학적 신학, 단순관념론 등 "우리 인식의 원리를 다루는 학문들"을 포괄하는 형이상학인 데 반해 후설의 경우에는 초월론적 현상학이다. 후설의 초월론적 현상학이 자아론을 한 분과로 가지고 있고 초월론적 현상학이 심화될 경우 철학적 신학에 이르게 되기 때문에 후설의 초월론적 현상학과 데카르트의 형이상학 사이에는 외형적으로는 나름의 유사성이 존재한다고 할 수 있으나, 그 구체적인 내용에 있어서 양자는 서로 다르다. 예를 들어 데카르트의 자아는 생각하는 자아로서 세계 안에 존재하는 것으로 구성된 심리학적 자아인 데 반해 후설의 초월론적 현상학에서 자아는 의미로서의 대상과 세계를 구성하는 초월론적 자아이다.[81]

4. 현대 학문의 체계에서 양적 연구와 질적 연구의 구별

데카르트의 학문의 나무를 비판적으로 계승하고 있는 후설의 학문의 나무는 데카르트의 학문의 나무보다 현대 학문의 체계를 보다 더 잘 반영하고 있다는 점에서 높이 평가할 만하다. 그럼에도 불구하고 그것은 현대 학문의 체계를 적절하게 보여 주기에는 나름의 한계 역시 가지고 있다.

---

81 이 점에 대해서는 이남인, 『현상학과 해석학』, 서울: 서울대학교출판부, 2004, 126쪽 이하 참조.

후설은 학문의 나무에서 나무의 둥치와 가지에 해당하는 순수 학문의 영역과 응용 학문의 영역에서 정신과학과 자연과학을 구별한다.[82] 정신과학과 자연과학에 대한 후설의 구별은 앞서 언급한 인문사회 계열의 학문과 이공 계열의 학문과 대체로 일치한다. 이러한 구별에 따르면 물리학, 화학, 생물학을 비롯해 공학, 의학, 농학의 다양한 분야들은 자연과학에 속하고, 언어학, 문학, 역사학, 종교학, 사회학, 정치학, 경제학, 문화인류학, 법학, 경영학, 행정학 등은 정신과학에 속한다.

자연과학과 정신과학에 대한 이러한 구별은 우리가 감각적으로 경험할 수 있는 모든 것들의 총체인 경험적 세계가 자연과 정신이라는 두 개의 영역으로 구별된다는 사실에 토대를 두고 있다. 우리는 흔히 돌, 흙, 물, 공기, 바위, 산, 지구, 천체 등은 자연 영역에 속하고 인간의 지성, 감각, 지각, 판단, 추론, 의지, 감정, 언어, 문학, 예술, 종교, 정치, 경제, 사회, 문화, 법, 경영, 행정 등은 정신의 영역에 속한다고 생각할 수 있다. 지구를 구성하고 있는 오대양 육대주가 서로 경계선을 통해 명료하게 구별되는 것처럼 자연의 영역과 정신의 영역은 명료하게 구별된다고 생각할 수 있다. 그리고 이처럼 구별되는 자연의 영역과 정신의 영역 중에서 다양한 자연과학들은 자연의 영역의 부분 영역들을 연구하는 학문이며, 정신과학들은 정신의 영역의 부분 영역들을 연구하는 학문으로 간주될 수 있다.

후설 역시 『이념들 II』(Hua IV)에서 자연과 정신이 영역별로 구

82 E. Husserl, Hua IV, Hua XXXII, Husserliana Materilalien Bd. 4 등.

별될 수 있으리라는 전제에서 출발하여 자연과 정신의 구별에 대한 논의를 전개하고 있다. 『이념들 II』는 모두 3부로 구성되어 있는데, 1부와 2부에서는 물질적 자연의 구성과 영혼적 자연의 구성을 해명하면서 자연의 문제를 다루고 있고, 3부에서는 정신의 구성을 해명하면서 정신의 문제를 해명하고 있다. 그럼에도 불구하고 후설은 『이념들 II』를 집필한 후 자연과 정신이 영역별로 구별되리라는 견해가 커다란 문제를 가지고 있다는 사실을 직시하였다.[83] 그러면 이 점을 1927년 여름학기에 행한 "자연과 정신"이라는 강의를 토대로 살펴보자.

후설은 이 강의 도입부에서 "학문의 분류"(Hua XXXII, 174) 문제를 제기하면서 학문을 분류하는 문제가 어려운 일이라는 사실을 지적한다. 사람들은 흔히 역학, 음향학, 광학 등이 하나의 학문 영역에 속하는 것처럼 문학, 예술학, 종교학 등이 또 하나의 학문 영역에 속하지만 기계학과 심리학은 그렇지 않다는 사실을 알고 있다. 그럼에도 불구하고 "그러한 영역들의 통일성을 규정하는 것을 원칙적으로 통찰하는 것은 어려운 과제이다."(Hua XXXII, 174) 이와 관련하여 후설은 "자연이라는 영역과 정신이라는 영역"(Hua XXXII, 175)을 구별하는 일이 특히 어렵다는 사실을 지적하면서 자연과 정신의 구별과 관련하여 제기되는 다음과 같은 몇 가지 난점을 지적한다.[84]

---

83 바로 이러한 이유에서 그는 『이념들 II』를 집필한 후 자연과 정신이 어떻게 구별되는지 하는 문제를 여기저기서 반복해서 분석하였다. 그 대표적인 예는 1919년 여름학기에 행한 "자연과 정신"에 관한 강의(Husserliana Materialien Bd. 4)와 1927년 여름학기에 행한 "자연과 정신"에 관한 강의(Hua XXXII)이다. 이 점에 대해서는 E. Husserl, *Natur und Geist*, Dordrecht: Kluwer Academic Publishers, 2001(Hua XXXII)에 실린 M. Weiler의 편집자 서문 XXVIII쪽 이하를 참조할 것.

84 후설이 필자가 정리한 것과 똑같은 방식으로 자연과 정신의 구별과 관련하여 제기되

첫째, 자연과 정신을 구별하는 일이 어렵다는 사실을 지적하기에 앞서 우리는 자연이라는 개념 자체부터가 커다란 난점을 제기한다는 사실을 주목해야 한다. 초등학교 시절부터 근대 자연과학을 배워 온 우리에게 자연이라는 개념보다 더 분명한 개념은 없을 것이다. 자연이란 "자연과학의 영역적 이념"(Hua XXXII, 175)을 규정하는 것으로서 일군의 학문을 자연과학이라고 부를 수 있도록 해 줄 수 있는 것이기 때문이다. 그럼에도 불구하고 자연 개념은 결코 "자명하게 앞서 주어진 것"(Hua XXXII, 175)이 아니라 오랜 기간의 철학적 성찰을 통해 형성된 개념이며, 오늘날까지도 충분하게 해명된 개념이 아니다.

둘째, 사람들은 흔히 지구 전체가 나누어져 오대양 육대주가 되고 이 오대양 육대주가 서로 이웃하면서 지구 전체를 형성하듯이 그와 유사한 방식으로 다양한 학문들이 세계 전체를 영역별로 나누어 총체적으로 해명하는 것이라고 생각할 수 있다. 이처럼 사람들이 흔히 생각하는 것이 옳다면 자연이라는 영역과 정신이라는 영역 역시 서로 얽혀 있지 않고 엄격하게 분리되어 존재하는 서로 다른 두 영역일 것이다.(Hua XXXII, 174) 그러나 자연과 정신의 관계는 그처럼 간단하지 않다. 자연과 정신은 서로 분리되어 있으며 그럼에도 서로를 감싸 안고 있는 관계에 있다.(Hua XXXII, 175)

셋째, 이처럼 자연과 정신을 명료하게 구별하는 일이 어렵기 때문에 자연과학과 정신과학을 구별하는 일은 결코 간단하지 않다. 사

는 문제들을 정리한 것은 아니다. 필자는 후설이 Hua XXXII의 174-175쪽에서 논의한 내용을 토대로 자연과 정신의 구별과 관련해 제기되는 난점들을 필자 나름으로 정리하였다.

람들은 흔히 자연과학을 자연을 다루는 학문으로 규정하고 정신과학을 정신을 다루는 학문으로 규정하고 싶어 할 것이다. 그러나 이러한 견해는 타당하지 않다. 동일한 대상도 그것에 접근하는 "그때그때마다의 관점이나 태도에 따라"(Hua XXXII, 174) 각기 다른 학문의 대상이 될 수 있기 때문이다. 예를 들어 정신은 그것을 어떤 관점 또는 태도에서 접근하느냐에 따라 자연과학의 대상이 될 수 있고 정신과학의 대상이 될 수도 있다. 이와 마찬가지로 자연 역시 그것을 어떤 태도에서 접근하느냐에 따라 자연과학의 대상이 될 수도 있고 정신과학의 대상이 될 수도 있다.

이처럼 후설은 자연과 정신이 영역별로 구별되며 그에 따라 자연과학과 정신과학 역시 명료하게 구별된다고 하는 견해가 문제를 가지고 있음을 직시하였다. 그럼에도 불구하고 그는 자연과학과 정신과학의 구별이 구체적으로 어떤 점에서 문제를 안고 있는지 해명하지 않았다. 그러면 이제 자연과학과 정신과학의 구별이 구체적으로 어떤 문제를 가지고 있는지 살펴보자.

우리는 일상적인 삶을 살아가면서 무엇이 자연에 속하는지, 무엇이 정신에 속하는지 알고 있다. 앞서 언급하였듯이 흔히 돌, 흙, 물, 공기, 바위, 산, 지구, 천체 등은 자연에 속하고 인간의 지성, 감각, 지각, 판단, 추론, 의지, 감정, 언어, 문학, 예술, 종교, 정치, 경제, 사회, 문화, 법, 경영, 행정 등은 정신에 속한다고 생각한다. 이처럼 일상적인 삶 속에서 자연과 정신의 구별은 대개의 경우 확실하다. 그러나 일상적 태도를 벗어나 학문적 태도에서 대상을 접할 경우 사정은 복잡해진다. 우리는 흔히 학문적 태도에서 어떤 대상을 접할 경우 그 대상이 자연의 영역에 속하면 자연과학의 대상이 되고 그 대상이 정신의 영역에 속할 경우 정신과학의 대상이 된다고 생각할 수 있다. 이러한 견해에 따르면 자연과학은 자연을 연구하는 학문이고 정신과학은 정신을 연구하는 학문이다. 그러나 이러한 기대는 사실과 부합하지 않는다. 자연에 속하는 대상을 연구하는 학문이 모두 자연과학이 아니며 반대로 정신에 속하는 대상을 연구하는 학문도 모두 정신과학이 아니기 때문이다.

우선 정신에 속하는 대상을 연구하는 학문이라고 해서 모두 정신과학이라 부를 수 없는 경우는 다양하다. 예를 들어 앞서 살펴본 뇌과학은 인간의 의식, 즉 정신의 영역을 연구하는 학문이다. 정신의 영역을 다루는 학문을 정신과학으로 규정할 경우 뇌과학은 정신과학에 속할 것이다. 그러나 자연과학과 정신과학의 구별이라는 관점에서 볼 때 뇌과학을 정신과학으로 간주하는 것은 타당해 보이지 않는다. 그 무엇보다도 중요한 이유는 뇌과학이 전통적으로 정신과학의 방법으로 간주되어 온 이해 내지 해석 등의 방법을 사용하는 것이 아니라 자연과학의 방법을 사용한다는 데 있다. 또 윌슨이 "생물시학(biopoetics)", "생물미학(bioaesthetics)"(『통섭』, 375)이라 부르는 학문 분과들 역시 마찬가지이다. 이 두 학문이 연구 주제로 삼고 있는 시, 예술 등은 정신의 영역에 속하는 현상이며 따라서 이처럼 정신의 영역을 다루는 생물시학이나 생물미학은 정신과학에 속한다고 해야 할 것이다. 그러나 이 두 학문은 시, 예술 현상 등을 자연과학적 방법을 사용하여 연구하는 학문이며, 따라서 그것들은 정신과학이 아니라 자연과학으로 간주되어야 한다. 이러한 예들이 보여 주듯이 정신의 영역을 연구하지만 정신과학이 아니라 자연과학으로 분류되어야 할 학문들이 다수 존재한다.

이와는 반대로 자연의 영역을 연구하지만 자연과학이 아니라 정신과학으로 분류되어야 할 학문도 존재한다. 칸트의 미학이 그에 해당한다. 칸트는 『판단력 비판』에서 미학을 전개하고 있다. 그런데 거기서 전개되고 있는 미학 중에서 자연미를 다루고 있는 부분은 자연을 주제로 삼고 있으며 그러한 한에서 그것은 자연의 영역을 연구한다고 할 수 있다. 그러나 칸트의 미학이 자연의 영역을 연구한다고 해서 그것이 자연과학이라 불릴 수는 없다. 오히려 칸트의 미학은 정신과학의 한 분야라 할 수 있다.

이러한 논의를 통해 우리는 자연과학과 정신과학의 구별이 커다란 문제를 안고 있음을 알 수 있다. 무엇보다도 자연과학과 정신과학의 구별은 윌슨의 통섭 프로그램의 정체를 해명하기 위하여 현대 학문의 전체적인 체계를 조망하고자 하는 우리의 목표와 관련해서 커다란 한계를 가지고 있다.

이제 우리는 정신과학과 자연과학의 구별 대신에 양적 연구와 질적 연구의 구별을 사용하여 현대 학문의 전체적인 체계를 조망하고자 하다. 이 경우 양적 연구는 미적분, 통계학, 기하학, 집합론, 게임이론 등 수학의 다양한 분야를 활용하여 수행되는 연구를 뜻하며, 질적 연구는 양적 연구 이외의 모든 연구를 지칭한다. 양적 연구의 대표적인 예는 물리학을 비롯한 자연과학이다. 그러나 양적 연구가 자연과학에만 국한되는 것은 아니다. 흔히 인문학, 사회과학이라 불리는 학문 분야에서도 다양한 유형의 양적 연구가 존재한다. 수량경제학이 그 대표적인 예에 해당하며 그 이외에도 통계학적 방법을 활용한 설문조사를 통해 수행되는 연구 등 다양한 유형의 양적 연구가 존재한다. 물론 양적 연구와 질적 연구가 결합된 유형의 연구도 있을 수 있는데, 이처럼 양자가 결합된 연구 역시 수학의 분야를 활용하는 한에서 양적 연구로 분류하기로 한다.[85]

그러면 이제 양적 연구와 질적 연구의 구별을 토대로 현대 학문의 전체적인 체계를 정리해 보자.

1) 현대 학문의 가지는 크게 두 집단으로 나누어지는데, 응용 학문에 해당하는 양적 연구 집단과 질적 연구 집단이 그것이다. 응용 학문에 해당하는 양적 연구 집단에는 공학, 의학, 농학 등 응용 자연과학의 다양한 분야와 더불어 인문·사회과학의 분야에서 양적인 연구 방법을 사용하는 응용 학문 분야들이 속한다.

2) 응용 학문에 해당하는 현대 학문의 가지는 둥치로부터 뻗어나간 것인데, 이 둥치에는 순수 경험과학, 영역적 존재론, 형식적 존재론 등이 속한다.

우선 순수 경험과학은 두 개의 둥치로 구성되어 있는데, 하나는 양적 연구로서의 순수 경험과학이며 다른 하나는 질적 연구로서의 순수 경험과학이다. 양적 연구로서의 순수 경험과학의 예로는 물리학, 화학, 생물학, 천문학, 지구과학 등 자연과학의 다양한 분야와 더불어 수량경제학, 실험심리학 등 수학을 활용하여 연구되는 인문학, 사회과학의 다양한 분야를 들 수 있고, 질적 연구로서의 순수 경험과학의 예로는 수학을 활용하지 않는 인문학, 사회과학의 다양한 분야를 들 수 있다.

순수 경험과학과 마찬가지로 영역적 존재론 역시 두 개의 둥치

85 필자는 『현상학과 질적 연구』에서 양적 연구와 질적 연구의 구별을 다루었다.

로 구성되어 있다. 그 하나는 양적 연구로서의 순수 경험과학의 다양한 분야에 대응하는 다양한 유형의 영역적 존재론을 포괄하는 둥치이고, 다른 하나는 질적 연구로서의 순수 경험과학의 다양한 분야에 대응하는 다양한 유형의 영역적 존재론을 포괄하는 둥치이다.

영역적 존재론 아래에는 형식적 존재론이 있다. 그러나 영역적 존재론과는 달리 형식적 존재론의 둥치는 하나로 구성되어 있는데, 그것은 형식적 존재론이 모든 대상에 공통적인 형식적 본질을 다루는 학이며 따라서 그것은 양적 연구 및 양적 연구의 영역적 존재론뿐 아니라 질적 연구 및 질적 연구의 영역적 존재론의 토대가 되기 때문이다.

3) 형식적 존재론의 밑에는 현대 학문의 뿌리가 있는데, 그것은 다름 아닌 초월론적 현상학이다. 앞서 살펴보았듯이 초월론적 현상학은 대상과 세계를 구성하는 의식의 구조를 탐구하는 학문이다.

5. 현대 학문의 나무와 윌슨의 통섭 프로그램의 한계

그러면 이제 양적 연구와 질적 연구의 구별을 토대로 살펴본 현대 학문의 체계에 대한 논의를 토대로 윌슨의 통섭 프로그램의 한계를 살펴보면서 그것의 정체에 대해 알아보자. 이러한 현대 학문의 체계를 고려해 볼 때 모든 것을 자연적 인과관계의 망 속에 놓인 것으로 간주하면서 물리학적 방법을 사용해 모든 대상을 탐구할 수 있다고 생각하는 윌슨의 통섭 프로그램은 다음과 같이 여러 가지 점에서 한계를 가지고 있다.

1) 우선 윌슨의 통섭 프로그램은 현대 학문의 나무의 뿌리에 해당하는 초월론적 현상학을 물리학과 통섭할 수 없다는 점에서 한계를 가지고 있다. 앞서 살펴보았듯이 초월론적 현상학은 자연적 태도의 일반 정립을 벗어나 초월론적 현상학적 태도에서 초월론적 주관과 그에 의해 구성된 의미로서의 대상과 세계를 탐구함을 목표로 한다. 이처럼 초월론적 현상학적 탐구가 가능하기 위해서는 자연적 태도의 일반 정립을 벗어나 초월론적 태도로 이행해야 한다. 그러나 윌슨의 통섭 프로그램 속에 포함되는 일체의 학문은 자연적 태도의 일반 정립의 토대 위에서 전개되며, 그러한 점에서 자연적 태도의 일반 정립을 벗어나는 초월론적 현상학은 윌슨의 통섭 프로그램과는 전혀 무관한 학문이다. 이 점과 관련해 우리는 초월론적 현상학이 통섭 프로그램에서 핵심적인 위치를 차지하는 물리학과는 전혀 다른 방법을 사용해 전개되는 학문이라는 사실에 유의할 필요가 있다. 초월론적 현상학은 초월론적 현상학적 환원의 방법을 사용하는데,[86] 이러한 방법은 실험, 관찰, 수량화의 방법 등으로 요약될 수 있는 물리학적 방법과는 전혀 다르다. 양자 사이에 놓인 차이점은 현미경, 망원경 등 고도의 관찰 장비들이 발명될 경우 물리학에서는 비약적인 연구 성과가 나타날 수 있으나, 초월론적 현상학에서는 그렇지 않다는 사실에서도 확인할 수 있다.

2) 더 나아가 윌슨의 통섭 프로그램은 산수학, 대수학, 집합론, 형식논리학, 전체와 부분에 관한 이론 등의 형식적 존재론을 물리학

86 이 자리에서 초월론적 현상학적 환원에 대해 상세하게 논의할 수 없다. 그에 대해서는 『현상학과 질적 연구』 146쪽 이하에서 자세하게 논의하였다.

과 통섭할 수 없다는 점에서 한계를 가지고 있다. 이 점을 산수학을 예로 들어 살펴보자.

사람들은 흔히 산수학이 자연과학과 통섭될 수 있느냐 하는 질문을 접하면서 이 질문 자체가 잘못된 질문이 아닌가 생각하며 의아해할 수도 있다. 산수학은 자연과학의 한 분야처럼 보이기 때문이다. 대부분의 대학에 수학과가 물리학과, 화학과, 생물학과 등과 함께 자연대학에 소속되어 있기 때문에 사람들은 수학을 무의식적으로 자연과학의 한 분야로 간주하기 쉽다. 수학과가 자연대학에 소속되어 있는 경우가 대부분이긴 하지만 산수학은 자연과학의 일종이 아니며 실제로 자연과학과 통섭될 수 없다.

앞서 누누이 강조했듯이 자연과학은 모든 대상을 자연적 인과관계의 망 속에서 존재하는 것으로 간주하고 그것을 탐구한다. 따라서 자연적 인과관계의 망 속에서 존재하지 않는 것은 자연과학적 탐구의 대상이 될 수 없다. 그런데 산수학의 대상들은 자연적 인과관계의 망 속에서 존재하지 않는다. 산수학의 대상은 자연적 인과관계의 망 속에 존재하는 그 어떤 것의 원인도 될 수 없고 결과도 될 수 없기 때문이다. 예를 들어 1, 2, 3 등의 수는 자연적 인과관계의 망 속에서 존재하는 어떤 대상, 예를 들어 길가에 있는 어떤 돌에 대해 인과적인 영향을 미쳐 그것을 움직이게 할 수도 없고, 거꾸로 그 돌로부터 인과적인 영향을 받아 움직일 수도 없다. 1, 2, 3 등의 수와는 달리 길가에 있는 어떤 돌은 다른 돌에 인과적인 영향을 미쳐 그것을 움직이게 할 수도 있고 거꾸로 그 돌로부터 인과적인 영향을 받아 움직일 수도 있다.

산수학이 자연과학과 통섭될 수 없다는 사실은 산수학의 방법과 자연과학의 방법이 근본적으로 다르다는 사실을 통해서도 확인할 수 있다. 자연과학의 경우에는 관찰, 실험, 수리화 등의 방법을 사용하여 연구가 진행되지만 산수학의 경우에는 관찰, 실험, 수리화 등의 방법이 사용될 수 없다. 수학적 직관의 존재를 인정하는 철학자에게 산수학의 방법은 수학적 직관의 방법이다. 자연과학의 분야와는 달리 고성능의 관찰 장비의 발명이 산수학의 영역에서의 연구에 있어 획기적인 진전을 보장해 주는 것은 아니다. 1, 2, 3 등의 수는 현미경 위에 올려 놓고 관찰할 수 있는 것도 아니요, 망원경을 통해 관찰할 수 있는 것도 아니기 때문이다. 관찰 장비의 발명은 산수학에 있어서의 발전과는 아무런 관계도 없다. 바로 이러한 이유에서 산수학은 원칙적으로 물리학, 화학, 생물학 등의 자연과학과 통섭될 수 없다.

3) 윌슨의 통섭 프로그램은 현대 학문의 나무의 둥치에 해당하는 영역적 존재론을 물리학과 통섭할 수 없다는 점에서 한계를 가지고 있다. 이 경우 영역적 존재론은 질적 학문의 영역적 존재론뿐 아니라 양적 학문의 영역적 존재론도 포함한다. 앞서 살펴보았듯이 영역적 존재론은 영역적 본질을 연구하는 학문이다. 그런데 모든 여타의 본질들과 마찬가지로 영역적 본질은 이념적 존재로서 자연적 인과관계의 망 속에서 존재하지 않는다. 그러면 이 점을 역사학의 영역적 존재론이 해명해야 할 대상 중의 하나인 역사적 시간의 본질을 예로 들어 해명해 보자.

우선 역사적 시간의 본질이 무엇을 뜻하는지 살펴보자. 역사적 시간의 본질은 모든 역사적 시간들을 역사적 시간이라 부를 수 있도록 해 주는 것, 즉 모든 역사적 시간에 공통적으로 들어 있는 특성을 뜻한다. 우리는 역사적 시간의 본질을 뉴튼 물리학적 시간의 본질과 비교하면서 해명할 수 있다. 뉴튼의 물리학적 시간은 다양한 본질적 속성을 가지고 있는데, 우리는 그중의 하나로 외적인 것과 아무런 관계도 없이 동일하게 흘러가는 "수학적 시간"[87]이라는 속성을 들 수 있다. 그러나 역사적 시간의 본질은 뉴튼의 물리학적 시간의 본질과는 전혀 다르다. 역사적 시간이란 동일하게 흘러가는 수학적 시간이 아니기 때문이다. 동일하게 흘러가는 수학적 시간인 뉴튼의 물리학적 시간을 양적인 시간이라 부를 수 있다면, 역사적 시간은 질적인 시간이라 부를 수 있을 것이다. 뉴튼의 물리학적 시간이 외적인 것과 아무런 관계도 가지고 있지 않은 시간인 데 반해, 역사적 시간은 인간의 역사적 삶과 관계를 맺고 있는 시간으로서 인간의 역사적 삶에 대해 매 순간 나름의 의미를 가지고 있는 시간이다.

그리고 이러한 역사적 시간의 본질은 모든 여타의 본질과 마찬가지로 이념적 존재이다. 따라서 그것은 자연적 인과관계의 망 속에서 존재하지 않기 때문에 물리적 자연 속에 존재하는 사물과 아무런 인과관계도 맺고 있지 않다. 그리고 우리는 관찰, 실험, 수리화 등의 방법을 사용하여 역사적 시간의 본질을 해명할 수 없다. 아무리 고성능의 관찰 장비가 발명된다고 해도 역사적 시간의 본질을 해명함에 있어 아무런 도움도 줄 수 없다. 본질이란 감각기관을 통해 감각될 수 있는 것이 아니기 때문이다. 본질은 오직 본질직관의 방법을 통해 파악될 수 있는 것이다. 따라서 역사적 시간의 본질을 해명함을 목표로 하는 역사학의 영역적 존재론은 물리학과 통섭될 수 없다.

---

87 I. Newton, F. Cajori(ed.), *Sir Isaac Newton's Mathematical Principles of Natural Philosophy and His System of the World*, Berkeley, California: University of California Press, 1960, 6.

4) 윌슨의 통섭 프로그램은 순수 경험과학과 응용 경험과학의 차원에서 가능한 무수히 다양한 질적 학문을 물리학과 통섭할 수 없다는 점에서 한계를 가지고 있다. 물리학을 비롯한 자연과학은 수학적 양을 사용하여 전개되는 양적 학문인 데 반해 질적 학문은 수학적 양을 사용하여 전개되는 학문이 아니기 때문이다. 다양한 질적 학문들의 연구 대상인 다양한 유형의 질은 자연적 인과관계의 망 속에서 존재하는 것이 아니다. 그리고 이처럼 그것이 자연적 인과관계의 망 속에서 존재하는 것으로 파악되지 않는 한 그것은 관찰, 실험, 수리화 등의 방법을 통해 파악될 수 없다. 또 아무리 고성능의 관찰 장비가 발명된다고 하더라도 질적 학문 분야에서 연구의 진전을 가지고 올 수는 없다. 질적 학문이 연구하고자 하는 질이란 현미경, 망원경 등의 관찰 장비를 통해 경험될 수 있는 것이 아니기 때문이다.

물론 우리는 흔히 질이라고 부르는 것을 자연적 인과관계의 망 속에서 존재하는 것으로 간주하고 그에 대해 연구할 수 있다. 그러나 이러한 방식으로 질을 연구하는 학문은 질적 학문이 아니라 양적 학문이라 할 수 있으며, 그것이 양적 학문인 한에서 그것은 물리학과 통섭될 수 있다. 그 대표적인 예는 색에 대한 물리학적 연구이다. 우리가 흔히 색이라고 부르는 것은 파장 등의 개념을 사용하여 양적인 측면에서 파악될 수 있기 때문이다. 이 경우 우리는 색을 연구하기 위하여 관찰, 실험, 수리화 등의 방법을 사용하며, 성능이 뛰어난 관찰 장비의 발명은 연구에 있어 획기적인 진전을 가지고 올 수 있다. 그러나 우리는 이러한 양적 학문의 대상인 색을 질적 학문의 대상인 색과 혼동해서는 안 된다. 예를 들어 우리는 다양한 색이 주체에게 어떤 느낌을 주는지 하는 점에 초점을 맞추어서 색을 연구할 수 있다. 예를 들어 녹색은 평온한 느낌을 주고 빨강색은 자극적이며 공격적인 느낌을 준다. 이처럼 다양한 색이 우리에게 어떤 느낌을 주는지 연구할 경우 양으로 환원되지 않는 색의 질적인 측면이 파악되며 이런 식으로 색을 연구하는 학문은 질적 학문이라 불린다.

5) 윌슨의 통섭 프로그램은 모든 유형의 양적 학문을 물리학과 통섭할 수 있는 것이 아니라는 점에서 한계를 가지고 있다. 이 점과 관련해 우리는 다양한 유형의 양적 학문이 존재하지만 그것들 모두가 물리학과 통섭할 수 있는 것은 아니라는 사실에 유의할 필요가 있다.

모든 양적 학문이 수리화의 방법을 사용함에도 불구하고 그중에서 일부는 물리학과 통섭될 수 없다. 이 점과 관련해 우리는 물리학이 수리화의 방법 이외에도 실험의 방법, 관찰의 방법 등을 사용하지만 그렇다고 해서 모든 양적 학문이 예외 없이 실험의 방법, 관찰의 방법을 사용하는 것은 아니라는 사실에 유의할 필요가 있다. 수리화의 방법은 사용하지만 실험의 방법, 관찰의 방법 등은 사용하지 않는 학문의 대표적인 예는 수량경제학이다. 수량경제학은 경제 현상을 연구하기 위하여 수리화의 방법을 사용하며, 그러한 한에서 그것은 물리학과 통섭될 수 있는 가능성을 가지고 있다. 그러나 수량경제학은 관찰의 방법, 실험의 방법을 사용하지 않기 때문에 물리학과 완전하게 통섭될 수는 없다. 윌슨은 『통섭』에서 수량경제학이 아직 물리학과 통섭된 학문이 아니라는 사실을 언급하고 수량경제학이 자연과학과 통섭되지 않았기 때문에 문제가 있는 학문이라고 지적하면서 그에 대해 다음과 같이 비판한다.

> 경제학[수량경제학]은 두 번째 똑같은 어려움 때문에 타격을 받는다.

집단유전학과 환경과학과는 달리 경제학은 과정과 단위에 있어서 견고한 토대가 부족하다. 경제학은 자연과학처럼 진지한 통섭을 이룬 적도, 심지어 시도해 본 적도 없다. [...] 그러나 사회과학에서 개인적 행동의 정확한 본성과 출처는 아직까지도 거의 고려되고 있지 않다. 오히려 모형을 세우는 이론가들이 사용하는 지식은 대개 상식과 막연한 직관에 근거를 둔 통속 심리학적 지식이다. 하지만 불행히도 이런 지식의 유효기간은 이미 지나 버렸다.(『통섭』, 349)

이런 흠이 치명적인 것은 아니다. 경제 이론은 개념의 혁명이 필요할 만큼 심각한 구조적 결함을 가지고 있지는 않다. 즉 경제 이론이 프톨레마이오스적인 것은 아니다. 미시·거시 모형들 중에서 가장 진보된 것들은 올바른 방향으로 가고 있다. 그러나 이론가들은 대상에 대한 자세한 기술과 실험 그리고 통계 기법을 통해 얻은 원리들로 구성되어 있는 진지한 생물학과 심리학으로부터 자신의 이론들을 고립시킴으로써 자기 자신을 쓸데없이 불구로 만들었다.(『통섭』, 349)

6) 순수 경험과학과 응용과학 중에는 양적 학문과 질적 학문이 융합된 경우도 있으며 앞서 우리는 이러한 학문이 부분적으로 양적 연구 방법을 사용하기 때문에 그것을 편의상 양적 연구로 분류하였다. 그런데 이러한 학문 분야 역시 물리학을 비롯한 자연과학과 통섭될 수 없다. 이러한 연구가 부분적으로 질적 연구 방법을 사용하기 때문이다.

지금까지 우리는 현대 학문의 나무를 구성하고 있는 다양한 학문들 중에서 물리학을 비롯해 자연과학과 통섭될 수 없는 다양한 학문들을 살펴보았다. 전체 학문의 나무에서 물리학을 비롯한 자연과학과 통섭될 수 있는 학문은 순수 경험과학과 응용 경험과학의 차원에서 확인할 수 있는 양적 학문의 한 부분에 불과하다.

이러한 논의를 통하여 우리는 윌슨의 통섭 프로그램의 정체를 이해할 수 있다. 윌슨의 통섭 프로그램은 학문의 나무 전체에서 볼 때 극히 한 부분에서만 가능한 통섭을 학문의 나무 전체로 확장하려는 시도라 할 수 있다. 두말할 것도 없이 이러한 시도는 무모한 시도이다. 통섭이 가능한 일부 학문 분야를 제외하면 대부분의 학문들은 원칙적으로 자연과학과의 통섭이 불가능하기 때문이다.

VI. 한국 통섭 담론의 현주소

지금까지 윌슨의 통섭 프로그램이 다양한 문제점을 가지고 있음을 살펴보았다. 통섭 담론의 중요한 목표 중의 하나는 학문 분야들 사이에 가로놓인 벽을 허물고 학제적 연구를 비롯해 학문 분야들 사이의 학제적 활동을 활발하게 하는 데 있다. 그런데 윌슨의 『통섭』이 번역되어 출간된 후 그동안 한국 사회에서 진행되어 온 통섭 담론은 매우 혼란스럽다. 우리는 이 장에서 한국 사회에서의 통섭 담론의 현주소를 살펴보고자 한다.

우선 1절에서는 윌슨의 저서 『통섭』에서 consilience가 어떤 뜻을 가지고 있으며 consilience를 "통섭"으로 번역한 최재천 교수의 문제점은 무엇인지 살펴보고, 거기에 이어 2절에서는 통섭 개념에 대한 최재천 교수의 이해 속에 들어 있는 문제점을 검토한 후, 마지막으로 3절에서 한국에서 통섭 담론이 소통이 불가능할 정도로 혼란스럽다는 사실을 살펴볼 것이다.

1. 윌슨의 consilience에 대한 오해

윌슨의 『통섭』이 2005년 한국어로 번역되어 출간되면서 한국 사회에서 통섭에 대한 논의가 시작되었으니까 한국에서 통섭 담론의 역사는 10년 정도 된다. 이 짧은 기간 동안에 통섭에 대한 논의가 활발하게 이루어졌다. 그러나 유감스럽게도 그동안의 통섭 담론은 매우 혼란스러우며 여러 가지 심각한 문제점을 가지고 있다.

한국에서 통섭 담론이 혼란스러운 데 대한 일차적인 책임은 통섭 담론을 주도한 최재천 교수에게 있다고 할 수 있다. 실제로 『통섭』의 한국어 번역자 중 한 사람인 최재천 교수가 이해하고 있는 통섭 개념은 극히 혼란스럽다. 최재천 교수가 이해하고 있는 통섭 개념이 가지고 있는 문제점은 일차적으로 윌슨이 사용하고 있는 consilience라는 개념을 '통섭'으로 번역하는 데서 나타난다. 최 교수는 『통섭』의 옮긴이 서문에서 consilience를 어떤 단어로 번역할지를 놓고 오랫동안 고민했다고 다음과 같이 술회하고 있다.

> 나는 consilience라는 말을 어떻게 번역할 것인가를 놓고 상당히 오랫동안 고민했다. 이 책을 번역하는 데 들인 5년 여 내내 고민했음은 말할 나위도 없지만 내가 원하는 우리말 단어를 참빗으로 이를 잡듯 '서캐훑이'를 한 기간도 족히 1년은 넘는다. 그동안 적지 않은 번역을 해 왔지만 단어 하나를 두고 이처럼 장고를 해 본 적은 일찍이 없었다. 이 단어가 책의 겉장에서부터 너무나 큼직하게 떡하니 버티고 섰음은 물론이거니와 이 단어를 제대로 이해하고 나면 책의 절반을 읽었다고 해도 과언이 아닐 만큼 중요했기 때문이다.(『통섭』, 10-11)

최 교수는 처음에는 consilience를 '통일(統一)', '통합(統合)', '일치(一致)', '합치(合致)' 등으로 번역하려 했다고 한다.[88] 그러나 이 단어들은 coherence, coincidence, conformation, integration, unification, unity 등 기존의 유사한 영어 단어들과 명확하게 구별되지 않는다. 최 교수는 그 후 오랫동안 생각해서 최종적으로 consilience를 '통섭'으로 번역하기로 결정하였다. 그러면 통섭이란 도대체 무엇을 뜻하는가? 그는 통섭의 의미에 대해 다음과 같이 설명한다.

> 통섭은 [...] '큰 줄기' 또는 '실마리'라는 뜻의 통(統)과 '잡다' 또는 '쥐다'라는 뜻의 '섭(攝)'을 합쳐 만든 말로서 '큰 줄기를 잡다'라는 의미를 지닌다. 또한 '삼군(三軍)을 통섭하다'는 경우와 같이 '통리(統理)', 즉 '장관'이라는 뜻을 지닌 정치제도적 용어이기도 하다. 그럴 경우에도 그 뜻은 '모든 것을 다스린다' 또는 '총괄하여 관할하다'이므로 그런대로 잘 들어맞는 것 같다.(『통섭』, 12-13)

필자는 최 교수가 장고 끝에 악수를 둔 것이 아닌가 생각한다. 그 일차적인 이유는, 『통섭』을 자세히 살펴보면 consilience의 의미가 최 교수가 통섭이라는 단어를 설명하는 것처럼 그렇게 복잡하지 않고 비교적 명확하게 드러난다는 데 있다. 필자의 견해에 의하면 『통섭』에서 consilience는 크게 다음과 같은 두 가지 뜻을 가지고 있다.

1) 우선 consilience는 unification, 즉 우리말의 "통합" 또는 "통

88 이하 최 교수의 번역과 관련된 논의는 『통섭』의 11쪽 이하를 참조하였다.

일"을 뜻한다. 실제로 윌슨은 consilience를 통합 내지 통일과 바꿔 쓸 수 있는 개념으로 이해하는 경우가 있다. 다음 구절이 그 예이다.

> 균형 잡힌 관점은 분과들을 쪼개어 하나하나 공부한다고 해서 얻을 수 있는 것이 아니다. 오직 분과들 간의 통섭(consilience)을 추구할 때만 가능하다. 그런 통합(unification)은 쉽게 성취되지 않을 것이다. 하지만 그렇게 할 수밖에 없지 않은가! 지적인 관점에서 보면 그런 통합은 진리의 울림이다. 통합은 인간 본유의 충동을 만족시켜 준다.(『통섭』, 47)

이 예문이 보여 주듯이 윌슨은 "분과들 간의 통섭(the consilience among disciplines)"을 분과들의 통합 또는 통일과 동일한 개념으로 사용하고 있다. 이와 관련하여 주목해야 할 점은 『통섭』에서 "통일" 내지 "통합"이라는 용어가 자주 사용되고 있다는 사실이다. 그 대표적인 예들은 다음과 같다.

> 통합 학문의 꿈(the dream of unified learning)[89]
> 물리학의 거대한 통합(grand unification in physics)[90]
> 과학의 통일성(the unity of science)[91]
> 지식의 통일(the unification of knowledge)[92]

---

89 『통섭』, 31/ E. O. Wilson, *Consilience: the Unity of Knowledge*, New York: Knopf, 1998, 3.
90 『통섭』, 35/ E. O. Wilson, *Consilience: the Unity of Knowledge*, 5.
91 『통섭』, 34/ E. O. Wilson, *Consilience: the Unity of Knowledge*, 5.
92 『통섭』, 38/ E. O. Wilson, *Consilience: the Unity of Knowledge*, 6.

지식 본유의 통일성(the intrinsic unity of knowledge)[93]

이러한 예에서 "통합" 내지 "통일"은 통섭과 동의어로 사용되고 있다. 물론 이 경우 "통합", "통일"은 구체적으로 자연과학적 방법을 통한 학문들의 통일을 말하며, 따라서 그것은 "통섭"과 동일한 의미를 가지고 있다.

2) 『통섭』에서 consilience는 "통합", "통일"을 뜻하기도 하지만, 자연과학적 방법을 통해 다양한 학문 분야를 통일 내지 통합하는 과정 또는 절차를 뜻하기도 한다. 이 점과 관련하여 윌슨은 "통섭은 통일의 열쇠"(『통섭』, 40)라고 주장한다. 여기서 우리는 통섭이 통일과 동의어로 사용되고 있지 않다는 사실에 유의할 필요가 있다. 윌슨은 통섭을 통일 내지 통합이 아니라 통일의 열쇠로 규정하고 있다. 그러면 도대체 여기서 통일의 열쇠란 무엇을 뜻하는가? 이 점에 대해 윌슨은 휴얼(W. Whewell)이 1840년 『귀납적 과학의 철학』[94]이라는 책에서 사용한 consilience 개념을 소개하면서 consilience가 무엇을 뜻하는지 다음과 같이 설명하고 있다.

귀납의 통섭은 하나의 사실 집합으로부터 얻어진 하나의 귀납이 다른 사실 집합으로부터 얻어진 또 하나의 귀납과 부합할(coincides with) 때 얻어진다. 이러한 통섭은 귀납이 사용된 그 이론이 과연 참

93 『통섭』, 39/ E. O. Wilson, *Consilience: the Unity of Knowledge*, 8.

94 W. Whewell, *History of the Inductive Sciences*. London: Cass, 1840.

인지 아닌지를 가리는 시험이다.[95]

여기서 알 수 있듯이 통일을 위한 열쇠로서의 통섭은 "하나의 사실 집합으로부터 얻어진 하나의 귀납이 다른 사실 집합으로부터 얻어진 또 하나의 귀납과 부합해" 나가는 과정, 즉 서로 다른 지식 체계들이 통합 내지 통일되어 가는 과정을 뜻한다.

이처럼 『통섭』이라는 저서에서 consilience는 1) 자연과학적 방법을 통한 다양한 학문 분야들의 통일 내지 통합을 뜻하기도 하고, 2) 그러한 통일 내지 통합의 과정을 뜻하기도 한다. 물론 consilience의 번역어로 "통합"이 더 좋을지 "통일"이 더 좋을지는 생각해 볼 필요가 있다. 이 점과 관련해 필자는 consilience의 번역어로는 "통일"보다 "통합"이 더 좋다고 생각한다. 이 점과 관련해 우리는 책의 제목이 "Consilience: the Unity of Knowledge"라는 사실에 유의할 필요가 있다. 이 경우 우선 "the Unity of Knowledge"를 "지식의 통일"로 번역하는 것이 자연스러울 것이다. 그리고 이처럼 "unity"를 "통일"로 번역할 경우 "unity"와 구별하면서 "consilience"를 "통합"으로 번역하면 좋을 것이다.

필자는 최 교수가 consilience를 앞서 살펴보았듯이 "큰 줄기를 잡다", "모든 것을 다스리다", "총괄하여 관할하다" 등을 뜻하는 "통섭"으로 번역한 것은 적절하지 않다고 생각한다. 앞서 논의되었듯이 윌슨의 경우 consilience는 자연과학적 방법을 통한 학문의 "통일" 내

95 『통섭』, 40/ E. O. Wilson, *Consilience: the Unity of Knowledge*, 8.

지 "통합" 또는 그러한 방법을 통해 학문을 "통일 내지 통합해 가는 과정"을 뜻하는 것이지 최 교수가 해명하고 있듯이 "큰 줄기를 잡다", "모든 것을 다스리다", "총괄하여 관할하다"를 뜻하는 것이 아니기 때문이다. 우선 "큰 줄기를 잡는" 일이 "통일 내지 통합" 또는 "통일 내지 통합의 과정"과 동일한 뜻을 가지고 있지 않음은 분명하다. "큰 줄기를 잡는다고 해서" "통일 내지 통합"이 이루어지는 것이 아니기 때문이다. 물론 "모든 것을 다스리다", "총괄하여 관할하다"가 "통일 내지 통합"과 그 의미에 있어 연결점을 가지고 있는 것은 사실이다. "모든 것을 다스리거나", "총괄하여 관할하는" 일은 모든 것이 통일되어 있지 않으면 불가능하기 때문이다. 그럼에도 불구하고 "모든 것을 다스리거나", "총괄하여 관할하는" 일은 "통일 내지 통합" 이후에 가능한 것이며, 따라서 그것은 통일 내지 통합이나 그러한 과정을 뜻하는 consilience와 동일한 의미를 가지고 있는 것이 아니다.

2. 최재천 교수의 통섭 개념 이해의 문제점

그뿐 아니라 consilience를 통섭으로 번역한 최재천 교수 자신의 통섭 개념에 대한 이해는 상당히 혼란스럽다. 이러한 문제점은 『통섭』의 옮긴이 서문을 검토해 보면 잘 드러난다. 이 서문에서 최 교수는 윌슨의 통섭에 대해 자신이 어떻게 이해하고 있는지 해명하고 있는데, 그의 이해는 다음과 같이 여러 가지 문제점을 가지고 있다.

1) 최 교수는 휴얼의 통섭과 윌슨의 통섭이 다른 것이라고 주장한다. 이와 관련해 그는 자신의 견해를 뒷받침하기 위해 휴얼의 통섭

은 가법적 통섭 내지 융합적 통섭인 데 반해 윌슨의 통섭은 환원주의적 통섭이라는 월스(L. D. Walls)의 견해를 인용한다.[96] 그런데 필자의 견해에 의하면 최 교수가 인용하는 월스의 견해는 타당하지 않다. 월스에 따르면 환원주의적 통섭인 윌슨의 통섭과 가법적 통섭 내지 융합적 통섭인 휴얼의 통섭은 다른 것이다. 그러나 윌슨은 자신의 통섭 개념이 휴얼의 통섭 개념과 다르다고 생각하지 않는다. 오히려 윌슨은 자신의 통섭 개념의 출처가 바로 휴얼의 통섭 개념이라고 밝히고 있다. 이와 관련해 그는 다음과 같이 말한다.

> 통섭은 통일의 열쇠이다. 나는 이 용어를 '정합'보다 좋아하는데 왜냐하면 통섭은 정합의 다양한 의미들 가운데 하나만을 뜻할 뿐이기 때문이다. 게다가 통섭이라는 용어는 그 희귀성 때문에 그 의미가 비교적 잘 보존되어 있다. 이 용어는 윌리엄 휴얼이 1840년에 『귀납적 과학의 철학』이라는 책에서 처음으로 사용했는데, 설명의 공통 기반을 만들기 위하여 분야를 가로지르는 사실들과 사실에 기반한 이론을 연결함으로써 지식을 '통합'하는 것을 뜻한다.(『통섭』, 40)

96 『통섭』, 16. 여기서 최 교수는 월스의 어느 논문 또는 저술에서 가법적 통섭 내지 융합적 통섭과 환원적 통섭의 구별이 이루어지고 있는지 밝히고 있지 않다. 최 교수의 이러한 태도는 학문적 엄밀성을 해치는 것이며 최 교수는 당연히 출처를 밝혔어야 한다. 월스의 견해는 그 출처를 밝히지 않아도 일반인들이 잘 알고 있는 내용이 아니기 때문이다. 최 교수는 옮긴이 서문에서 통섭과 관련해 자신의 견해를 피력하는 과정에서 여러 학자들의 견해를 소개하면서 출처를 밝히고 있지 않다. 예를 들어 그는 윌슨의 통섭 개념에 대해 포더(J. Fodor)와 로티(R. Rorty)가 비판적인 견해를 피력한다는 사실을 지적하면서 그 출처를 밝히고 있지 않다.

이 인용문에 나타나 있듯이 윌슨은 통섭이라는 개념을 휴얼로부터 빌려 왔다. 그러나 윌슨은 휴얼의 통섭 개념을 비판하면서 그 용어만을 빌려 온 것이 아니다. 휴얼의 통섭 개념을 비판하기는커녕 윌슨은 휴얼의 통섭 개념이 "그 희귀성 때문에 그 의미가 비교적 잘 보존되어 있기"(『통섭』, 40) 때문에 이 개념을 사용한다고 분명히 밝히고 있다.

2) 최 교수는 휴얼의 통섭에는 매력을 느끼지 못하며 "휴얼의 융합적 통섭보다는 윌슨의 환원주의에 입각한 통섭을 선호한다"(『통섭』, 16)고 말한다. 그러나 윌슨의 통섭 개념에 대한 그의 태도는 매우 혼란스럽다. 그는 이처럼 윌슨의 통섭을 환원주의에 입각한 통섭이라고 밝히는가 하면 윌슨의 통섭이 환원주의적이 아니라고 말하기도 한다. 다음 구절을 살펴보자.

> 나는 통섭이 일방적이 아니라 상호 영향적이기를 바란다. 통섭은 분석과 종합을 모두 포괄하기 때문이다. 나는 이것이 윌슨이 그리고자 한 통섭의 모습이라고 생각한다. 다만 좀처럼 지워지지 않는 환원주의의 흔적이 군데군데 그림을 흐릿하게 하고 있다.(『통섭』, 17)

이처럼 최 교수는 "윌슨이 그리고자 한 통섭"이 "좀처럼 지워지지 않는 환원주의의 흔적"을 가지고 있다고 말한다. 이러한 그의 지적에 따르면 윌슨이 그리고자 한 통섭의 본래적인 모습은 환원주의가 아니다. 필자는 최 교수가 이러한 맥락에서 다음과 같이 주장하는 것이 아닌가 생각한다.

> 환원주의와 통섭은 태생적으로 상반되는 개념이다. 환원주의는 통섭적 연구를 하기 위한 하나의 방법론일 뿐, 그 이하도 이상도 아니어야 한다고 생각한다. 모든 통섭적 연구가 다 환원주의적으로 이루어질 수는 없을 것이다.(『통섭』, 17)

물론 이 구절에서 최 교수가 윌슨의 통섭에 대해 논하고 있는 것인지 아니면 자신이 구상하고 있는 통섭에 대해 논하고 있는 것인지 하는 점은 불투명하다. 그러나 필자는 어떤 경우이든 문제가 있다고 생각한다. 만일 여기서 최 교수가 자신이 구상하고 있는 통섭에 대해 논하고 있는 것이라면 그는 이 점을 분명히 밝히고 윌슨의 통섭 개념에 대해 명료하게 비판했어야 옳다. 그리고 만일 여기서 최 교수가 윌슨의 통섭에 대해 논하고 있는 것이라면 그의 견해는 타당하지 않다. 윌슨의 경우 "환원주의와 통섭은 태생적으로 상반되는 개념"이 아니라, 태생적으로 분리할 수 없는 것이기 때문이다.

실제로 윌슨의 통섭 개념에 대한 최 교수의 이해는 심각한 문제점을 안고 있다. 최 교수가 "좀처럼 지워지지 않는 환원주의의 흔적"이 윌슨의 통섭 개념 속에 들어 있다고 주장하는 것과는 달리 윌슨의 통섭 개념은 철저하게 환원주의적이기 때문이다. 윌슨의 통섭은 방법론적으로 환원주의에 토대를 두고 이루어진다. 앞서 자세하게 살펴보았듯이 윌슨의 통섭 프로그램은 모든 학문을 물리학적 방법, 생물학적 방법 등을 비롯한 자연과학적 방법을 통해 정립하고자 하는 프로그램이다. 바로 이러한 이유에서 그의 통섭 프로그램은 물리학적 환원주의, 생물학적 환원주의라고 할 수 있다.

또 최 교수는 "환원주의는 통섭적 연구를 하기 위한 하나의 방법론일 뿐, 그 이하도 이상도 아니어야 한다"고 주장하면서 윌슨의 통섭에서 환원주의가 가지고 있는 결정적으로 중요한 의미를 폄하한다. 환원주의는 통섭의 핵심이며 본질이다. 따라서 "다만 좀처럼 지워지지 않는 환원주의의 흔적이 군데군데 그림을 흐릿하게 하고 있다"는 최 교수의 견해 역시 타당하지 않다. 윌슨의 통섭 프로그램에는 "좀처럼 지워지지 않는 환원주의의 흔적"이 있는 것이 아니라, 환원주의 그 자체가 그것을 지탱하고 있다. 더 나아가 최 교수는 윌슨의 통섭 프로그램에서 "환원주의적 흔적이 군데군데 그림을 흐릿하게 하고 있다"고 주장하는데, 환원주의 자체가 이 프로그램을 지탱해 주고 있기 때문에 학문 전체에 대한 "흐릿한" 그림이 아니라 명료한 그림이 나타난다. 앞서 살펴보았듯이 명료한 그림이란 다름 아닌 자연과학적 방법을 통해 모든 학문이 하나로 통일된 그림이다.

3) 최 교수는 '생각하는 뇌'와 '설명하는 뇌'를 구별하면서 통섭은 바로 설명하는 뇌의 작용이라고 말한다. 이와 관련해 그는 통섭에 대한 윌슨의 입장을 조금 수정하고 싶다고 말하면서 다음과 같이 주장한다.

> '설명하는 뇌', 즉 '통섭의 뇌'는 인문학을 절대적으로 필요로 한다. 학문이란 어차피 인문학으로 시작하여 인문학으로 마무리하는 것이다. 분석은 과학적인 방법론을 사용하여 할 수 있지만 통섭은 결국 언어로 하는 것이기 때문이다. 말과 글을 갖고 있지 않은 동물들도 발견과 분석은 할 수 있다. 다만 그들에게는 그들의 발견을 꿸 실이 없을 뿐이다. 과학이 모든 학문을 통합할 것이라고 주장하지만 윌슨이 생각하는 과학은 다분히 인문학적 과학이다.(『통섭』, 19)

그런데 통섭에 대한 최 교수의 이러한 설명은 불분명함과 모호함으로 가득 차 있어 그를 통해 통섭 개념이 분명해지는 것이 아니라 불투명해질 뿐이다. 이와 관련해 다음 몇 가지 사실을 지적하고자 한다.

첫째, 우선 그가 염두에 두고 있는 '생각하는 뇌'와 '설명하는 뇌'의 구별이 무엇을 뜻하는지 불투명하다. 이 점과 관련해 그는 "생각함"과 "설명함"이 서로 구별되며 다른 것이라고 생각하지만 이 둘이 어떤 관계에 있는지 철저하게 해명하지 않는다. 그는 "'설명하는 뇌'는 아마 '생각하는 뇌'와 '느끼는 뇌'가 보다 긴밀하게 협조하는 관계 속에 존재하리라 생각한다"(『통섭』, 19)고 말한다. 그러나 최 교수의 이러한 설명은 불충분하기 때문에 많은 비판에 직면할 수 있다. 가령 데카르트에 의하면 "생각함"과 "설명함"은 전혀 다른 무엇이 아니다. "설명함"은 다양한 유형의 "생각함" 중의 하나이다. 또 최 교수는 "감정의 뇌"와 "사고의 뇌"를 구별하지만 데카르트는 뇌과학이 염두에 두고 있듯이 "감정"과 "사고"를 구별하지 않는다. 데카르트의 경우 감정은 "설명"과 마찬가지로 생각, 즉 사고의 한 유형에 불과하다. 이에 따르면 "생각함"과 "설명함"을 구별하고 통섭이 생각하는 뇌가 아니라 설명하는 뇌의 작용이라는 그의 주장이 무엇을 뜻하는지 극히 불투명해질 수 있다.

둘째, 최 교수는 "'설명하는 뇌', 즉 '통섭의 뇌'는 인문학을 절대적으로 필요로 한다"고 주장하는데, 이러한 주장 역시 그 의미를 파악할 수 없다. 이와 관련하여 그는 "학문이란 어차피 인문학으로 시작하여 인문학으로 마무리하는 것이다. 분석은 과학적인 방법론을 사용하여 할 수 있지만 통섭은 결국 언어로 하는 것이기 때문"이라고 말하고 있는데, 이러한 주장이 사실이라고 하더라도 이러한 주장이 어떻게 "'설명하는 뇌', 즉 '통섭의 뇌'는 인문학을 절대적으로 필요로 한다"는 사실을 뒷받침하는지 이해할 수 없다.

셋째, 그러나 더욱더 심각한 문제는 바로 "학문이란 어차피 인문학으로 시작하여 인문학으로 마무리하는 것"이라는 주장 속에 있다. 도대체 무슨 근거로 이렇게 말할 수 있는가? 공학자가 공학 연구를 할 때 인문학에서 시작해야 할 이유는 무엇이며 다시 인문학으로 끝을 맺어야 할 이유는 무엇인가? 이에 대한 분명한 대답이 있어야 하는데, 최 교수는 그에 대해 분명한 답을 제시하고 있지 않다.

여기서 최 교수는 자신의 주장을 뒷받침하기 위하여 "분석은 과학적인 방법론을 사용하여 할 수 있지만 통섭은 결국 언어로 하는 것이기 때문"이라고 주장하는데, 이러한 주장 역시 무엇을 의미하는지 극히 불투명하다. 여기서 최 교수는 분석은 과학이 할 일이고 인문학은 분석과는 무관한 것이라고 생각하는 것인가? 만일 그렇다면 최 교수의 견해는 타당하지 않다. 일례로 철학이야말로 분석을 생명으로 하는 학문이 아닌가? 현대철학의 중요한 사조 중에 분석철학이 있음은 결코 우연이라 할 수 없다. 물론 분석철학만 분석 작업을 하는 것은 아니고, 대부분의 철학이 나름의 방식으로 분석 작업을 수행한다. 그리고 비단 철학뿐 아니라 인문학 중에서 분석을 필요로 하지 않는 학문이 있는지 궁금하다. 최 교수는 자연과학적 분석, 문학적 분석, 언어적 분석, 역사적 분석, 철학적 분석 등 다양한 유형의 분석이 있다는 사실을 간과하고 분석을 자연과학적 분석과 동일시하면서 자신의 견해를 피력하고 있는 것이 아닌가 싶다.

그리고 최 교수는 "분석은 과학적인 방법론을 사용하여 할 수 있다”고 하면서 이와는 달리 “통섭은 결국 언어로 하는 것”이라고 주장하는데, 이러한 주장은 통섭의 의미를 간과한 데서 나온 주장이라 할 수 있다. 앞서 살펴보았듯이 통섭의 핵심은 자연과학적 방법을 사용하여 모든 학문 분야를 통일하는 데 있으며, 따라서 통섭은 자연과학적 방법을 통해서 수행되는 것이지 단순히 언어를 통해서 수행되는 것이 아니기 때문이다.

더 나아가 최 교수의 주장은 과학의 핵심은 분석에 있지만 인문학의 핵심은 언어에 있다는 식으로 이해될 수 있다. 이는 “인문학이란 사태 분석을 목표로 하는 것이 아니라, 말놀이에 불과하다”는 주장으로 이해될 수도 있다. 최민자 교수 역시 바로 이러한 관점에서 최재천 교수의 통섭 개념을 다음과 같이 비판하고 있다.

> 더욱이 그는 ‘설명하는 뇌, 즉 통섭의 뇌는 인문학을 절대로 필요로 한다. [...] 분석은 과학적 방법론을 사용하여 할 수 있지만 통섭은 결국 언어로 하는 것이기 때문’이라고 함으로써 통섭을 언어 수준의 지적 희론으로 비하시키는가 하면, 인문학이라는 학문을 언어와 동일시함으로써 결과적으로 인문학의 정신 자체를 모독했다. 이렇게 되면 통섭은 그야말로 그가 말하는 ‘다학문적(interdisciplinary) 유희’에 지나지 않게 된다. ‘학문의 경계를 허물고 일관된 이론의 실로 모두를 꿰는 범학문적(transdisciplinary) 접근’이 인문학과 자연과학의 만남을 통해 모든 학문의 통합으로 이어질 것이라는 그의 낙관적인 주장은 그 ‘만남’의 메커니즘을 간파하지 못함으로 해서 외적인 조우에 그칠 뿐, 통합 학문을 이끌어 낼 내적인 만남은 이루지 못하고 있다.[97]

넷째, "과학이 모든 학문을 통합할 것이라고 주장하지만 윌슨이 생각하는 과학은 다분히 인문학적 과학"이라는 최 교수의 주장 역시 모호함으로 가득 차 있다. 우선 그가 말하는 "인문학적 과학"이란 도대체 무엇을 뜻하는가? 전후 맥락을 통해서 알 수 있듯이 이 경우 과학은 자연과학을 뜻한다. 그러나 필자는 "인문학적"이라는 용어와 "과학"이라는 용어를 결합하여 의미의 통일체를 구성해 낼 수 없다. "인문학적 과학자"라는 말은 "인문학적 소양을 갖춘 과학자" 정도의 뜻을 가지고 있는 말일 텐데, "인문학적 과학"이 무엇을 뜻하는지는 전적으로 불분명하다. 바로 이러한 이유에서 "윌슨이 생각하는 과학은 다분히 인문학적 과학"이라는 그의 주장 역시 이해할 수 없는 주장이 되고 만다. 윌슨이 생각하는 과학에는 물리학, 생물학을 비롯하여 여러 가지가 있을 텐데 이 모든 것이 "인문학적 과학"이라고 불릴 수 있을지 궁금하다. 이러한 궁금증을 해소하기 위해서 최 교수는 적어도 다양한 유형의 과학 중에서 물리학만이라도 예를 들어 어떤 이유에서 물리학이 "인문학적 과학"이라고 불릴 수 있는지 해명할 필요가 있다. 물론 필자는 이러한 작업이 불가능할 것이라 생각한다.

이처럼 윌슨의 통섭 개념에 대한 최 교수의 이해는 여러 가지 점에서 문제점을 가지고 있다. 필자는 최 교수 스스로도 통섭 개념이 불투명하다는 사실을 이해하고 있었다고 생각한다. 이처럼 통섭 개념이 불투명하다는 사실을 이해하고 있었기 때문에 최 교수는 『통섭』의 한국어 번역본을 출간한 후에도 통섭 개념을 해명하려 다방면

97 최민자, 『통섭의 기술. 지식시대에서 지성시대로』, 서울: 모시는사람들, 2010, 27-28.

으로 시도하고 있다. 그럼에도 불구하고 필자는 통섭 개념에 대한 그의 해명이 여러 가지 점에서 문제를 안고 있다고 생각한다. 몇 가지 예를 살펴보자.

1) 최 교수는 『자연대 이야기』에서 인문학·사회과학과 자연과학이 방법론에 있어서 서로 다르다는 사실을 인정하면서 통섭 개념을 정의하고자 시도한다.[98] 그에 의하면 통섭과 유사한 개념으로는 통합과 융합이 있다. 그러나 통섭은 통합이나 융합과는 다르다. 통합은 "모두 합쳐서 하나로 모음 또는 둘 이상의 것을 하나로 모아서 다스림"을 뜻하는데, 통일 또는 응집의 의미를 지니며 대학에서 여러 학과들이 하나의 학과로 묶이는 과정 또는 서로 다른 정당들을 모아 새로운 정당을 만드는 과정이 이에 해당한다. 융합은 "녹아서 또는 녹여서 하나로 합침"이라는 뜻으로 흔히 핵, 세포, 조직 등이 합쳐지는 과정을 묘사할 때 쓰인다. 이에 반해 통섭은 "서로 다른 요소 또는 이론들이 한데 모여 새로운 단위로 거듭남"을 의미하며 따라서 그것은 단순한 병렬적 수준의 통합이나 융합을 넘어 새로운 이론 체계를 찾으려는 범학문적인 접근(transdisciplinary approach)을 의미한다.

최 교수가 인문학·사회과학과 자연과학이 방법론에 있어서 서로 다르다는 사실을 인정하면서 통섭 개념을 논의하는 것으로 보아, 필자는 최 교수가 『자연대 이야기』에서 염두에 두고 있는 통섭은 윌슨의 통섭 개념과는 다른 것이라고 생각한다. 만일 그렇다면 최 교수는 윌슨의 통섭 개념을 비판하고 그것이 쓸모없다고 생각해서 폐기

98 최재천, 「바야흐로 통섭의 시대」, 서울대학교 자연대 편, 『자연대 이야기』 제7집, 2008.

처분한 것인가? 그러나 필자의 독서 범위에서 볼 때 최 교수는 이 점에 대해서 분명한 입장을 표명하고 있지 않다.

최 교수의 통섭 개념은 인문학·사회과학과 자연과학의 방법론적 차이를 인정하고 있다는 점에서 윌슨의 통섭 개념보다 훨씬 더 바람직하다고 할 수 있다. 그럼에도 불구하고 필자는 최 교수가 사용하는 통섭 개념도 명확하게 잘 정의되어 있지 않다고 생각한다. 그는 통섭이 "서로 다른 요소 또는 이론들이 한데 모여 새로운 단위로 거듭남"을 의미하며 따라서 그것은 단순한 병렬적 수준의 통합이나 융합을 넘어 새로운 이론 체계를 찾으려는 범학문적인 접근을 뜻한다고 말하는데, 과연 통합이나 융합이 언제나 단순한 병렬적 수준에만 머물러야 하는 것인지 살펴볼 필요가 있다. 물론 통합이나 융합이 올바로 이루어지지 않을 경우 그것은 단순히 병렬적 수준에 머물 수도 있다. 그러나 제대로 된 통합이나 융합은 "서로 다른 요소 또는 이론들이 한데 모여 새로운 단위로 거듭남"을 뜻한다. 예를 들어 최 교수가 예로 들고 있는 학과들의 통합 또는 당의 통합이 올바로 이루어질 경우 서로 다른 학과나 당이 모여 새로운 단위로서의 새로운 학과나 당이 생겨나는 것이며, 핵융합이나 세포 융합의 경우에도 융합을 통해 새로운 핵이나 새로운 세포가 생겨나게 되는 것이다. 이렇게 본다면 최 교수가 통섭이라고 부르는 것은 "올바로 이루어진 통합 내지 융합"을 뜻하는 것이지 통합 내지 융합과 다른 것을 뜻한다고 할 수 없다.

2) 최재천 교수는 2013년 어떤 인터뷰에서도 통섭을 통합, 융합 등과 구별하면서 다음과 같이 설명하고 있다.

> (사람들이) 통합·융합·통섭을 구분하지 않고 사용하고 있어요. 통합

은 '물리적인 합침'을 말합니다. 섞였지만 화학적으로 엉겨 붙은 상태가 아닌. 융합은 '화학적 합침'입니다. 수소 분자 2개와 산소 분자 1개가 결합해 물 분자가 되듯이, 원래의 존재는 사라지고 전혀 새로운 존재가 만들어지는 것이죠. 통섭은 '생물학적 합침'이라고 말하고 싶어요. 예컨대, 진화생물학과 심리학이 만나서 진화심리학이라는 새로운 학문이 탄생합니다. 새로운 학문이 탄생했다고 해서 진화생물학과 심리학이 없어지냐? 기존의 특성은 계속 가지면서 새로운 조합이 탄생하는 것이죠.[99]

최 교수의 설명은 『자연대 이야기』에 나오는 설명과 다르지 않다. 따라서 최 교수의 설명은 『자연대 이야기』에 나오는 설명과 동일한 종류의 문제점을 안고 있다. 다만 한 가지 지적하고 넘어가야 할 것은, 최 교수가 통섭을 설명하면서 "생물학적 합침"이라는 개념을 사용하면서 그 예로서 "진화생물학과 심리학이 만나서 진화심리학이라는 새로운 학문이 탄생하는 과정"을 들고 있는데, 과연 진화심리학이 탄생하는 과정을 "생물학적 합침"이라고 부를 수 있느냐 하는 점이다. 진화생물학과 심리학이 생물이 아닌데, 왜 최 교수가 이 둘의 합침을 "생물학적 합침"이라고 부르는지 이해할 수 없다.

최 교수는 최근에 다른 글에서 "생물학적 합침"이 무엇인지에 대해 보다 자세하게 설명한다. 그는 통섭을 생물학적 합침으로 규정한 후 인지과학을 예로 들어 "생물학적 합침"에 대해 다음과 같이 설

99 홍승초·김상민 삼성 SDS 대학생기자 1기, 「통섭학자 최재천 교수와의 인터뷰 '통섭은 김치다'」, 2013. 9. 22.(http://www.ictstory.com/403)

명한다.

> 인지과학은 도대체 우리 인간의 두뇌가 어떻게 생겨 먹은 것인가를 논의하기 위해 뇌과학, 심리학, 철학, 진화생물학, 컴퓨터공학, 기계공학 등이 만나 범학문적인 노력을 거쳐 태어난 학문입니다. 부모 학문들의 유전자를 적절히 잘 섞어 매우 흥미롭고 발전적인 자식 학문이 탄생한 것입니다. 그렇다고 해서 부모 학문이 죄다 녹아 형체를 알아볼 수 없게 되었나요? 부모 학문들도 여전히 존재하는 가운데 새로운 학문이 태어난 것뿐입니다. 재생산 또는 번식(reproduction) 과정과 흡사합니다.[100]

그러나 여기서도 최 교수는 통섭이 왜 "생물학적 합침"으로 규정될 수 있는지에 대해 명료하게 해명하고 있지 못하다. 우선 인지과학에 참여하는 다양한 학문들 각각이 가지고 있는 유전자가 정확하게 무엇을 뜻하는지 불투명하다. 최 교수는 그가 "부모 학문들의 유전자"라고 부르는 것이 정확히 무엇을 뜻하는지 해명해야 한다. 필자는 부모 학문의 유전자라는 비유적인 표현이 시나 소설에서는 어떤 의미를 가지고 있을지 몰라도 학문적 담론에서는 어떤 의미도 가질 수 없는 것이 아닌가 생각한다. 또 "부모 학문들의 유전자를 적절히 잘 섞는" 일이 구체적으로 무엇을 뜻하며 또 그 일이 어떻게 일어나는지 하는 점도 극히 불투명하며, 더 나아가 그를 통해 어떻게 "자식

100 『철학과 현실』 제100집, 2014, 128.

학문"이 탄생하는지 하는 점도 불투명하다.

그런데 위의 인터뷰에서 우리의 흥미를 끄는 것은 최 교수가 그 자리에서 통섭에 대한 새로운 설명을 시도한다는 사실이다. 그는 통섭을 한마디로 설명해 달라는 질문을 받고 "통섭은 김치"라고 말한 후 그 이유에 대해 "김치는 여러 가지 요소들이 섞여서 발효까지 되어서 새로운 맛이 탄생하는 것이죠. 그렇지만 김치를 만드는 재료들이 없어지거나 전혀 다른 게 되는 것이 아니"라고 정리하고 있다.[101]

최 교수는 2012년에 출간된 『통섭의 식탁』에서도 통섭을 비유적으로 설명하고 있다.[102] 거기서 그는 휴얼의 통섭 개념을 언급하면서 통섭을 비빔밥에 비유하고 있다. 그러면서 그는 영국에서는 잊힌 통섭 개념이 한국에서 그처럼 커다란 반향을 얻고 있는 것은 한국 사람들이 통섭을 잘 이해할 수 있는 문화적 배경을 가지고 있기 때문이라고 말한다. 두말할 것도 없이 그가 염두에 두고 있는 문화적 배경은 다름 아닌 한국 특유의 비빔밥 문화이다.

그러나 휴얼의 통섭을 비빔밥에 비유하는 것은 타당하지 않다. 앞서 살펴보았듯이 휴얼의 통섭은 "귀납의 통섭"을 뜻하며 "귀납의 통섭은 하나의 사실 집합으로부터 얻어진 하나의 귀납이 다른 사실 집합으로부터 얻어진 또 하나의 귀납과 부합할 때 얻어진다."[103] 즉 휴얼의 통섭은 서로 다른 두 개의 귀납이 서로 부합할 때, 다시 말해

101 홍승초·김상민 삼성 SDS 대학생기자 1기, 「통섭학자 최재천 교수와의 인터뷰 '통섭은 김치다'」.

102 최재천, 『통섭의 식탁: 최재천 교수가 초대하는 풍성한 지식의 만찬』, 서울: 명진출판, 2012, 11쪽 이하.

103 『통섭』, 40/ E. O. Wilson, *Consilience: the Unity of Knowledge*, 8.

두 개의 귀납이 모순 없이 통일될 때 얻어진다. 두 개의 귀납이 모순 없이 통일되는 과정으로서의 통섭은 서로 다른 요소들을 합쳐서 새로운 것을 탄생시키는 비빔밥과는 아무런 관련도 없으며, 따라서 휴얼의 통섭을 비빔밥에 비유하는 것은 타당하지 않다. 그러므로 영국에서는 잊힌 통섭 개념이 한국에서 그처럼 커다란 반향을 얻고 있는 것은 한국 사람들이 통섭을 잘 이해할 수 있는 문화적 배경을 가지고 있기 때문이라는 최 교수의 해명 전혀 설득력이 없다.

그런데 통섭을 이처럼 때로는 김치에 비유하기도 하고 때로는 비빔밥에 비유하기도 하는 경지에 이르게 되면 우리는 통섭이 무엇을 뜻하는지 종잡을 수 없는 상황에 빠지고 만다. 김치와 비빔밥은 여러 가지 공통점을 가지고 있는데, 도대체 둘 사이에 존재하는 어떤 공통점이 통섭 개념과 관련된 것이며 왜 그러한지 극히 불투명하기 때문이다. 또 김치와 비빔밥은 공통점도 가지고 있지만 차이점도 가지고 있다. 예를 들어 김치의 경우 구성 성분들이 발효되어 이전과는 다른 상태로 바뀌면서 뒤섞이는 데 반해, 비빔밥의 경우는 구성 요소들이 발효 과정 없이 자신들의 상태를 유지하면서 뒤섞인다는 점에서 양자는 차이점을 가지고 있다. 이처럼 양자 사이에 차이점이 존재하는데, 이러한 차이점에 대한 논의 없이 김치와 비빔밥을 통섭에 비유하기 때문에 최 교수가 염두에 두고 있는 통섭을 보다 정확히 이해하고자 할 경우 어려움이 따르는 것이다. 그런데 최 교수는 통섭을 김치에 비유하면서 그 이유를 "김치는 여러 가지 요소들이 섞여서 발효까지 되어 새로운 맛이 탄생"한다는 점에서 찾는다. 이처럼 "발효"가 통섭의 핵심이라면 통섭을 김치에 비유하는 것은 적절하지만 비빔밥에 비유하는 일은 적절하지 않다고 할 수 있다. 비빔밥에서 발효 현상은 찾아볼 수 없기 때문이다. 그럼에도 불구하고 최 교수는 통섭을 비빔밥에 비유하는데 필자는 그 이유를 이해할 수 없다.

3) 통섭 개념에 대한 최재천 교수의 가장 최근의 해명은 『철학과 현실』 100집에 실려 있다. 앞서 "들어가는 말"에서 우리는 『철학과 현실』 100집 발간을 기념해 16인의 교수들이 참석하여 4시간 반 동안 통섭 개념을 비판적으로 검토한 토론회가 있었다는 사실을 언급하였다. 최재천 교수는 이 토론회에 참석하지 않았으나 주최 측에 "통합(統合), 융합(融合), 그리고 통섭(統攝)"이라는 제목의 이메일을 보냈으며 바로 이 이메일의 내용이 『철학과 현실』 100집에 약 4쪽 분량으로 수록되었다.[104]

"통합(統合), 융합(融合), 그리고 통섭(統攝)"이라는 제목을 통해 알 수 있듯이 최 교수의 이 글은 앞서 살펴본 『자연대 이야기』에 실린 글의 연장선상에 서 있다. 이 글에서도 최 교수는 통섭 개념을 통합, 융합과 비교하면서 규정하고자 시도한다.

최 교수는 우선 통합을 "둘 이상을 하나로 모아 다스린다는 뜻으로 다분히 이질적인 것들을 물리적으로 합치는 과정"으로 규정한다. 그리고 그는 통합의 예를 두 가지 제시한다. 하나는 "전쟁 때 여러 나라의 군대를 하나의 사령부 아래 묶어 연합군 또는 통합군을 만드는" 경우이고 다른 하나는 "이명박 정부가 대통령 직속 사회통합위원회를 만들었던" 경우이다. 최 교수는 "통합은 어딘지 모르게 하향조정(top-down) 방식의 합침"이라는 느낌이 든다고 말한다.[105]

104 『철학과 현실』 제100집, 126-129.

105 『철학과 현실』 제100집, 126-127.

그다음 최 교수는 융합이 "핵융합이나 세포융합에서 보듯이, 아예 둘 이상이 녹아서 하나가 되는 것"을 의미한다고 말한다. "따라서 융합은 원래의 형체를 알아볼 수 없을 정도로 녹여서 하나로 만드는 과정을 뜻한다고 보면 좋을 것 같다"고 말하면서 "통합이 물리적인 합침이라면 융합은 다분히 화학적인 합침"이라고 주장한다. 그리고 이와 관련해 IT와 NT의 융합처럼 기술의 융합이라는 표현은 적절한 표현처럼 보이지만 '학문의 융합' 또는 '지식의 융합'은 대체로 불가능하거나 어색하다고 말하면서 "영문학과 물리학이 융합하여 도대체 무엇이 된다는 말입니까?"라는 질문을 던진다.[106]

마지막으로 그는 통섭에 대해 "융합과 달리 통섭은 합쳐지는 과정에서 원래 구성 성분이 형체를 알아볼 수 없을 정도로 녹아 없어지는 게 아니라 그들의 속성을 잘 섞은 새로운 조합의 실체를 탄생시킵니다. 따라서 통섭은 생물학적 합침입니다. 남남으로 만난 부부가 서로 몸을 섞으면 전혀 새로운 유전자 조합을 지닌 자식이 태어나는 과정과 흡사합니다."[107]라고 해명한다. 최 교수는 이 대목에서 인지과학을 예로 들어 생물학적 합침으로서의 통섭이 무엇인지 설명하고 있다.

그러나 이 글에 나오는 통합, 융합, 통섭 개념에 대한 해명은 『자연대 이야기』와 앞서 살펴본 인터뷰에 나오는 해명과 크게 다르지 않다. 그러한 점에서 통섭 개념에 대한 최 교수의 해명은 아직도 불투명한 채로 남아 있다. 그럼에도 불구하고 한 가지 분명한 것은

106 『철학과 현실』 제100집, 127.

107 『철학과 현실』 제100집, 127-128.

최 교수의 통섭 개념이 윌슨의 통섭 개념과 전혀 다르다는 사실이다. 윌슨의 통섭이 자연과학적 방법을 통해 모든 학문을 하나의 학문으로 통합하자는 구상인 데 반해 최재천 교수의 통섭은 각각의 학문의 정체성을 인정하는 데서 출발하기 때문이다. 이 점과 관련해 최 교수는 "통섭은 서로의 주체는 인정하되 담을 충분히 낮춰 소통을 원활하게 만들려는 노력"이라고 말하면서 "인문학과 자연과학이 졸지에 하나의 학문으로 합쳐지는 일은 없을 것이며", "하지만 이제는 두 학문 주류가 자주 만나야 하고", "서로의 존재를 충분히 존중하면서도 충분히 서로의 장점을 배우며 새로운 길을 모색할 수 있을 것"이라고 말한다.[108] 이처럼 자신의 통섭 개념이 윌슨의 통섭 개념과 다름에도 불구하고 최 교수는 윌슨의 통섭 개념이 어떤 문제점을 가지고 있는지에 대해 논하고 있지 않다.

3. 한국의 통섭 담론과 소통 불능의 통섭 개념

최재천 교수의 통섭 개념에 대한 이해뿐 아니라, 한국의 전반적인 통섭 담론 역시 많은 문제점을 가지고 있다. 무엇보다도 한국의 통섭 담론에서 사용되고 있는 통섭 개념은 다의적이다. 현재 한국에서 통섭 개념은 합리적인 논의가 불가능할 정도로 다의적으로 사용되고 있다. 그러면 현재 한국에서 통섭 개념이 어떻게 다의적으로 사용되

108 『철학과 현실』 제100집, 128-129.

고 있는지 몇 가지 예를 들어 살펴보자.

1) 우선 통섭은 윌슨이『통섭』에서 통섭 프로그램을 전개하면서 사용하고 있는 통섭을 뜻한다. 이 경우 통섭은 앞서 살펴보았듯이 자연과학적 방법을 통한 다양한 학문의 통일 내지 통합을 의미하기도 하고 학문의 통일 내지 통합의 과정을 의미하기도 한다.

2) 최재천 교수가 사용하는 통섭 개념은 다의적이다. 그는 통섭을 윌슨의 통섭과 유사한 개념으로 사용하기도 하고 그로부터 거리를 취하기도 한다. 예컨대 그는 윌슨의 통섭 개념과 거리를 취하면서 통섭을 융합, 통합과 구별되는 것으로 이해하고 있다. 그러나 앞서 살펴보았듯이 최 교수가 이처럼 융합, 통합과 구별되는 것으로 간주하는 통섭 개념은 많은 문제를 안고 있다.

3) 한국의 통섭 담론에서 통섭 개념은 윌슨이나 최재천 교수가 이해하는 의미로만 사용되고 있는 것이 아니다. 통섭 개념을 또 다른 의미로 사용하는 연구자들도 있다. 최민자 교수가 대표적인 예이다. 최민자 교수는 윌슨의 통섭 개념이 적절하지 않다고 생각하면서 그에 대해 신랄하게 비판한다.

> 20세기가 과학의 시대였다면, 21세기는 과학과 영성의 접합 시대라는 점에서 예술과 과학의 통섭은 시대적 필연이다. 예술적 상상력과 고도로 각성된 의식 속에서 예술과 과학의 창의성은 최고도로 발휘된다. 인문·사회과학과 자연과학의 통섭 또한 전자가 후자에 종속되는 환원적 통합이 아니라 상호 관통하는 대등한 의미의 통섭이라는 점에서 윌슨의 자연과학 중심의 통섭 논리와는 구별된다.[109]

최민자 교수는 "자연과학 중심의 통섭 논리"를 "반통섭적 사고"[110]의 유산으로 간주한다. 최민자 교수는 통섭을 특정한 사태에 한정해서 사용한다. 그는 통섭을 영적 차원에서 성취될 수 있는 것으로 간주한다. 그에 의하면 일체의 대립상과 차별상을 벗어나 만물이 평등하다는 자각이 이루어질 때 통섭이 일어나는데, 이와 관련해 그는 다음과 같이 적고 있다.

> 『장자』 내편에 나오는 「제물론」의 만물제동설(萬物齊同說)에서 보듯, 일체의 대립상과 상대적 차별상을 떠나 만물이 평등하다고 볼 수 있을 때, 말하자면 평등성지(平等性智)가 드러남으로써 생명의 전일성에 대한 자각이 이루어질 때 통섭이 일어난다.[111]

> 말하자면 통섭은 일심의 기능적 측면을 일컫는 것으로 통섭의 주체는 일심이다. 일심은 지식(knowledge)이 아니라 앎(knowing)이며, 앎은 지성에서 일어난다. [...] 실로 본체와 작용이 하나임을 알지 못하고서는 사실 그대로의 우주를 직시할 수가 없으므로 존재와 인식의

109 최민자, 『통섭의 기술. 지식시대에서 지성시대로』, 7.

110 최민자, 『통섭의 기술. 지식시대에서 지성시대로』, 29.

111 최민자, 『통섭의 기술. 지식시대에서 지성시대로』, 33. 그 이외에도 최민자 교수는 "따라서 통섭의 기술은 다양한 지식 세계를 넘나드는 지식 차원의 언어적 기술이 아니라, '아(我, self)'와 '비아(非我, other)'의 두 대립되는 자의식을 융섭하는 지성 차원의 영적 기술이다. [...] 통섭은 본질적으로 전일적이고 영적인 까닭에 논리적인 지식 차원이 아닌, 직관적인 지성 차원에서 일어난다. 지식은 관념이고 파편이며 과거와 연결되어 있으므로, 엄밀하게 말하면 지식의 통섭이란 말은 성립될 수 없다."(최민자, 『통섭의 기술. 지식시대에서 지성시대로』, 37)라고 말한다.

괴리를 낳게 되어 허위의식(false consciousness)에 빠지게 된다. 이러한 허위 의식 속에서 운위되는 통섭은 모두 미망에 불과한 것이다. 통섭은 영성과 물성을 소통하는 지성 차원의 기술이기 때문에 기계론적 세계관에서 시스템적 세계관으로의 근본적인 패러다임 전환을 전제한다.[112]

4) 오명석 교수는 통섭 개념을 윌슨, 최재천 교수, 최민자 교수와는 또 다른 의미로 사용하고 있다. 오명석 교수는 2012년 7월에 출간한 「지식의 통섭(通涉)과 인류학」이라는 논문[113]에서 논문 제목이 보여 주듯이 "지식의 통섭"과 "인류학"의 과제에 대해 논하면서 통섭 개념을 사용하고 있다.

우선 오 교수의 통섭 개념은 최재천 교수가 『자연대 이야기』에서 사용하고 있는 통섭 개념과 다르다. 오 교수는 통섭의 한자어로 通涉을 사용하면서 통섭을 統攝으로 표기하는 최재천 교수와 견해를 달리한다. 通涉은 최재천 교수가 『통섭』의 옮긴이 서문에서 "사물에 널리 통함"(『통섭』, 11)이라고 풀이하면서 統攝과 구별하고 있는 용어이다.

오 교수의 통섭 개념은 윌슨의 통섭 개념과도 구별된다. 그가 의미하는 "융합", "통합" 등이 윌슨의 통섭 프로그램에 등장하는 자연과학적 방법을 통한 학문의 통일 내지 통합 또는 그러한 통일 내지 통합의 과정을 의미하는 것이 아니기 때문이다. 문화인류학자인 오

112 최민자, 『통섭의 기술. 지식시대에서 지성시대로』, 10.

113 오명석, 「지식의 통섭(通涉)과 인류학」, 『비교문학연구』 제18집 2호.

교수는 자연과학적 방법을 통한 학문의 통일 내지 통합이라는 윌슨의 구상에 동의하지 않는다.

더 나아가 오 교수의 통섭 개념은 최민자 교수의 통섭 개념과도 구별된다. 오 교수의 통섭은 통합, 융합 등을 뜻하는 것으로서 그것은 학문 분야들 사이의 통섭을 뜻하는 것이지 최민자 교수의 경우처럼 영성의 차원에서 성취되는 통섭이 아니다. 실제로 오 교수는 앞서 언급한 논문에서 인류학 분야와 다른 학문 분야 사이의 융합, 통일에 대해 논하고 있다.

5) 이처럼 한국에서 통섭 개념은 학자에 따라 각기 다양한 의미로 사용되고 있으며, 그러한 점에서 심각한 문제를 가지고 있다. 그런데 상황을 더욱 어렵게 만드는 것은 통섭 개념이 무엇을 뜻하는지 전혀 해명하지 않은 채 통섭 개념을 사용하는 경우도 많이 있다는 사실이다. 예를 들어 2012년에 한국언론학회에서 『융합과 통섭: 다중매체 환경에서의 언론학 연구 방법』이라는 제목으로 출간한 책[114]의 경우 그 어디서도 통섭이 무엇을 뜻하는지 해명하지 않고 있다. 이 경우 독자로서는 통섭이 무엇을 뜻하는지 전혀 이해할 수 없다. 이 책에 수록된 논문들의 제목을 토대로 통섭이 무엇인지 추측해 볼 수도 있지만 이 역시 간단한 일이 아니다. 아마도 이 책의 편집자는 책을 편집하면서 통섭 개념이 그 어떤 해명도 필요하지 않을 정도로 명료한 개념이라고 생각했을 수도 있다.

이처럼 한국의 통섭 담론에서 통섭 개념은 다의적이며 불투명

114 한국언론학회, 『융합과 통섭: 다중매체 환경에서의 언론학 연구 방법』, 파주: 나남, 2012.

하게 사용되고 있다. 이러한 점에서 통섭 개념은 그와 관련해 소통이 거의 불가능한 개념으로 전락하고 말았다고 할 수 있다. 통섭이 본래 추구했던 것이 다양한 학문 분야들 사이의 대화와 소통이라는 사실을 생각하면 한국의 통섭 담론에서 통섭 개념이 이처럼 소통 불가능한 개념이 되었다는 것은 역설이라 하지 않을 수 없다.

VII. 통섭 프로그램의 한계와 학제적 연구의 다양한 가능성

이 장의 목표는 윌슨의 통섭 프로그램이 학제적 연구와 관련하여 가지고 있는 문제점을 검토한 후 다양한 학문들 사이의 학제적 연구의 다양한 가능성을 살펴보는 데 있다. 이를 위하여 우리는 우선 학제적 연구의 의의와 필요성에 대해 논의하고 이러한 의의와 필요성에 비추어 볼 때 윌슨의 통섭 프로그램이 어떤 문제점을 가지는지 검토할 것이다. 거기에 이어 우리는 학제적 연구의 가능성 세 가지를 검토할 것이다. 앞서 현대의 학문 체계를 살펴보면서 밝혀졌듯이 다양한 학문들이 존재하며 따라서 이처럼 다양한 학문들이 모여 학제적 연구를 수행할 수 있는 다양한 가능성들이 존재한다. 그러나 우리는 이 장에서 그처럼 다양한 가능성을 모두 검토하지 않는다. 우리는 그처럼 다양한 가능성 중에서 특히 중요한 의미를 지니는 세 가지 유형의 학제적 연구, 즉 1) 인문학·사회과학과 자연과학 사이의 학제적 연구, 2) 동일한 학문 분야 안에서의 학제적 연구, 3) 철학과 분과 학문 사이의 학제적 연구에 대해 살펴볼 것이다.

1. 학제적 연구의 의의와 필요성

학제적 연구의 필요성을 이해하기 위해서는 우선 학문의 존재 이유가 무엇인지 살펴볼 필요가 있다. 모든 학문은 일차적으로 호기심이라고 하는 인간의 근원적인 욕구를 만족시키기 위한 활동의 소산이라 할 수 있다. 아리스토텔레스가 그의 『형이상학』 1권 1장에서 "모든 사람은 본성상 알기를 원한다"[115]고 지적하면서 『형이상학』의 전체적인 논의를 시작하고 있음은 우연이 아니다. 그러나 아리스토텔레스의 이러한 지적은 단지 형이상학에 대해서만 타당한 것이 아니다. 인간의 모든 학문 활동은 알고자 하는 욕구를 충족시키기 위한 활동이라 할 수 있다. 이 점과 관련해 우리는 호기심이라는 인간의 욕구가 얼마나 끈질기고 강한 것인지 기억할 필요가 있다. 배움에 대한 열망을 이기지 못해 노년에 대학에 입학하는 사람들, 배움에 대한 욕구가 충족되지 못해 극도의 불행함을 맛보는 수많은 사람들은 호기심이 얼마나 강한 인간의 욕구인지 잘 보여 주고 있다. 이러한 강하고 끈질긴 인간의 호기심은 학문 활동을 하기 이전의 일상적인 삶 속에 뿌리박고 있다. 전철 안에서 어떤 사람이 신문을 보고 있을 때 그 옆에 앉아 있는 사람이 신문 기사의 내용이 궁금해서 눈알을 살짝 굴려 신문을 훔쳐보는 경우, 유치원에 입학하기 전의 아동이 부모에게 무언가에 대해 끊임없이 질문하는 경우 등은 호기심이 일상적 삶 속에 얼마나 강하게 뿌리박고 있는지 잘 보여 준다.

115 Aristotle, *Metaphysics.*, trans. by W. D. Ross, Oxford: Clarendon Press, 1924, 980a.

학문이 호기심이라는 근원적인 욕구를 만족시키기 위한 활동의 소산이기 때문에, 호기심을 올바로 충족시켜 주는 모든 학문 활동은 우리에게 즐거움을 안겨 준다. 플라톤의 대화편 『국가』의 7권에 등장하는 동굴의 비유[116]는 학문의 즐거움이 무엇인지 잘 보여 주고 있다. 플라톤에 의하면 동굴을 벗어나 동굴 밖의 세계에서 사태의 진상을 경험한 사람들은 동굴 밖의 세계에서 전개되는 삶이 얼마나 즐거운지 잘 알고 있다. 그들은 이러한 즐거움을 한번 맛본 후 다시는 동굴로 내려가지 않고 영원히 그 세계에 머물러 살면서 저 한없는 즐거움을 맛보고자 한다. 동굴의 비유가 알려 주듯이 모든 학문은 우리에게 즐거움을 안겨 주며, 학문이 주는 이러한 즐거움이 바로 인간에게 학문이 존재해야 하는 이유라고 할 수 있다.

그러나 학문이 주는 즐거움이 학문이 존재하는 유일한 이유일 수는 없다. 학문이 인간에게 즐거움을 안겨 주고 나름의 고유한 가치를 지니고 있다고 하더라도 학문은 학문의 세계에 안주하면서 복잡다단한 현실의 문제와 현실의 위기를 외면할 수 없다. 플라톤 역시 동굴의 비유에서 이러한 사실을 지적하고 있다. 앞서 살펴보았듯이 동굴 밖의 세계를 경험한 철인들은 그곳에서 그들이 누리는 즐거움 때문에 그 누구도 동굴 속으로 다시 내려가려 하지 않는다. 그러나 동굴 속에서 살아가는 사람들을 가르치고 그들을 위해 봉사하기 위해 누군가는 동굴 속으로 돌아가야 한다. 바로 이러한 이유에서 동굴 밖의 세계를 경험한 철인들이 순번을 정해 동굴의 세계로 내려가

116 Platon, *Politeia*, in: J. Burnet(ed.), *Platonis Opera* 4, Oxonii: Clarendoniano, 1902-1906, 514a/ 박종현 역주, 『국가』, 서울: 서광사, 1997, 448.

야 한다고 플라톤은 주장한다. 동굴의 비유는 학문의 존재 이유 중의 하나가 사회에 대한 봉사에 있음을 잘 보여 주고 있다. 그에 따르면 학문 활동은 복잡다단한 현실의 문제를 해결하고 현실의 위기에 대처하기 위한 가장 극단적인 인간의 실존 행위 중의 하나이다.

플라톤 이래 서구 철학의 전통은 반복해서 학문 활동을 현실의 문제를 해결하고 현실의 위기를 극복하기 위한 수단으로 간주해 왔다. 근대철학의 문을 연 데카르트 역시 학문 활동을 복잡다단한 현실의 문제를 해결하고 현실의 위기에 대처하기 위한 인간의 가장 극단적인 실존적 행위로 간주한다. 앞서 살펴보았듯이 그는 『철학원리』 서문에서[117] 철학의 나무에 대해 논하는 자리에서 학문 전체를 하나의 나무에 비유하는데, 이러한 그의 구상은 학문의 존재 이유가 현실의 문제를 해결하고 현실의 위기에 대처하는 데 있다는 그의 생각을 잘 보여 주고 있다. 거기서 그는 철학의 나무의 뿌리는 형이상학이요, 그 둥치는 자연학이며, 그 가지는 여러 가지 실용적인 학문들로서 그것들은 크게 역학, 의학, 도덕학의 세 가지 유형으로 나누어진다고 말한다. 앞서 살펴보았듯이 여기서 형이상학과 자연학에 토대를 두고 있는 실용 학문들이 세 가지로 나누어지는 것은 인간이 처할 수 있는 현실적인 문제가 크게 세 가지 유형으로 나누어지기 때문이다. 그 세 가지 문제란 다름 아닌 외계의 현실 때문에 생기는 문제, 우리의 몸 때문에 생기는 문제, 우리의 마음을 비롯해 타인과의 관계에서 발생하는 문제인데, 이러한 문제들을 해결하기 위해 필요한 학문이

---

117 R. Descartes, *Principes de la philosophie*, Oeuvres de Descartes IX-2, publiées par C. Adam & P. Tannery, Paris: Librairie philosophique J. Vrin, 1978, 14.

각각 역학, 의학, 도덕학이다. 여기서 알 수 있듯이 데카르트에 의하면 형이상학, 자연학과 더불어 그에 토대를 두고 있는 역학, 의학, 도덕학 등 모든 학문을 포괄하는 철학의 나무는 인간이 살아가면서 만나는 다양한 문제들을 해결하기 위해서 존재하는 것이다.

학문이 현실의 문제와 현실의 위기를 해결하기 위해 존재하는 것이라는 생각은 현대철학에서도 예외가 아니다. 가장 대표적인 예는 현상학의 창시자인 후설이다. 그가 생전에 출간한 최후의 저술은 『유럽학문의 위기와 초월론적 현상학』[118]이라는 제목을 달고 있는데, 이 저작에서 그는 현대가 일대 위기에 처해 있다고 진단한다. 그가 몸소 겪었던 제1차 세계대전, 국가사회주의자들의 만행, 고향 상실과 인간성의 상실 등은 현대가 처한 위기의 대표적인 사례에 해당될 것이다. 그런데 그는 이러한 현대의 위기가 현대의 제반 학문이 위기에 처해 있기 때문에 나타난 것이며 궁극적으로는 철학이 위기에 처해 있기 때문에 나타난 것으로 진단한다. 물론 그가 철학을 비롯한 현대의 제반 학문이 위기에 처해 있다고 진단하면서 현대 학문이 이론적으로 눈부시게 발전하고 있다는 사실을 부정하는 것은 아니다. 그가 강조하고자 하는 것은 현대의 학문이 이론적으로는 비약적으로 발전하였음에도 불구하고 그것이 인간의 삶을 위해 지녀 왔던 본래적인 가치와 사명을 망각하고 있다는 사실이다.

철학을 비롯한 현대의 제반 학문이 인간의 삶을 위해 지녀 왔던 본래적인 가치와 사명을 망각하게 된 데는 여러 가지 원인이 있을 수

---

118 E. Husserl, *Die Krisis der europäischen Wissenschaften und die transzendentale Phänomenologie. Eine Einleitung in die phänomenologische Philosophie*, Den Haag: Martinus Nijhoff, 1954.

있다. 그런데 그중의 하나는 현대 학문이 전문화되고 세분화됨에 따라 각자가 자신이 쳐 놓은 칸막이 속에 머물면서 파편화되고 다른 학문 및 현실과 소통할 수 없게 되었다는 데 있다. 데카르트의 철학의 나무의 예가 보여 주듯이 모든 학문은 다른 학문들과의 유기적인 연관 속에서만 존재할 수 있다. 철학의 나무는 하나의 유기체이며, 모든 유기체가 그러하듯이 철학의 나무를 구성하는 모든 부분은 다른 부분들과의 유기적인 연관 속에서만 존재할 수 있는 것이다. 철학의 나무의 뿌리에 해당하는 형이상학은 자연학과 기계학, 의학, 도덕학 등의 실용 학문이 없이는 존재할 수 없고, 기계학, 의학, 도덕학 등의 실용 학문 역시 형이상학과 자연학이 없이는 존재할 수 없으며, 자연학 역시 여타의 학문이 없이는 존재할 수 없다. 그리고 이처럼 다양한 학문이 다른 학문들과 유기적으로 연결되어 있을 때 비로소 철학의 나무 전체는 현실과 소통하면서 인간의 삶의 현실에서 제기되는 다양한 문제들을 해결할 수 있는 능력을 가질 수 있다. 그러나 현대에 접어들면서 제반 학문이 전문화되고 세분화됨에 따라 각자 자신이 쳐 놓은 칸막이 속에 머물면서 파편화되어 결국 현실과의 소통에 실패함으로써 위기에 처하게 된 것이다. 따라서 현대 학문이 처한 위기를 극복할 수 있는 길 중의 하나는 바로 다양한 유형의 학제적 연구를 통해 학문 사이에 놓인 칸막이를 걷어 내고 다양한 학문이 서로 소통할 수 있도록 하는 일이다.

2. 학제적 연구와 윌슨의 통섭 프로그램의 의의 및 한계

통섭 담론이 학문 분야 사이에 놓인 경계 허물기의 맥락에서 등장하였기 때문에 사람들은 윌슨의 통섭 개념이 다양한 학문 분야들 사이의 대화와 소통을 보장해 줄 수 있으리라고 기대할 수도 있다. 그러나 이러한 기대는 사실과 다르다. 지금까지의 논의를 통해서 밝혀졌듯이 윌슨의 통섭 프로그램은 물리학적 방법, 생물학적 방법 등을 비롯한 자연과학적 방법만을 유일한 학문 방법으로 간주하는 프로그램이다. 그것은 물리학적 제국주의, 생물학적 제국주의, 자연과학적 제국주의 등으로 불릴 수 있다.

물론 학문의 통섭에 대한 윌슨의 구상은 학제적 연구의 필요성에 대한 전통적인 논의와 맥을 같이한다. 그 역시 현대사회가 절박한 위기 상황에 처해 있다고 진단하면서 다음과 같이 말한다.

> 위험은 얼마나 절박한가? 내 생각에는 인류가 자기 보존에 관한 생각을 근본적으로 바꾸어야 할 만큼 충분히 절박하다.(『통섭』, 481)

> 과학적이고 기발한 천재가 나타나 계속되는 위기를 해결할 것을 기대하고 계속 밀어붙이는 것은 지구 생물계의 쇠퇴 위기 또한 유사하게 취급될 수 있다는 것을 의미한다. 앞으로 수십 년 후에는 그것이 가능할지도 모르지만 아직은 그 방법이 보이지 않는다. [...] 인간이 만들어 낼 수 있는 생물학적 항상성은 알려져 있지 않다. 그런 것이 있다고 믿는다면 지구는 쓰레기장이 되어 버리고 인류가 멸종 위기에 처한 종이 되어 버릴 것이다.(『통섭』, 481)

윌슨은 거기서 한 걸음 더 나아가 현대가 처한 다양한 유형의 위기는 복합적인 성격을 가지고 있어서 어느 한 가지 학문만으로는 그것을 해결할 수 없다고 주장한다. 그에 의하면 이처럼 다양한 문제들을 해결하기 위해서 필요한 것이 바로 통섭 프로그램을 통한 학제적 연구이다.

> 균형 잡힌 관점은 분과들을 쪼개서 하나하나 공부한다고 얻을 수 있는 것이 아니다. 오직 분과들 간의 통섭을 추구할 때만 가능하다. 그런 통합은 쉽게 성취되지 않을 것이다. 하지만 그렇게 할 수밖에 없지 않은가? 지적인 관점에서 보면 그런 통합은 진리의 울림이다. 통합은 인간 본유의 충동을 만족시켜 준다. 학문의 커다란 가지들 사이의 간격이 좁아지는 만큼 지식의 다양성과 깊이는 심화될 것이다.(『통섭』, 47)

윌슨은 "통섭이 가장 매력적인 이유는 그것이 지적인 모험의 전망을 열어 주고 비록 만족스럽지는 않더라도 인간의 조건을 보다 더 정확하게 이해하도록 이끌기"(『통섭』, 40-41) 때문이라고 지적하면서 "계속 줄어드는 산림 보존 지역을 통제하기 위한 정책"(『통섭』, 42)을 개발하기 위해 환경정책학, 윤리학, 사회과학, 생물학 등이 통섭적 연구를 수행할 수 있는 가능성을 언급하고 있다. 물론 통섭적 연구는 "산림 보존 지역을 통제하기 위한 정책"을 개발하기 위해서뿐 아니라, 현대사회가 처한 다양한 위기를 극복하기 위해서 다방면으로 수행되어야 한다.

통섭 프로그램에 대한 윌슨의 구상은 이처럼 학제적 연구의 필요성에 대한 전통적인 논의와 맥을 같이하고 있다. 그럼에도 불구하고 그의 통섭 프로그램이 현실의 위기를 극복할 수 있는, 진정한 의미의 학제적 연구 프로그램인지 하는 점은 극히 의심스럽다. 이 점에 대해 필자는 만일 학제적 연구가 통섭 프로그램에만 국한된다면 그것은 현실의 위기를 극복할 수 있는 진정한 의미의 학제적 프로그램이 될 수 없다고 생각한다. 이 점과 관련해 우리는 현실의 문제가 다양하기 때문에 그처럼 다양한 문제를 해결하기 위해서는 다방면으로 다양한 학문 분과들이 참여하는 다양한 유형의 학제적 연구가 수행되어야 한다는 사실을 염두에 둘 필요가 있다. 그러나 그가 제시하는 통섭 프로그램은 모든 학문들이 참여할 수 있는 진정한 의미의 학제적 연구 프로그램이 아니다. 그것은 "자연적 인과관계" 또는 "자연적 인과관계"의 망 속에서 존재하는 현상만을 파악할 수 있는 학문들만의 학제적 연구 프로그램이다. 그것은 일종의 자연과학적 제국주의 또는 생물학적 제국주의의 프로그램으로서 앞서 살펴본 다양한 유형의 학문 분야를 모두 아우를 수 없다. 따라서 이 프로그램이 완벽하게 현실화된다고 하더라도 그것은 우리가 경험할 수 있는 무수히 많은 현상들 중에서 일부만을 연구의 대상으로 삼을 수 있는 일면적인 프로그램에 그친다. 이처럼 현상 전체를 아우르지 못하고 현상들 전체의 한 부분만을 연구 대상으로 삼는 이러한 프로그램이 성공한다고 하더라도 그것이 현실에서 제기되는 다양한 문제들을 해결함에 있어 커다란 한계를 지닐 수밖에 없음은 두말할 필요도 없다. 윌슨이 주장하는 것과는 달리 그의 통섭 프로그램은 진정한 의미에서 "균형 잡힌 관점"(『통섭』, 47)도 제공할 수 없고 "지식의 다양성과 깊이"(『통섭』, 47)도 보장할 수 없다.

자연과학적 제국주의를 특징으로 하는 윌슨의 통섭 프로그램은 자연과학 이외에 다양한 학문이 존재한다는 사실을 부정하는 프로그램이다. 예를 들어 그것은 인문학과 사회과학의 존재를 부정하는 프로그램이다. 이 프로그램에 따르면 자연과학적 방법을 사용하지 않는 인문학과 사회과학은 진정한 의미에서 학문으로 간주될 수 없기 때문이다. 앞서 살펴보았듯이 윌슨은 자연과학적 방법을 사용하지 않는 인문학과 사회과학을 학문의 지위를 상실한 통속 심리학에 비유하기도 한다.

이처럼 자연과학 이외의 다양한 학문의 존재를 부정하는 윌슨의 통섭 프로그램은 다양한 학문들 사이의 단절을 초래하는 프로그램이다. 윌슨의 통섭 프로그램을 신봉하는 학자에게 자연과학과 여타의 학문들 사이의 진정한 대화는 전개될 수 없다. 따라서 그것은 현대가 처한 위기를 극복할 수 있는 프로그램이 아니라, 현대의 위기를 더욱더 극단으로 몰고 갈 수 있는 프로그램이다. 이 점과 관련해 우리는 후설이 "실증주의"(Hua VI, 7)를 현대의 위기의 진원지로 간주하고 있으며, 윌슨의 통섭 프로그램이 그 실증주의의 한 유형, 즉 물리학적 실증주의라는 사실에 주목할 필요가 있다. 다양한 학문들 사이의 대화를 올바로 전개하고 그를 통해 현대가 처한 위기를 극복하는 데 일조할 수 있기 위해서 우리는 윌슨의 통섭 프로그램으로부터 해방되어야 한다.

그러면 이제 윌슨의 통섭 프로그램을 넘어서 가능한 몇 가지 유형의 학제적 연구에 대해 살펴보자.

3. 인문학·사회과학과 자연과학 사이의 학제적 연구

우선 인문학·사회과학과 자연과학 사이의 바람직한 학제적 연구에 대해 살펴보자. 양자 사이의 학제적 연구의 가능성을 살펴보기에 앞서 인문학·사회과학에 대한 개념 정리를 하고 넘어갈 필요가 있다. 앞서 살펴보았듯이 우리가 흔히 인문학·사회과학이라고 부르는 학문들은 질적 연구로서의 인문학·사회과학과 양적 연구로서의 인문학·사회과학으로 나누어진다. 이 절에서 우리가 인문학·사회과학이라고 할 때 그것은 질적 연구로서의 인문학·사회과학과 양적 연구로서의 인문학·사회과학 모두를 포괄하는 것임을 밝혀 둔다. 여기서 인문학·사회과학과 자연과학의 통섭의 문제를 검토하고자 하는 것은 이 주제가 『통섭』의 핵심적인 주제이기 때문이다.

양자 사이의 학제적 연구는 진정한 대화와 소통에 토대를 두고 이루어져야 한다. 양자 사이의 진정한 대화와 소통은 부분적인 통섭만 가능할 뿐 보편적 통섭은 불가능하다는 사실을 인정할 때, 다시 말해 양자 사이에 부분적으로 연속성이 존재하고, 따라서 양자가 제한적으로 연구 방법을 공유할 수 있으나 이러한 연속성의 이면에 본질적인 차이와 단절 또한 존재하며, 따라서 양자 사이에 영원히 지울 수 없는 경계가 존재한다는 사실을 인정할 때 비로소 가능하다. 양자 사이의 보편적 통섭이 가능하리라는 전제에서 출발해 이러한 보편적 통섭을 통해 양자 사이의 경계를 완전히 허물어 버리고자 하는 윌슨의 통섭 프로그램은 양자 사이의 진정한 대화와 소통을 부정하는 프로그램이라 할 수 있으며, 바로 이러한 이유에서 우리는 이 프로그램을 자연과학적 제국주의 또는 생물학적 제국주의라 불렀던 것이다.

인문학·사회과학과 자연과학 사이에 부분적인 통섭만 가능할 뿐 보편적 통섭은 불가능하다는 사실을 고려하면 양자 사이의 학제적 연구는 1) 윌슨이 제시하는 통섭의 형태로 수행되는 학제적 연구와 2) 자연과학과 통섭될 수 없는 인문학·사회과학과 자연과학 사이의 학제적 연구 두 가지로 분류될 수 있을 것이다. 필자는 이러한 두 유형의 학제적 연구와 관련해 다음의 두 가지 사실을 지적하고자 한다.

첫째, 앞서 지적되었듯이 윌슨이 제시하는 통섭 프로그램은 자연과학적 방법을 통해 인문학적 혹은 사회과학적 주제를 자연과학적 방법을 통해 연구하면서 인문학·사회과학을 자연과학에 포섭시키고자 하는 프로그램으로서 그것은 일종의 자연과학적 제국주의라고 불릴 수 있다. 통섭이 자연과학적 방법을 통해 이루어지기 때문에 혹자는 통섭이 자연과학의 여러 분과들 사이에서의 학제적 연구를 위해서는 중요한 의미를 지닐 수 있지만 인문학·사회과학과 자연과학 사이의 학제적 연구를 위해서 아무런 의미도 지닐 수 없을 것이라고 생각할 수 있다. 그러나 통섭이 자연과학적 방법을 통해 인문학적 내지 사회과학적 주제를 다룰 수 있는 한에서 그것은 인문학·사회과학과 자연과학 사이의 학제적 연구를 위해서 나름의 의미를 지닐 수 있다. 이러한 학제적 연구를 통해 새로운 학문 분야가 탄생할 수도 있다. 최근 진화론과의 대화를 통해 정립된 철학의 다양한 분과들, 예를 들어 진화론적 인식론, 진화론적 윤리학 등은 그 대표적인 예에 해당할 것이다.[119] 그뿐 아니라 윌슨이 제시하듯이 마음, 문화, 인간 본성, 인간 행

119 이 점에 대해서는 철학연구회 편, 『진화론과 철학』, 철학과현실사, 2003에 수록된 관련 논문들을 참조할 것.

동, 예술, 윤리, 종교 등의 발생적 기원을 해명하기 위해서도 인문학·사회과학과 자연과학 사이의 학제적 연구가 수행될 필요가 있다.

둘째, 이러한 두 가지 유형의 학제적 연구는 나름의 장단점을 가지고 있다. 윌슨이 제시하는 통섭의 형태로 수행되는 학제적 연구는 자연과학적 방법에 친숙한 연구자들 사이에서 이루어지는 연구이기 때문에 비교적 쉽게 이루어질 수 있다는 장점을 가지고 있다. 그러나 이러한 유형의 학제적 연구는 자연과학적 방법에만 경도될 수 있어 경우에 따라서는 자칫 해결해야 할 문제를 총체적으로 보지 못할 위험도 아울러 지니고 있다. 이에 반해 두 번째 유형의 학제적 연구는 서로 다른 방법을 사용하는 연구자들의 공동 작업을 통해 이루어지기 때문에 특히 상대방이 사용하는 방법에 대한 이해가 충분하지 않을 경우 연구 자체가 시작되지 않을 수도 있으며, 또 시작된다고 하더라도 상호 이해 부족으로 인해 연구 작업이 오래 지속되지 않을 위험도 존재한다. 그러나 이러한 연구는 올바로 수행되기만 하면 서로 다른 다양한 관점에서 문제에 접근할 수 있기 때문에 문제를 총체적이며 근원적으로 해결할 수 있다는 장점을 지니고 있다.

그런데 이러한 두 가지 유형의 학제적 연구는 다시 다음과 같은 두 가지 방식으로 수행될 수 있을 것이다.

첫째, 양자 사이의 학제적 연구에 참여하는 학문들이 융합되면서 자연과학과 인문학·사회과학의 경계에서 새로운 학문 분야가 출현하는 방식으로 학제적 연구가 수행될 수 있을 것이다. 해결해야 할 문제의 성격에 따라 다양한 학문이 이러한 학제적 연구에 참여하면서 새로운 융합 학문을 출현시킬 수 있을 것이다. 예를 들어 행복에 관한 학제적 연구의 경우 생물학, 의학 등의 자연과학과 철학, 종교학, 문학, 심리학, 사회복지학 등의 다양한 인문학·사회과학들이 참여하면서 행복학이라는 융합 학문 분야를 출현시킬 수 있을 것이다. 현대사회가 당면한 다양한 문제들이 있기 때문에 이러한 문제들을 해결하기 위해 다양한 유형의 융합 학문이 출현할 수 있을 것이다.

둘째, 그러나 양자 사이의 학제적 연구가 꼭 융합 학문을 출현시키는 방식으로만 진행될 수 있는 것은 아니다. 인문학·사회과학과 자연과학 사이의 학제적 연구는 양자의 정체성이 유지되는 가운데 그를 통해 양자의 내용이 확대되고 심화되는 방식으로 수행될 수 있다. 인문학·사회과학과 자연과학의 분과가 다양하기 때문에 양자 사이에는 다양한 방식으로 이러한 유형의 학제적 연구가 수행될 수 있다. 예를 들어 자연과학의 한 분과인 나노과학과 인문학의 한 분과인 윤리학 사이에 이런 방식으로 학제적 연구가 수행될 수 있다. 이러한 방식의 학제적 연구를 통해 나노과학은 윤리학과의 학제적 연구를 통해 보다 탄탄한 윤리학적 토대에 정초되면서 윤리성이 함양된 보다 바람직한 학문으로 거듭날 수 있을 것이며, 윤리학은 윤리학 나름으로 나노과학과의 학제적 연구를 통해 구체적인 나노 현상과 관련하여 자신의 내용이 보다 확대되고 심화될 수 있을 것이다. 오직 융합 학문의 출현에만 관심이 있을 경우 이러한 방식의 학제적 연구가 지니고 있는 가치를 올바로 평가하지 못할 수도 있다. 그러나 이러한 방식의 학제적 연구는 융합 학문을 탄생시키는 학제적 연구 못지않게 중요한 의미를 지닌다. 우선 이러한 유형의 학제적 연구를 통해 거기에 참여하는 분과 학문의 폭이 넓어지고 깊이가 더해질 수 있다. 그리고 이처럼 분과 학문의 폭이 넓어지고 깊이가 더해지는 일은 수준 높은 융합 학문의 탄생을 위해서도 아주 중요한 의미를 지닌다.

융합 학문이 피상적인 수준에 머물지 않고 높은 수준을 유지할 수 있기 위해서는 그에 참여하는 분과 학문들이 높은 수준에 도달해 있어야 하기 때문이다.

4. 동일한 학문 분야 안에서의 학제적 연구

현대 학문의 체계에 대한 V장의 논의를 돌아보면 인문학 및 사회과학의 다양한 학문 분야 각각에서 학제적 연구가 수행될 수 있다는 사실을 확인할 수 있다. 인문학·사회과학의 많은 분야는 본질적으로 서로 다른 연구 방법들, 예를 들어 질적 연구 방법과 양적 연구 방법을 사용하면서 전개될 수 있으며, 그에 따라 동일한 학문 분야에서 근본적으로 성격을 달리하는 학문들이 존재할 수 있기 때문이다. 이제 교육학을 예로 들어 동일한 학문 분야에서 가능한 학제적 연구에 대해 살펴보자. 이를 위해 우선 교육학의 다양한 차원에 대해 검토하기로 하자.

앞서 우리는 현대 학문의 나무가 다양한 차원으로 이루어져 있다는 사실을 살펴보았다. 그런데 어떤 한 학문 분야를 고찰할 경우 그 학문 분야 역시 다양한 차원으로 나누어진다는 사실을 확인할 수 있다. 예를 들어 물리학의 경우 응용물리학, 순수경험적 물리학, 물리학의 영역적 존재론, 물리학의 초월론적 현상학 등 다양한 차원으로 나누어진다. 그러나 이러한 구별은 물리학뿐 아니라, 모든 학문들에 대해서도 타당하며 이 점에 있어서는 교육학도 예외가 아니다. 교육학 역시 응용교육학, 순수경험적 교육학, 영역적 존재론적 교육학, 초월론적 현상학적 교육학 등 다양한 차원으로 나누어진다. 그러면 이제 교육학의 다양한 차원 중에서 응용교육학과 순수경험적 교육학을 하나로 묶어서 경험적 교육학이라 부르면서 교육학을 경험적 교육학, 영역적 존재론적 교육학(또는 간단히 존재론적 교육학), 초월론적 현상학적 교육학의 세 차원으로 나누어 이 세 차원의 교육학에 대해 살펴보기로 하자.[120]

1) 경험적 교육학은 경험적 사실로서의 교육 현상을 연구함을 목표로 한다. 다음에 논의될 존재론적 교육학이 일종의 본질학으로서 개인, 사회, 역사를 초월한 타당성을 지니는 명제들로 이루어진 학문임과는 달리 경험적 교육학은 사회성, 역사성 등을 지니는 명제들로 이루어진 학문이다. 경험적 사실로서의 교육 현상이 다양한 측면을 지니고 있기 때문에 이처럼 다양한 측면을 조명하면서 경험적 교육학의 다양한 분야가 정립될 수 있다. 그런데 경험적 교육학의 연구는 다음과 같이 크게 세 가지 방향으로 수행될 수 있다.

첫째, 경험적 교육학은 배움, 가르침, 교육자, 피교육자 등 사회에서 사실적으로 확인할 수 있는 교육 현상의 다양한 측면을 해명하는 방향으로 전개될 수 있다. 교육 현상의 다양한 측면을 어떻게 조합해서 연구하느냐, 또 어느 사회에 초점을 맞추어 연구하느냐에 따라 경험적 교육학은 다양한 방식으로 전개될 수 있다, 예를 들어 교육자와 피교육자의 관계에 초점을 맞추어 수행할 경우에도 한국의 어떤 유치원, 일본의 어떤 초등학교, 미국의 어떤 고등학교, 중국의

120 현상학적 교육학의 세 차원에 대한 논의는 이남인, 「현상학적 교육학」, 『교육철학』 제47집, 2010에서 따왔다.

어떤 대학교 등 다양한 사회를 연구 대상으로 삼을 수 있으며 그에 따라 교육자와 피교육자의 관계에 대한 경험적 연구는 다양한 방식으로 수행될 수 있다.

둘째, 경험적 교육학은 교육 영역에 따라 초등교육, 중등교육, 고등교육, 가정교육, 사회교육, 직업교육 등 다양한 영역으로 나누어 연구될 수도 있고 교과목에 따라 국어교육, 외국어교육, 수학교육, 사회교육, 과학교육, 미술교육, 음악교육, 체육교육 등 다양한 과목의 교육으로 나누어 연구될 수도 있으며 교육과정론, 교육사, 교육방법론, 교육기술론, 교육평가론, 교육심리학, 교육사회학, 교육인류학, 교육행정학, 교육경제학, 교육경영학, 교육환경학 등 다양한 분야로 나누어 연구될 수도 있다.

셋째, 경험적 교육학은 구체적인 역사적 상황, 사회적 상황 속에 놓여 있는, 교육과 관련된 다양한 체험 및 대상들을 분석하면서 전개될 수 있다. 경험적 교육학이 분석해야 할 체험 및 대상으로는 지성, 정서, 의지, 지정의 삼자의 관계, 도덕성, 도덕 판단, 가치관, 미적 감수성, 미적 판단, 종교적 심성, 창조성, 주의, 동기, 목표, 이상, 관심, 흥미, 지각, 판단, 추론, 본능, 충동, 습관, 발생, 변화, 자아, 인격, 정상성과 이상성, 생활 세계 및 세계의식, 일상성, 역사성, 사회성, 상호주관성, 상호신체성, 상호문화성, 공간 및 공간 체험, 시간 및 시간 체험, 신체 및 신체 의식 등을 들 수 있다.

이처럼 세 가지 방향으로 전개될 수 있는 경험적 교육학은 양적 연구의 형태로 전개될 수도 있고 질적 연구의 형태로 전개될 수도 있다. 교육 현상이 두 측면, 즉 질적 측면과 양적 측면을 가지고 있으며, 경험적 교육학은 교육 현상이 지닌 이러한 두 가지 측면을 모두 연구해야 하기 때문이다. 뒤에서 논의하게 되겠지만 이 두 유형의 교육학은 상호보완적인 관계에 있는 것이지 배타적인 관계에 있는 것이 아니다.

2) 존재론적 교육학은 교육 현상 및 그와 관련된 다양한 현상들의 본질 구조를 해명함을 목표로 하는 존재론, 즉 본질학(형상학)의 일종이다. 본질학으로서의 존재론적 교육학은 교육 현상과 관련해 개인적 조건, 사회적 조건, 역사적 조건을 넘어서는 타당성을 지니는 진리를 발견함을 목표로 한다.

경험적 교육학이 1) 교육 현상의 다양한 측면을 연구하면서, 2) 경험적 교육학의 다양한 영역과 분야에 따라, 3) 교육과 관련된 다양한 체험 및 대상 등에 따라 크게 세 가지 방향으로 전개될 수 있기 때문에 그에 대응해 존재론적 교육학 역시 이처럼 세 방향으로 전개될 수 있다. 그러나 이 경우 존재론적 교육학이 경험적 교육학과 다른 점은 후자가 구체적인 역사적·사회적 상황 속에 놓여 있는 연구 대상의 사실적 측면을 해명함을 목표로 하는 것과는 달리 전자는 연구 대상의 본질적인 구조를 해명함을 목표로 한다는 데 있다. 존재론적 교육학은 다음과 같이 세 방향으로 전개될 수 있다.

첫째, 존재론적 교육학은 가르침, 배움, 교육자, 피교육자, 교육 내용 등 교육 현상을 이루는 여러 가지 요소들의 본질을 해명하는 방향으로 전개될 수 있다.

둘째, 존재론적 교육학은 또한 교육 현상의 전체 영역이 어떤 부분 영역 및 분야로 나누어지는지, 그리고 이 각각의 부분 영역 및 분야의 본질은 무엇인지 등을 해명하는 방향으로 전개될 수 있다.

셋째, 존재론적 교육학은 더 나아가 교육과 관련된 다양한 체험 및 대상의 본질 구조를 해명하는 방향으로 전개될 수 있다. 앞서 우리는 경험적 교육학이 분석해야 할 체험 및 대상으로 지성, 정서, 의지, 지정의 삼자의 관계, 도덕성, 도덕 판단, 가치관, 미적 감수성, 미적 판단, 종교적 심성, 창조성, 주의, 동기, 목표, 이상, 관심, 흥미, 지각, 판단, 추론, 본능, 충동, 습관, 발생, 변화, 자아, 인격, 정상성과 이상성, 생활 세계 및 세계의식, 일상성, 역사성, 사회성, 상호주관성, 상호신체성, 상호문화성, 공간 및 공간 체험, 시간 및 시간 체험, 신체 및 신체 의식 등이 있음을 살펴보았는데, 존재론적 교육학은 이 각각의 본질 구조를 해명함을 목표로 한다.

3) 앞서 우리는 경험적 교육학과 존재론적 교육학이 다루는 대상이 동일하다는 사실을 살펴보았다. 양자는 단지 그것들이 어떤 관점에서 연구 대상에 접근하느냐 하는 점에 있어서만 차이가 난다. 이와 마찬가지로 초월론적 현상학적 교육학 역시 경험적 교육학과 존재론적 교육학이 다루는 대상을 연구한다. 초월론적 현상학적 교육학의 특징은 그것이 교육학의 연구 대상을 초월론적 구성의 문제에 초점을 맞추어 초월론적 관점에서 연구한다는 데 있다. 앞서 초월론적 현상학에 대해 논하면서 해명되었듯이, 초월론적 현상학에서 주체는 대상 및 세계의 구성 근거인 초월론적 주관으로서 드러나며 대상 및 세계는 그 의미가 초월론적 주관에 의해서 구성된 것으로 드러나는데, 바로 이러한 사실에 초점을 맞추고 다양한 교육 현상을 분석할 경우 초월론적 현상학적 교육학이 정립될 수 있다. 초월론적 현상학적 교육학에서는 자연적 태도에서는 드러나지 않는 교육 현상의 새로운 측면이 드러나기 때문에 그를 통해 우리는 교육 현상을 보다 근원적으로 이해할 수 있다.

초월론적 현상학적 교육학은 사실학으로 전개될 수도 있고 본질학으로 전개될 수도 있다. 사실학으로서의 초월론적 현상학적 교육학의 목표는 교육 현상의 사실적 구조를 해명하는 데 있으며, 본질학으로서의 초월론적 현상학적 교육학의 목표는 교육 현상의 본질적 구조, 즉 형상적 구조를 해명하는 데 있다.

그러면 이제 다양한 차원 및 유형의 교육학에 대한 지금까지의 논의를 토대로 교육학 내부에서 가능한 학제적 연구에 대해 살펴보자. 원칙적으로 지금까지 살펴본 다양한 차원 및 유형의 교육학 사이에는 협동 연구가 가능하다. 예를 들어 경험적 교육학과 존재론적 교육학, 경험적 교육학과 초월론적 현상학적 교육학, 존재론적 교육학과 초월론적 현상학적 교육학 사이에 협동 연구가 가능하며, 경험적 교육학의 두 가지 유형인 양적 경험적 교육학과 질적 경험적 교육학 사이의 협동 연구도 가능하다. 그중에서도 양적 경험적 교육학과 질적 경험적 교육학 사이의 협동 연구는 학제적 연구라 불릴 수 있다. 이 두 학문은 모두 경험적 교육학이라 불리기는 하지만 양자가 서로 다른 학문으로 분류될 수 있을 만큼 사용하는 방법이 커다란 차이를 보이고 있기 때문이다. 이러한 유형의 학제적 연구와 관련해 필자는 다음과 같은 세 가지 사실을 지적하고자 한다.

첫째, 교육학 내부에서 가능한 질적 경험적 교육학과 양적 경험적 교육학 사이의 학제적 연구는 교육 문제를 해결함에 있어서 특히 중요한 의미를 가진다. 이 점과 관련해 우리는 이 두 유형의 경험적 교육학이 동일한 교육 현상을 서로 다른 관점에서 바라보고 연구하기 때문에 교육 현상의 서로 다른 측면들을 밝혀낼 수 있다는 사실에 유의할 필요가 있다. 말하자면 질적 경험적 교육학은 양적 경험적 교육학이 해명할 수 없는 교육 현상의 측면을 해명하고 거꾸로 양적 경험적 교육학은 질적 경험적 교육학이 해명할 수 없는 교육 현상의 측면을 해명할 수 있다. 바로 이러한 이유에서 이 두 유형의 교육학은 서로 협동하면서 학제적 연구를 수행할 필요가 있는 것이다. 그렇지 않을 경우 양자는 각기 자신이 해명할 수 있는 교육 현상의 측면에만 집착한 채 다른 유형의 교육학이 해명할 수 있는 측면을 도외시하면서 일면적인 교육학으로 남을 수밖에 없다. 교육학이 이처럼 일면적인 교육학으로 전락할 경우, 그것은 교육 현상을 총체적으로 파악하지 못하게 되면서 다양한 교육 문제들을 해결할 길을 찾을 수 없게 된다.

둘째, 우리는 교육학뿐 아니라, 인문학·사회과학의 다양한 분야에서 질적 학문과 양적 학문을 구별할 수 있다. 인문학·사회과학의 다양한 분야가 연구하는 현상이 질적 측면과 양적 측면을 가지고 있기 때문이다. 그리고 이처럼 인문학·사회과학의 다양한 분야에서 질적 학문과 양적 학문의 구별이 가능하기 때문에, 이들 여러 분야에서 이 두 유형의 학문이 학제적 연구를 수행할 수 있다. 이처럼 동일 학문 분야에서 서로 성격을 달리하는 질적 학문과 양적 학문이 학제적 연구를 수행하지 않을 경우, 양자는 일면적인 학문으로 남을 것이다.

셋째, 상황이 이러함에도 불구하고 인문학·사회과학의 다양한 분야에서 질적 경험적 학문과 양적 경험적 학문 사이에 학제적 연구가 거의 수행되고 있지 않다. 양자에 종사하는 연구자들이 서로에 대해 전혀 관심을 가지지 않는 경우도 있고, 때로는 대립하고 반목하면서 서로를 폄하하는 경우도 있다. 이러한 상황은 학문 발전과 현실 문제 해결에 커다란 걸림돌이 되고 있다. 바로 이러한 이유에서 인문학·사회과학의 다양한 분야에서 질적 경험적 학문에 종사하는 연구자들과 양적 경험적 학문에 종사하는 연구자들이 상대방으로부터 새로운 것을 배워 자신의 학문적 지평을 넓히려는 열린 자세로 서로 마음을 열고 학제적 연구를 활발하게 수행할 필요가 있다.

5. 철학과 학제적 연구

학제적 연구에 대한 논의에서 중요한 의미를 가지고 있는 또 하나의 연구 유형은 철학과 타 학문들 사이의 학제적 연구이다. 이제 이 주제에 대한 윌슨의 견해를 비판적으로 검토하면서 철학과 타 학문들 사이의 학제적 연구에 대해 살펴보자.

앞서 살펴보았듯이 윌슨에 의하면 "꼬여 있는 토론과 전문가적 소심함"을 가지고 있는 "상아탑 속의 철학자들"에게 철학은 학제적 연구와 무관한 학문이다. 이러한 윌슨의 지적은 어떤 점에서 부분적으로 타당하다고 할 수 있다. 실제로 철학적으로 볼 때 그리 중요하지도 않은 지엽 말단적인 주제, 예를 들어 "모호함이라는 개념"에 대해서만 오랜 기간에 걸쳐 연구하고 논문을 내면서 철학적 작업을 하고 있는 연구자들도 있다. 이런 방식의 소위 "모기 다리 철학"은 대체로 학제적 연구와 무관하다고 할 수도 있다. 그리고 설령 이런 식으로 철학적 작업을 하지 않더라도 학제적 관심을 가지지 않고 철학적인 문제 내부에 파묻혀서 작업을 하고 있는 학자도 상당수 있는 것이 사실이다.

그러나 이처럼 학제적 관심이 없이 철학적 작업을 하고 있는 학자들이 상당수 있는 것이 사실이라고 해서 철학이 학제적 연구와 무관한 학문인 것은 결코 아니다. 윌슨이 주장하는 것과는 달리 철학은 본성상 학제적 연구를 생명으로 하고 있다. 이 점과 관련해 필자는 다음과 같은 몇 가지 사실을 지적하고자 한다.

첫째, 철학이 본성상 학제적 연구를 생명으로 하는 학문이라는 사실은 형이상학, 인식론 등 철학의 중요한 몇몇 분과의 명칭을 보아도 밝혀진다. 예를 들어 형이상학(metaphysics)은 그 학문의 명칭에 있어서 볼 때 "자연학 다음에 오는 학문" 또는 "자연학을 넘어서 있는 학문"이며 따라서 그것은 자연학(physics)과의 관련이 없이는 성립할 수 없는 학문이다. 인식론(epistemology, theory of knowledge) 역시 마찬가지이다. 인식론은 과학적 인식이든 선과학적 인식이든 앞서 주어진 인식을 반성적으로 성찰하면서 성립할 수 있는 철학의 분야요 따라서 그것은 본성상 학제적 연구의 성격을 지니지 않을 수 없다.

둘째, 인문학과 사회과학, 자연과학 및 기술, 의학 등 모든 가능한 학문 분야와 관련해 그에 대한 철학적 성찰이 가능하며 그에 따라 수리철학, 자연철학, 역사철학, 종교철학, 문학철학, 언어철학, 심리철학, 사회철학, 정치철학, 경제철학, 경영철학, 법철학, 행정철학, 환경철학, 체육철학, 기술철학, 의료철학, 간호철학 등 다양한 유형의 철학이 가능하며 실제로 그에 대한 철학이 정립되어 있다. 그리고 특히 최근에 새로 개척된 새로운 학문 분야에 대해서도 철학적으로 성찰하면서 새로운 철학의 분야가 개척되고 있는데, 그 가장 대표적인 예로는 나노철학, 뇌과학의 철학 등을 들 수 있다. 또한 앞으로 새로운 학문 분야가 개척되면 그것을 철학적으로 성찰하면서 다시 새로운 철학의 분야가 탄생할 것이다. 이러한 사실은 철학이 근본적으로 학제적 연구를 생명으로 하는 학문임을 잘 보여 주고 있다.

셋째, 고대 희랍에서 현대에 이르는 철학사를 살펴보아도 우리는 대부분의 철학자들이 철학을 학제적 연구를 생명으로 하는 학문으로 간주하고 있음을 알 수 있다. 기하학을 모르는 자는 아카데미에 들어올 자격이 없다고 말한 플라톤, 철학의 나무라는 구상을 통해 형이상학을 출발점으로 삼아 모든 학문을 정초하고자 했던 데카르트, 이성비판을 통해 수학, 기하학, 자연과학의 가능 근거를 해명하고자 시도했던 칸트 등은 모두 철학을 학제적 연구를 생명으로 하는 학문으로 이해하면서 실제로 학제적 연구를 몸소 실천했던 철학자들이다. 그뿐 아니라 20세기에 들어서도 대부분의 철학자들은 철학을 학제적 연구를 생명으로 하는 학문으로 간주하고 있다. 예를 들어 현대 해석학적 철학의 선구자인 딜타이는 역사이성비판을 통해 정신과학의 학적 토대를 제시하기 위해 철학과 정신과학 사이의 학제적 연구를 수행하였고, 현상학의 창시자인 후설은 다양한 유형의 경험과학의 학적 토대를 정초하기 위하여 철학으로서의 현상학과 경험과학 사이의 학제적 연구를 수행하였다. 현대 분석철학의 선구자인 프레게는 "기하학과 아무런 관련을 맺고 있지 않은 철학자는 단지 반쪽짜리 철학자요, 철학의 동맥을 가지고 있지 않은 수학자는 반쪽짜리 수학자"[121]라고 주장하면서 철학과 수학 사이의 학제적 연구를 수행하였고, 호르크하이머(M. Horkheimer), 아도르노(Th. W. Adorno), 하버마

121 G. Frege, *Nachgelassene Schriften und wissenschaftlicher Briefwechsel*, Hrsg. von Hans Hermes, Friedrich Kambartel und Friedrich Kaulbach, Hamburg: Meiner, 1969, 293; J. Ritter & K. Gründer(eds.), *Historisches Wörterbuch der Philosophie*, Bd. 7, Basel: Schwabe & Co AG., 1989, 786.

스(J. Habermas)를 비롯한 비판이론가들은 철학과 사회과학 사이의 학제적 연구를 수행하였다.

넷째, 필자의 견해에 의하면 이처럼 대부분의 철학자들에게 철학이 학제적 연구를 생명으로 하는 학문이 될 수밖에 없는 것은 앞서 살펴보았듯이 대부분의 철학자들이 암묵적으로 철학을 근원에 관한 학으로 간주하기 때문이다. 철학이 근원에 관한 학이기 때문에 그것은 늘 과학, 기술, 예술, 종교, 상식 등 철학 이외의 것들과 관련을 맺지 않을 수 없는 것이다. 말하자면 철학은 자신 이외의 것과 관계를 맺고 그에 대해 반성적으로 성찰하면서 자신을 전개해 나갈 수 있는 것이다. 철학이 학제적 연구를 생명으로 한다는 사실은 철학이 근원에 관한 학이라는 사실에서 필연적으로 도출되는 귀결이라 할 수 있다.

이처럼 철학은 본질적으로 학제적 연구를 생명으로 하는 학문이다. 그런데 필자는 철학이 크게 네 가지 유형의 학제적 연구를 수행할 수 있고, 또 수행해야 한다고 생각한다. 물론 이 네 가지 유형의 학제적 연구는 서로 밀접하게 연결되어 있는데, 그것은 다음과 같다.

첫째, 철학과 다양한 인접 학문들 각각이 서로 대화하면서 수행할 수 있는 학제적 연구이다. 현재 다양한 철학 사조가 존재하는데, 철학의 성격에 따라 어떤 특정한 철학이 어떤 특정한 학문과의 학제적 연구에 보다 적합할 수 있다. 예를 들어 인문·사회과학의 방법론적 토대의 문제에 보다 많은 관심을 기울여 온 현상학이나 해석학의 경우 인문·사회과학과의 학제적 연구를 위해 더 큰 기여를 할 수 있을 것이며, 자연과학적 문제의식에 보다 많은 관심을 기울이고 있는 영미의 과학철학은 철학과 자연과학 사이의 학제적 연구를 위해 더 많은 기여를 할 수 있을 것이다.

둘째, 다양한 철학 사조 사이의 학제적 연구이다. 물론 이처럼 다양한 철학 사조 사이의 소통을 목표로 하는 연구를 엄밀한 의미에서 학제적 연구라고 부를 수 있는지 하는 점은 검토할 필요가 있을 것이다. 그럼에도 불구하고 철학에서는 다양한 철학 사조 사이의 근본 입장의 차이가 아주 큰 경우가 종종 존재하기 때문에 이러한 연구를 학제적 연구라고 불러도 큰 무리는 없을 것으로 생각한다. 앞서 우리는 인문학·사회과학의 다양한 분야 각각에서 수행될 수 있는 질적 연구와 양적 연구 사이의 협동 연구를 학제적 연구라 불렀는데, 그와 유사한 이유에서 근본 전제가 서로 다른 철학 사조들 사이의 협동 연구 역시 학제적 연구라 부를 수 있는 것이다.

현재 전 세계적으로 다양한 철학 사조가 존재하며 한국에서도 다양한 철학 사조가 활발하게 연구되고 있으나 다양한 철학 사조 사이의 학제적 연구는 충분히 이루어지고 있지 못하다. 그러나 최근 들어 일각에서 서로 다른 철학 사조 사이에 존재하는 벽을 허물고 대화하면서 학제적 연구를 수행하려는 노력이 일고 있다. 예를 들어 동양철학과 서양철학 사이의 협동 연구가 다방면으로 진행되고 있다. 또 서양철학 사조 내에서도 현상학과 분석철학 사이에 의식, 지향성의 문제 등을 중심으로 학제적 연구의 분위기가 조성되고 있는데, 이는 대단히 고무적인 일이며 이러한 분위기는 앞으로 더 확산되어야 할 것이다.

셋째, 철학은 부분적으로 철학 이외의 다양한 학문 분야 사이의 학제적 연구를 위해 나름대로 중요한 역할을 할 수도 있다. 무엇보다도 성격상 서로 다른 다양한 학문 분야가 참여하는 학제적 연구에서 다양한 입장이 서로 충돌할 경우 그것을 중재할 필요가 있는데, 이 경우 철학은 다양한 학문들의 철학적 토대를 검토하면서 중요한 역할을 담당할 수 있다. 물론 이 경우 어떤 특정한 하나의 철학 사조보다는 다양한 철학 사조를 대변할 수 있는 철학 연합이 중재자의 역할을 더 충실히 수행할 수 있음은 두말할 필요도 없다. 이를 위해서 선행되어야 할 것은 두 번째 유형의 학제적 연구이다. 다양한 철학 사조 사이의 학제적 연구를 통해서 그것들이 서로 소통할 수 있을 때 그것들의 연합은 다양한 인접 학문들 사이의 학제적 연구에서 중요한 역할을 수행할 수 있는 것이다. 이 점과 관련해 필자는 공학의 몇몇 분야처럼 성격이 비슷한 몇몇 분야 사이의 학제적 연구를 위해서는 철학이 커다란 기여를 할 수 없다는 사실도 지적하고자 한다.

넷째, 그러나 철학은 이러한 세 가지 유형의 학제적 연구에 만족할 수 없다. 현대 학문은 날이 갈수록 전문화되어 가고 있다. 물론 이러한 전문화 경향은 긍정적인 측면을 가지고 있으며 인류의 행복한 삶과 진정한 학문의 발전을 위해 꼭 필요한 것도 사실이다. 전문화는 사태에 대한 심층적이며 예리한 파악을 가능하게 해 주기 때문이다. 그럼에도 불구하고 전문화는 나름의 심각한 문제점을 가지고 있을 수 있다. 예를 들어 전문화는 경우에 따라 파편화로 이어져 전문 연구자들이 학문과 현실에 대한 전체적인 조망을 상실하고 맹목적인 연구 기술자로 전락하게 할 수도 있다. 여기에 상업주의적 관심이 학문 연구를 주도하는 관심으로 등장하게 되면 파편화된 학문은 참다운 인류의 행복을 증진하는 데 기여하기보다는 인류를 멸망의 구렁텅이로 몰아넣고 마는 괴물로 돌변할 수도 있는 것이다.

이처럼 학문이 전문화되어 가는 상황에서 학문과 현실에 대한 전체적인 조망을 얻는 일은 무엇보다도 중요한 의미를 지닌다. 철학은 어떤 특정한 사태 영역을 다루는 분과 학문 중의 하나가 아니라 모든 학문의 토대를 탐구하면서 학문과 현실 전체에 대한 전반적인 지형도를 그려 보려고 시도하는 "보편학"이기 때문이다.[122] 보편학으로서의 철학의 이념은 플라톤과 아리스토텔레스에서 시작하여 데카르트를 거쳐 현대에 이르러서는 현상학의 창시자인 후설에 이르기까지 철학사 전체의 흐름을 이끌어 온 원동력이다. 물론 현대에 접어들면서 철학계 일각에서 전문화의 방향으로만 치달으면서 보편학으로서의 철학의 이념이 부분적으로 퇴색되고 있는 것도 사실이다. 바로 이러한 사실을 염두에 두면서 윌슨은 철학자들을 "전문가적 소심함"에 빠져 있다고 비판하는 것이다. 물론 윌슨의 지적은 철학계 일각에 대해서는 타당하다고 할 수 있다. 그러나 현대 철학 전체가 "전문가적 소심함"에 빠져 있는 것은 아니며 무엇보다도 주목해야 할 점은 철학이란 그 본성상 "보편학"이고자 하며 따라서 철학은 "전문가적 소심함"과는 무관한 학문이라는 사실이다.

모든 분과 학문이 전문화의 방향으로 치닫고 있는 오늘날 보편학으로서의 철학의 이념은 특히 중요한 의미를 지니고 있다. 무엇보다도 보편학으로서의 철학은 학문과 현실 전체에 대한 전반적인 지

122 보편학이란 다양한 의미로 이해될 수 있다. 예를 들어 후설의 현상학에서 보편학은 "모든 가능한 이론을 자신 안에 포함하고 있는 학문"을 뜻한다. 이 점에 대해서는 이남인, 『현상학과 해석학』, 서울: 서울대학교출판부, 2005, 32쪽 이하를 참조할 것. 그러나 이 글에서 보편학은 어떤 하나의 대상 영역만을 탐구함을 목표로 하는 분과 학문과 구별되는, 모든 학문과 현실 전체에 대한 보편적인 조망을 얻고자 시도하는 철학을 뜻한다.

형도를 그려 줌으로써 분과 학문에 종사하는 학자들이 자신의 연구가 학문의 전반적인 지형도에서 어떤 위치를 차지하는지 이해할 수 있도록 해 줄 수 있다. 이러한 이해는 우선 그들을 단순한 연구 기술자로 전락할 수 있는 위험에서 보호해 주어 그들이 진정한 의미의 이론가, 즉 학자로 남아 있을 수 있도록 해 주는 원천이 될 수 있다. 더 나아가 이러한 이해는 연구자들 각자에게 자신의 연구가 인류의 삶을 위해 어떤 의미를 지니는지 깨닫게 함으로써 그들이 진정한 의미의 인류의 행복을 위해 기여할 수 있도록 해 주는 원천이 될 수 있다.

보편학의 역할을 다할 수 있기 위해서 철학은 하나의 인접 학문 또는 몇몇의 인접 학문과 학제적 연구를 수행하는 것을 넘어 모든 분과 학문과 소통하면서 학제적 연구를 수행하려 노력해야 한다. 물론 이러한 작업은 어느 한 철학자에 의해 수행될 수 있는 성격의 것이 아니다. 그것은 다양한 철학을 연구하는 수많은 철학자들의 공동 연구가 전제되어야만 가능한 작업이라 할 수 있다. 이러한 점에서 앞서 지적한 다양한 철학 사조들 사이의 협동 연구는 보편학으로서의 철학의 전개를 위해 특히 중요한 의미를 지닌다.

모든 분과 학문과 소통하고 학제적 연구를 수행하면서 학문과 현실의 전반적인 지형도를 그려 보는 작업은 끝이 없는 작업으로서, 어느 한 시점에 종결될 수 있는 성격의 것이 아니라 무한히 열려진 작업이라 할 수 있다. 말하자면 그것은 인류가 현실적으로 도달할 수 없는 무한히 먼 곳에 자리 잡고 있는 하나의 이념이라 할 수 있다. 그럼에도 불구하고 우리가 이러한 이념을 포기할 수 없는 것은 앞서 지적되었듯이 그것이 진정한 학문의 발전과 인류의 행복한 삶을 위해 결정적으로 중요한 의미를 지니고 있기 때문이다.

필자는 이러한 네 가지 유형의 학제적 연구가 성공적으로 수행되기 위해서 다음과 같은 두 가지 조건이 갖추어져야 한다고 생각한다.

첫째, 철학과 분과 학문 사이의 학제적 연구에 참여하는 다양한 유형의 철학과 분과 학문이 학제적 연구를 통해 새로운 모습으로 태어날 준비가 되어 있어야 한다. 말하자면 학제적 연구에 참여하는 모든 철학과 학문은 다른 철학과 학문과의 만남을 통해 변신하면서 새롭게 태어나야 하는 것이며 바로 이러한 변신과 재탄생은 보다 심화된 유형의 학제적 연구를 위한 전제 조건이 된다고 할 수 있다.

둘째, 철학과 분과 학문 사이의 학제적 연구는 거기에 참여하는 다양한 유형의 학문이 지니고 있는 고유한 성격을 인정하면서 수행되어야 한다. 각각의 학문이 가지고 있는 고유한 방법이 지닌 고유한 권리를 인정하지 않고 어떤 특정한 학문 영역에서 통용되는 방법을 모든 학문 분야에 적용하고자 할 경우 방법론적 제국주의가 등장할 수 있는데, 방법론적 제국주의는 진정한 의미의 학제적 연구를 가로막는 주범이라 할 수 있다.

여기서 우리는 왜 윌슨이 철학과 학제적 연구의 문제를 논하면서 철학자들을 학제적 연구를 방해하는 자들로 간주하는지 이해할 수 있다. 이 점과 관련해 우리는 자연과학적 방법을 통해 철학을 자연과학과 통섭하려는 윌슨의 시도는 일종의 방법론적 제국주의이며, 그것은 철학과 자연과학 사이의 대화와 소통에 토대를 둔 진정한 의미의 학제적 연구라 할 수 없다는 사실을 염두에 둘 필요가 있다. 바로 이러한 이유에서 많은 철학자들은 윌슨의 통섭 프로그램에 대해 비판적인 입장을 취하는 것이다. 많은 철학자들이 윌슨의 통섭 프로그램에 대해 비판적인 것은 그들이 학제적 연구를 혐오해서가 아니라, 그것이 진정한 의미의 학제적 연구와 거리가 멀다고 생각하기 때문이다. 이처럼 철학자들이 부당한 학제적 연구 프로그램을 비판하는 것을 두고 윌슨처럼 철학자들이 학제적 연구에 관심이 없다거나 학제적 연구를 방해하는 자들이라고 주장하는 것은 전적으로 부당한 처사이다.

이 점과 관련해 한 가지 더 지적해야 할 점은, 필자를 비롯한 철학자들이 윌슨을 비판할 경우 그들은 생물학자로서의 윌슨을 비판하는 것이 아니라 철학자로서의 윌슨을 비판하는 것이라는 사실이다. 이 점과 관련하여 우리는 윌슨이 "지식의 통일이 가능한가?"라는 물음을 제기하는 한 그는 더 이상 생물학자가 아니라 철학자라는 사실을 이해해야 한다. "지식의 통일이 가능한가?"라는 물음은 생물학적 물음이 아니라 인식론의 핵심적인 물음이기 때문이다. 거듭 강조하건대 철학자들이 윌슨의 통섭 프로그램을 비판할 경우, 그들은 생물학자로서의 윌슨이 아니라 동료 "철학자"로서의 윌슨에 대해 비판하는 것이며, 그의 생물학 이론을 비판하는 것이 아니라 철학 이론으로서의 그의 통섭 프로그램을 비판하는 것이다.

철학과 학제적 연구에 대한 윌슨의 주장이 심각한 문제점을 안고 있는 것은 사실이지만 필자는 그럼에도 불구하고 철학계가 그의 주장과 관련하여 철학과 학제적 연구라는 주제에 대해 진지하게 고민해야 할 필요가 있다고 생각한다. 이 점과 관련해 다음과 같이 두 가지 사실을 지적하고자 한다.

첫째, 필자는 그동안 한국 철학계가 학제적 연구를 위해 나름대로 많은 노력을 기울여 왔다고 평가한다. 그럼에도 불구하고 필자는 이러한 노력이 철학계 밖으로 거의 전달되지 않았다고 생각한다. 이러한 사실은 윌슨의 통섭 프로젝트를 비판하는 철학자들의 태도에 대한 어느 인터넷 논객의 다음과 같은 지적에서도 잘 드러난다.

> 통섭이라는 번역어 논쟁 밑바닥에는 자연과학이 인문학을 삼켜 버릴지 모른다는 인문학자의 두려움이 깔려 있습니다(특히 생물학에 대한). 사회생물학으로 큰 파장을 던진 에드워드 윌슨의 의도가 무엇이든 간에 아마 시간이 지날수록 다른 학문에 대한 생물학의 영향력은 커질 것입니다. [...] 그 점에서 인문학의 근본이 되는 철학이 가장 극렬한 반대의 선봉에 서고 있지 않을까 추측합니다.[123]

여기서 우리는 이 논객이 철학에 대해 가지고 있는 생각을 어느 정도 짐작할 수 있다. 우리는 이 논객이 윌슨의 영향을 많이 받고 있음을 알 수 있다. 실제로 이 논객의 추측처럼 그동안 통섭에 대한 비판적인 견해는 주로 철학계에서 나왔던 것도 사실이다. 이러한 사정을 염두에 두면서 이 논객은 철학자들이 통섭 프로그램을 비판하는 이유를 자연과학이 인문학을 삼켜 버릴지 모른다는 인문학자의 두려움에서 찾고 있는 것이다. 그러나 이러한 지적은 사태의 진상을 파악하지 못한 데서 나온 것이라 할 수 있다. 통섭 프로그램은 그 핵심에 있어서는 어학적인 문제도 아니고, 문학적인 문제도 아니며, 역사학적인 문제도 아니요, 바로 철학적인 문제이기 때문에 철학자들이 관

123 http://kbook.tistory.com/23, (6).

심을 가지고 비판하는 것이다. "자연과학이 인문학을 집어삼킬지 모른다는 두려움"에서 철학자들이 통섭에 대해 "가장 극렬한 반대의 선봉에 서고 있지 않을까" 하는 추측은 그야말로 철학의 정체, 통섭 프로그램의 정체 등에 대한 이해가 부족한 데서 나온 근거 없는 추측에 불과할 뿐이다.

둘째, 우리는 철학과 학제적 연구의 가능성과 관련해 철학계 내부에도 많은 문제가 존재하며 그에 대한 철저한 반성이 필요하다는 사실을 지적하고자 한다. 비록 그동안 한국 철학계가 나름대로 학제적 연구를 위해 많은 노력을 기울였지만 과연 그러한 노력이 최선의 것이었는지 검토할 필요가 있다. 앞서 필자는 철학이 학제적 연구를 수행할 수 있는 네 가지 유형에 대해 언급하였다. 그러나 우리는 이 네 가지 유형의 학제적 연구가 진정한 의미에서 만족할 만한 수준으로 수행되고 있는지 보다 진지하게 고민해 볼 필요가 있다. 이 점에 있어서 앞으로 철학계는 철학의 본성에 충실하게 여타의 학문에 대해 보다 열린 자세를 가지고 그것들로부터 많은 것을 배우고 또 그것들이 필요로 하는 것을 주면서 적극적으로 학제적 연구를 수행해 나가야 할 것이다. 그리고 또 한 번 거듭 강조하고 싶은 것은 앞서 살펴본바 철학과 관련된 네 가지 유형의 학제적 연구 중에서 가장 중요하며 또 시급하게 이루어져야 할 것은 다양한 철학 사조들 사이의 학제적 연구라는 사실이다. 이러한 유형의 학제적 연구가 이루어져야만 나머지 세 가지 유형의 학제적 연구 역시 올바로 이루어질 수 있는 토대가 마련될 수 있는 것이다. 현재 한국 철학계에서는 다양한 철학 사조 사이의 학제적 연구가 활발하게 이루어지고 있지 않은데, 앞으로 이러한 유형의 학제적 연구가 활발하게 이루어질 수 있도록 노력할 필요가 있다.

6. 학제적 연구의 미래

지금까지 우리는 학제적 연구와 관련해 윌슨의 통섭 프로그램의 의의 및 한계를 살펴보고 1) 인문학·사회과학과 자연과학 사이의 학제적 연구, 2) 동일한 학문 분야 안에서의 학제적 연구, 3) 철학이 관여하는 학제적 연구라는 세 가지 유형의 학제적 연구의 가능성에 대해 살펴보았다.

이 중에서 첫 번째 유형의 학제적 연구의 한 유형, 즉 자연과학과 통섭될 수 있는 인문학·사회과학과 자연과학 사이의 학제적 연구를 제외하면 나머지 유형의 연구는 윌슨의 통섭 프로그램에서 존재할 수 없다. 예를 들어 질적 연구의 형태로 수행되는 인문학·사회과학과 자연과학은 통섭될 수 없기 때문에 그들 사이의 학제적 연구는 통섭 프로그램에서 존재할 수 없다. 그리고 동일한 학문 분야 안에서의 질적 연구와 양적 연구 사이의 학제적 연구와 철학이 관여하는 학제적 연구가 통섭 프로그램에서 존재할 수 없음은 두말할 나위도 없다.

이러한 논의를 통하여 우리는 윌슨의 통섭 프로그램의 한계를 넘어서는 다양한 유형의 학제적 연구가 존재한다는 사실을 확인할 수 있다. 더구나 윌슨의 통섭 프로그램의 한계를 넘어서는 학제적 연구는 지금까지 살펴본 것보다 더 다양하다. 앞서 살펴본 네 가지 유형의 학제적 연구 이외에도 질적 연구의 형태로 수행되는 인문학·사회과학의 다양한 분야들 사이에서 다양한 형태로 학제적 연구가 수행될 수 있는데, 이러한 학제적 연구도 윌슨의 통섭 프로그램의 한계를 넘어서는 것이다. 그리고 질적 연구의 형태로 수행되는 인문학·사회과학의 다양한 분야와 양적 연구의 형태로 수행되지만 자연과학과 통섭되지 않는 인문학·사회과학의 다양한 분야 사이의 학제적 연구 역시 윌슨의 통섭 프로그램의 한계를 넘어선다. 우리는 이러한 두 가지 유형의 학제적 연구에 참여하는 학문 조합들의 수만큼 다양한 유형의 학제적 연구가 가능하다는 사실에 주목할 필요가 있다.

앞으로 이처럼 다양한 유형의 학제적 연구가 활발하게 수행될 경우 그것은 학문 발전과 사회 발전에 크게 기여할 수 있을 것이다. 최근 학제적 연구에 대한 관심이 커지고 있는 것은 바람직한 현상이다. 그러나 학제적 연구는 그 자체가 목적이 될 수 없다. 지금까지 존재했던 개별 학문 분야만의 힘으로는 해결할 수 없는 새로운 문제가 제기될 경우 그 문제를 해결하기 위해 필요한 것이 학제적 연구이다. 학제적 연구를 수행하면서 그것이 가지고 있는 본래적인 의미를 망각하지 않는 일이 중요하다.

Ⅷ. 통섭 비판과 대학의 이념 및 대학 교육의 미래

앞서 살펴보았듯이 윌슨은 통섭 프로그램을 전개하면서 대학의 교양 교육이 나아갈 방향에 대해서도 논의한다. 이 점과 관련해 그는 현재 전 세계 대학에서 만연하고 있는 칸막이식의 교양 교육이 지양되어야 한다는 점과 학생들이 다양한 분야의 교양 교육을 폭 넓게 접해야 할 필요성을 강조한다. 필자는 이러한 윌슨의 견해에 전적으로 공감한다. 필자는 그가 대학의 교양 교육이 나아갈 방향과 관련해 매우 중요한 사실을 지적하고 있다고 평가한다.

그럼에도 불구하고 교양 교육에 대한 윌슨의 논의는 한 방향으로 치우쳐 있으며 그러한 점에서 심각한 문제를 안고 있다. 뒤에서 논의되겠지만 교양 교육에 대한 그의 논의는 인류가 당면한 실용적인 문제 해결이라는 목표를 중심으로 전개되고 있다. 그가 이러한 방식으로 교양 교육의 문제를 논하게 된 것은 그가 암묵적으로 특정한 대학의 이념, 즉 실용주의적 대학의 이념을 전제하고 있기 때문이다.

교양 교육에 대한 논의뿐 아니라, 대학 교육에 대한 논의는 대학의 이념에 대한 논의와 함께 이루어져야 한다. 이제 우리는 21세기가 지향해야 할 대학의 이념에 대해 살펴보고 그를 토대로 교양교육에 대한 윌슨의 견해가 가지고 있는 문제점을 검토하면서 미래의 대학 교육에 대해 살펴볼 것이다. 이를 위해 우선 1-3절에서 고전적 대학의 이념과 실용주의적 대학의 이념에 대해 살펴보고 그를 토대로 21세기 새로운 대학의 이념에 대해 살펴볼 것이다. 고전적 대학의 이념과 실용주의적 대학의 이념은 서양에서 나타났다. 그러나 동아시아적 전통에서도 대학의 이념은 존재하였으며, 그것은 21세기 대학의 이념을 모색함에 있어 중요한 의미를 지닌다. 이러한 점에서 4절에서는 동아시아적 대학의 이념과 그것이 21세기 대학의 이념에 대해 어떤 의미를 지니는지를 검토할 것이다. 이러한 논의를 토대로 5절에서는 윌슨의 통섭 프로그램이 실용주의적 대학의 이념에 토대를 두고 있다는 사실을 검토하고, 6절에서는 대학 교육에 대한 윌슨의 견해를 비판적으로 검토하면서 대학 교육의 미래에 대해 살펴볼 것이다.

논의를 시작하기 전에 밝혀 두어야 할 것은 이 장에서 대학의 이념과 대학 교육을 논하면서 필자가 염두에 두고 있는 대학은 한국의 국립대학교라는 사실이다. 세계에 있는 수많은 대학이 각기 고유한 역사를 가지고 있기 때문에 이 장에서 모든 대학의 이념과 대학 교육을 논하는 일은 불가능하다. 뒤에서 논의될 내용이 한국의 국립대학교 이외의 대학들, 특히 한국의 사립대학교들의 이념 및 교육과 어떤 관계에 있는지 하는 점을 해명하는 일은 앞으로의 과제로 남겨두고자 한다.

1. 고전적 대학의 이념[124]

고전적 대학의 이념은 칸트(I. Kant)에 의해 정초되고 훔볼트(W. von Humboldt)가 1809년에 베를린 대학을 창설하면서 완성되고 현실화되었다. 고전적 대학의 이념의 철학적 토대는 칸트로부터 시작된 독일 관념론인데, 칸트 이외에도 피히테(J. G. Fichte), 셸링(F. W. J. Schelling), 헤겔(G. W. F. Hegel), 슐라이어마허(F. Schleiermacher) 등 고전적 대학의 이념의 정립 과정에 기여한 철학자들이 다수 있다.

칸트는 고전적 대학의 이념의 정립 과정에서 선구적인 역할을 하였다. 1798년에 출간된 『학부들의 논쟁』[125]이라는 책에서 칸트는 철학부와 신학부, 법학부, 의학부 등 여타의 학부 사이의 논쟁에 대해 논의하면서 고전적 대학의 이념의 토대를 놓았다. 그러면 철학부와 여타의 학부 사이의 논쟁에 대한 칸트의 논의를 검토하면서 고전적 대학의 이념에 대해 살펴보자.

칸트에 의하면 대학을 구성하는 네 개의 학부가 있는데, 그것은 바로 신학부, 법학부, 의학부, 철학부이다. 그런데 그중에서 철학부는 하부학부라 불리고 나머지 세 개의 학부는 상부학부라 불린다. 하부학부와 상부학부는 본질적으로 다르다.[126] 상부학부와 하부학부가 연

124 이 장의 많은 부분은 Nam-In Lee, “Eco-ethica and the Idea of the University Revisited”, in: *Eco-ethica* 2, 2012에서 따왔다.

125 I. Kant, *Der Streit der Fakultäten*, in Kant. Werke. Bd 9. *Schriften zur Anthropologie, Geschichtsphilosophie, Politik und Pädagogik*, Darmstadt: Wissenchaftliche Buchgesellschaft, 1983. 이 책은 Streit라는 약호로 인용한다.

126 양자의 구별에 대해서는 Streit, 280쪽 이하 참조.

구하는 대상 영역의 차이에서 양자의 구별을 찾을 수도 있다. 그러나 양자를 구별하는 본질적인 기준은 연구하는 대상 영역에 있다기보다는 정부와의 관계에 있다.

상부학부는 정부의 관심에 따라 운영되는 학부이다. 한마디로 상부학부는 정부가 자신의 존립을 위해 필요하다고 생각하는 것들을 연구하고 교육하는 학부이다. 정부가 자신의 존립을 위해 관심을 가지고 있는 것들이란 다름 아닌 그를 통해 정부가 "국민에게 가장 강력하고 지속적인 영향력"(Streit, 281)을 행사할 수 있는 것들을 뜻한다. 현대적인 용어로 표현하자면 상부학부는 정부가 판단하기에 국민에게 실질적인 효용을 줄 수 있는 것들을 연구하고 교육하는 학부이다.

실제로 상부학부에 속하는 세 개의 학부는 국민에게 실질적인 효용을 줄 수 있는 것들을 연구하고 교육한다. 우선 신학부는 국민 각자가 사후에 누릴 수 있는 영원한 행복이라는 종교적 효용에 대해 연구하고 교육한다. 다음으로 법학부는 한 사회 구성원으로서 국민 각자가 누릴 수 있는 시민적 행복이라는 사회적 효용에 대해 연구하고 교육한다. 마지막으로 의학부는 국민 각자가 오랫동안 건강하게 살 수 있는 신체의 행복이라는 효용에 대해 연구하고 교육한다. 이러한 세 가지 유형의 효용에 대해 연구하고 교육하면서 그것을 극대화시키는 것이 바로 상부학부의 사명이다.

그런데 상부학부는 자율적으로가 아니라 정부의 명령에 따라 연구의 목표와 방향을 설정한다. 이러한 점에서 상부학부에는 학문의 자유와 자율이 존재하지 않는다. 상부학부에서 그 어떤 주장이 옳은지 그른지를 판단하는 최종적인 심급은 학부의 구성원이 아니라 정부이다.

상부학부와는 달리 하부학부인 철학부는 정부의 관심이 아니라 오로지 "학문의 관심(das Interesse der Wissenschaft)"(Streit, 281)에 따라 연구하고 교육하는 학부이다. 하부학부의 경우 어떤 주장이 옳은지 그른지를 판단하는 최종적인 심급은 정부가 아니라 바로 하부학부 자신이다. 현대적인 용어로 표현하자면 하부학부는 학문 그 자체가 목적인바, 순수 학문을 연구하고 교육하는 학부이다. 이 점과 관련해 우리는 순수 학문이 발견하려고 노력하는 것이 다름 아닌 진리 그 자체라는 사실에 유의할 필요가 있다. 따라서 하부학부는 인간의 삶에 대한 유용성과 무관하게 진리 그 자체를 발견하고자 하는 학부이다.

이처럼 진리 그 자체를 발견함을 목표로 하는 하부학부인 철학부는 두 개의 학과로 이루어져 있다. 그중의 하나는 "역사적 인식의 학과"이며 다른 하나는 "순수한 이성인식의 학과"이다.(Streit, 291) 이 경우 "역사적 인식의 학과"란 단순한 경험적 사실을 경험적 사실로서 인식함을 목표로 하는 학과로서, 이 학과에서는 역사학, 지구기술학, 언어학, 인문학, 자연사학 등을 연구한다. 이와는 달리 "순수한 이성인식의 학과"는 경험적 인식과는 독립된 순수한 이성적 인식을 획득함을 목표로 하는 학과로서 이 학과에서는 순수수학, 순수철학, 자연 형이상학, 도덕 형이상학 등을 연구한다. "역사적 인식"이 "순수한 이성인식"에 정초되어 있듯이 철학부의 이 두 부분은 분리할 수 없이 밀접한 정초 연관 속에서 존재한다. 철학부는 오늘날의 철학과뿐 아니라 수학과도 포함하며, 더 나아가 역사학과, 언어학과 등 인문대학에 소속된 학과와 물리학과, 생물학과 등 자연대학에 소속된 학과 등 다양한 학과를 포함한다. 오늘날의 학제에 따라 말하자면 철학부는 인문대학, 사회대학, 자연대학을 통합한 기초학문대학이다.

정부와의 관계에서 볼 때 하부학부는 상부학부와 본질적으로 구별된다. 앞서 살펴보았듯이 상부학부가 교육과 연구에 있어서 정부의 지시를 받으며 그러한 한에서 자유롭고 자율적인 학부가 될 수 없는 데 반해 하부학부는 철저하게 자유롭고 자율적인 학부이다. 자율과 자유는 하부학부를 상부학부와 구별시켜 주는 하부학부의 본질적인 특성이다.

그런데 철학부의 자율과 자유를 지탱해 주는 내적 원리는 다름 아닌 이성(die Vernunft)이다. 이성은 참과 거짓을 가려 줄 수 있는 비판적인 능력을 뜻한다. 철학부는 이성의 학부이며 이성의 화신이라 할 수 있다. 상부학부와 달리 철학부는 정부의 명령이 아니라, 오직 이성의 명령에 따라 연구하고 교육하는 학부이다.

이처럼 본질적인 차이를 가지고 있는 상부학부와 하부학부 사이에 논쟁이 생길 수 있다. 양자 사이의 논쟁에는 두 가지가 있는데, 합법적인 논쟁과 비합법적인 논쟁이 그것이다.

우선 비합법적인 논쟁에 대해 살펴보자. 비합법적인 논쟁에는 두 가지가 있는데, 논쟁의 "내용이라는 면에서 볼 때(der Materie wegen)" 비합법적인 논쟁과 논쟁의 "형식이라는 면에서 볼 때(der Form wegen)" 비합법적인 논쟁이 바로 그것이다.(Streit, 292-293)

논쟁의 "내용이라는 면에서 볼 때" 비합법적인 논쟁은 특정 내용에 대해 공개적으로 토론하면서 어느 것이 옳은지 판단하는 일이 허용되지 않을 경우 발생한다. 이 경우 특정 내용에 대해 논쟁이 시작될 수 없거나 설령 논쟁이 시작된다고 하더라도 그것은 말만 논쟁이지 실제로는 논쟁이라 할 수 없다.

다음으로 논쟁의 “형식이라는 면에서 볼 때” 비합법적인 논쟁은 어떤 사안에 대한 논쟁이 진행되기는 하지만 그 논쟁이 이성의 형식에 따라 이루어지지 않을 때 발생한다. 논쟁이 이성의 형식에 따라 이루어지지 않는 예로는 논쟁이 간계, 뇌물, 폭력, 위협 등을 통해 이루어질 경우를 들 수 있다. 이러한 비합법적인 논쟁 역시 말만 논쟁이지 진정한 의미의 논쟁이라 할 수 없다.

양자 사이의 비합법적인 논쟁과는 달리 합법적인 논쟁은 논쟁의 내용이라는 면에서뿐 아니라 형식이라는 면에서 볼 때도 문제점이 없을 경우 가능하다. 이 경우 양자 사이에 이성을 통해 공개적으로 논쟁이 진행될 수 있다. 여기서 알 수 있듯이 양자 사이의 합법적인 논쟁은 공개적이며 이성적으로 진행되는 논쟁을 뜻한다. 말하자면 적당한 타협이 아니라 “냉철한 이성(mit kalter Vernunft)”(Streit, 296)의 심판을 통해서 공개적으로 진행될 경우 양자 사이의 논쟁은 합법적인 논쟁이 될 수 있는 것이다.

이성의 학부인 철학부가 냉철한 이성을 통해 모든 사안을 해결하려는 자신의 입장을 지속적으로 개진하는 한 철학부와 상부학부 사이의 합법적인 논쟁은 필연적으로 전개될 수밖에 없다. 상부학부 위에서 명령을 내리는 정부의 입장이 언제나 냉철한 이성의 판결과 일치하는 것은 아니기 때문이다.(Streit, 296) 또한 정부의 입장 역시 인간에 의해 정립된 입장인 한에서 언제나 오류의 가능성을 가지고 있고, 따라서 철학부와 상부학부 사이의 합법적인 논쟁은 지속적으로 벌어질 수밖에 없다.(Streit, 297)

철학부와 상부학부 사이에 합법적인 논쟁이 벌어질 경우 정부는 양자로부터 거리를 취하면서 중립적인 입장을 취할 필요가 있다.

우선 양자 사이의 합법적인 논쟁이 정부와 철학부 또는 상부학부 사이의 논쟁이 아니라, 철학부와 상부학부 사이의 논쟁이며 따라서 그것이 정부의 권위를 손상하는 것은 아니기 때문이다. 양자 사이의 합법적인 논쟁이 발생하면 정부는 철학부뿐 아니라 상부학부와도 거리를 취하면서 논쟁을 관망하면 된다.(Streit, 298) 정부가 중립적인 입장을 취해야 할 또 하나의 이유는 양자 사이의 합법적인 논쟁이 정부에 불리함이 아니라 이로움을 안겨 준다는 데 있다. 실제로 양자 사이의 합법적인 논쟁에서 철학부는 냉철한 이성을 통해 정부에 유리한 것이 무엇이고 불리한 것이 무엇인지 분명하게 보여 줄 수 있으며, 이러한 철학부의 활동은 정부에 큰 도움을 줄 수 있다.(Streit, 299)

이 점과 관련해 우리는 철학부를 지탱하는 원리는 이성과 진리라는 이념이며 상부학부와의 합법적인 논쟁은 바로 냉철한 이성을 통해 전개되기 때문에 상부학부와의 합법적인 논쟁에서 철학부가 결정적으로 중요한 역할을 한다는 사실에 주목할 필요가 있다. 진정한 의미의 비판 능력을 가지고 있지 못한 상부학부가 제시하는 다양한 주장들을 냉철한 이성을 통해 비판적으로 검토하는 일은 철학부의 권리이자 의무이다.

상부학부와 하부학부 사이의 합법적 논쟁이 계속해서 진행될 경우 상부학부에 커다란 변화가 일어난다. 합법적 논쟁 과정에서 냉철한 이성을 통해 다양한 주장들을 비판적으로 검토하는 하부학부에 대해 상부학부가 해야 할 일은 권위나 강압이 아니라 철저하게 냉철한 이성을 통해 대응하는 것이다. 그리고 이처럼 하부학부에 대해 이성을 통해 대응하면서 상부학부는 더 이상 권위와 강압의 학부로 남아 있을 수 없고 냉철한 이성의 학부가 되며, 그를 통해 자유롭고 자율적이며 비판적인 기관으로서의 대학의 진정한 한 부분으로 탈바꿈한다.

이처럼 이성의 학부인 철학부는 상부학부가 비판 정신과 더불어 진정한 의미의 자율과 자유를 누리는 대학의 한 부분으로 다시 태어나기 위해 꼭 필요하다. 이런 맥락에서 칸트는 당시의 통념에 따라 하부학부인 철학부가 상부학부의 시녀라는 사실을 일단 인정한다. 그러나 그는 시녀인 철학부가 상부학부의 앞에서 횃불을 들고 가는 시녀인지 상부학부 뒤에서 상부학부의 옷자락을 들고 가는 시녀인지 하는 점은 또 다른 문제라고 말하고 있다.(Streit, 291) 냉철한 이성으로 무장한 하부학부인 철학부가 상부학부를 진정한 의미의 대학의 한 부분으로 탈바꿈시킨다는 사실을 통해 알 수 있듯이, 철학부는 앞에서 진리의 횃불을 들고 가면서 상부학부를 자유롭고 자율적인 진정한 의미의 대학의 한 부분으로 탈바꿈시키고 그를 통해 대학 전체를 진정한 의미의 대학으로 거듭나게 하는 "시녀"이다.

여기서 우리는 철학부를 하부학부라 부르는 것이 타당한 일인지 살펴볼 필요가 있다. 물론 철학부는 돈, 권력 등 세속적인 가치 기준에서 볼 때 하부학부라 불릴 수 있는 것이 사실이다. 그러나 이성과 진리라는 기준에서 볼 때 철학부는 하부학부가 아니라 상부학부라 불려야 마땅하다. 철학부가 냉철한 이성을 통해 상부학부를 앞에서 인도하면서 진정한 의미에서 자율적이며 자유롭고 비판적인 대학의 한 부분으로 탈바꿈시키기 때문이다.

철학부는 이처럼 이성의 비판 정신을 통해서 대학 전체를 위해 커다란 공헌을 한다. 바로 이러한 이유에서 철학부는 자율과 자유의 원천인 학부로서 국가로부터 보호받아야 한다. 그리고 상부학부 역시 철학부의 발전뿐 아니라 자신의 발전을 위해서도 이성적인 학부이고자 하는 철학부의 저 소박한 요구를 받아들여야 한다. 더 나아가 상부학부는 언제나 철학부와의 합법적인 논쟁에 참여할 준비가 되어 있어야 하며 철학부가 대학의 핵심적인 부분이라는 사실을 정부가 이해할 수 있도록 노력해야 한다.

상부학부와 하부학부 사이의 합법적인 논쟁은 대학에 대한 정부의 태도를 근본적으로 바꿔 놓게 된다. 양자 사이의 합법적인 논쟁이 전개되기 전까지 정부는 대학을 통제하고 대학에 간섭하는 일을 당연한 것으로 간주해 왔다. 그러나 이제부터 정부는 대학에 간섭해서는 안 된다는 사실을 이해하고 대학이 자유롭고 자율적인 기관으로 남아 있을 수 있도록 대학을 보호하려고 노력하게 된다. 대학은 본성상 자유롭고 자율적인 기관으로 남아 있어야 하며, 또 그러한 기관으로서 존재해야만 국가에도 큰 이익이 될 수 있기 때문이다.

이처럼 칸트는 『학부들의 논쟁』에서 고전적 대학의 이념을 전개하고 있다. 그가 구상한 고전적 대학의 이념은 훔볼트가 1809년 베를린 대학을 설립하는 철학적 토대가 되었다. 훔볼트에 따르면 대학은 국가로부터 독립적인, 자유롭고 자율적인 기관이어야 한다. 이처럼 대학이 국가로부터 완전히 독립적으로 자유와 자율을 누릴 수 있을 때 대학은 국가와 사회의 횃불 역할을 하면서 진정한 의미에서 그를 위해 봉사할 수 있다.[127]

이처럼 칸트에 의해 정초된 고전적 대학의 이념은 1809년 베를린 대학이 설립되면서 완성을 보게 된다. 고전적 대학의 이념의 화신

---

127 W. von Humboldt, *Werken in fünf Bänden IV. Schriften zur Politik und zum Bildungswesen*, Darmstadt: Wissenschaftliche Buchgesellschaft, 1993, 260.

인 베를린 대학은 연구, 교육, 사회봉사 등 다방면에서 커다란 성공을 거두었다. 바로 이러한 이유에서 고전적 대학의 이념은 19세기와 20세기에 전 세계적으로 퍼져나갔고 여러 국가들이 고전적 대학의 이념에 따라 대학을 설립하였다. 미국에서도 역시 1893년 존스 홉킨스 대학(Johns Hopkins University)의 설립을 출발점으로 해서 고전적 대학의 이념에 따라 많은 대학들이 설립되었다. 고전적 대학의 이념은 19세기에서 20세기에 걸쳐 미국뿐 아니라 세계 여러 나라에서 설립된 많은 대학의 운영 원리로 자리 잡았다. 고전적 대학의 이념은 한국으로도 전파되어 건국 이후 서울대학교를 비롯한 주요 대학들의 운영 원리가 되었다.

2. 실용주의적 대학의 이념

20세기가 지나고 21세기에 접어든 오늘날 고전적 대학의 이념은 망각되어 가고 고전적 대학은 황폐화되었다. 이러한 상황을 리딩(B. Reading)은 『폐허 속의 대학』이라는 저서에서 다음과 같이 묘사하고 있다.

> 블룸(Bloom)이 [...] 깨닫고 있는 것처럼 보이는 것은 문화가 더 이상 대학의 좌우명이 아니라는 사실이다. 다른 말로 표현하자면 대학은 더 이상 훔볼트적인 대학이 아니라는 것인데, 이것이 의미하는 바는 대학이 더 이상 진정한 의미의 대학이 아니라는 사실이다. 독일인들은 대학을 정초하고 그것에 사명을 부여했을 뿐 아니라, 대학을 지

성적 활동을 보여 주는 결정적인 사례로 탈바꿈시켰다. 이 모든 것은 변화하고 있다. 지성적 활동과 이러한 활동이 되살렸던 문화는 수월성과 업적 지표의 추구에 의해 대체되고 있다.[128]

고전적 대학의 이념이 황폐화됨에 따라 새로운 대학의 이념이 생겨났는데, 그것이 바로 실용주의적 대학의 이념이다. 전 세계적으로 실용주의적 대학의 이념이 고전적 대학의 이념을 대체해 가고 있다. 실용주의적 대학의 이념에 따르면 대학의 목표는 진리 자체를 발견하는 데 있는 것이 아니라, 사회를 위한 유용성을 창출하는 데 있다. 그에 따라 이제 진리 자체는 모든 것의 최종적인 척도로 간주되는 유용성에 의해 대체된다.

실용주의적 대학의 이념을 보다 구체적으로 이해하기 위해서 우리는 칸트의 고전적 대학의 이념을 다시 한 번 되돌아볼 필요가 있다. 칸트는 『학부들의 논쟁』에서, 비록 그가 그에 대해 전혀 언급하고 있지는 않지만, 실용주의적 대학의 이념을 비판하면서 고전적 대학의 이념을 해명하고 있다. 하부학부인 철학부와 합법적인 논쟁을 수행하지 않으려는 상부학부의 구성원은 모두 실용주의적 대학의 이념을 가지고 있는 사람이라 할 수 있다. 그들이 철학부와의 합법적인 논쟁을 수행하지 않으려는 것은 냉철한 이성을 통한 진리의 발견에

128 B. Reading, *The University in Ruins*, Cambridge/London: Harvard University Press, 1996, 55. 필자는 대학의 위기에 대한 리딩의 견해에 전적으로 동의한다. 그러나 이러한 위기를 극복하기 위한 방안으로 그가 제시하는 탈현대적 처방에 대해서는 동의하지 않는다. 그것은 그가 위기 극복과 관련해 이성이 수행해야 하는 역할을 충분히 고려하고 있지 않기 때문이다.

는 관심이 없고 오직 그들이 판단하기에 유용하다고 생각되는 것에만 관심이 있기 때문이다.

실용주의적 대학의 이념은 미국에서 등장했으며 미국의 많은 대학을 운영하는 원리로 자리 잡았다. 고전적인 대학의 이념이 칸트를 비롯한 몇몇 철학자들의 철학적 성찰을 통해 체계적으로 정립된 것과는 달리 실용주의적 대학의 이념은 어떤 철학자들 또는 사상가들에 의해 체계적으로 정립된 이념이 아니다. 그것은 20세기 중후반 대학이 정치경제적 변화에 대응하는 과정에서 자연스럽게 등장한 새로운 대학 운영의 원리이다. 미국에서 실용주의적 대학의 이념이 성장하고 지배적인 영향력을 행사하는 데 기여한 여러 가지 요소들이 있는데, 그중에서 중요한 것 세 가지를 들면 다음과 같다.

첫 번째 요소는 19세기와 20세기에 걸쳐 미국에서 영향력이 컸던 실용주의 철학이다. 실용주의 철학에 따르면 절대적이며 객관적인 진리 자체는 존재하지 않는다. 진리의 척도가 인간에 대한 유용성 내지 실용성이기 때문에 모든 진리는 상대적이다. 실용주의 철학에서는 진리가 실용성에 토대를 두고 있는 것이지 실용성이 진리에 토대를 두고 있는 것이 아니다. 이 점에 대해 제임스는 다음과 같이 말한다.

> 이와는 달리, 실용주의는 늘 제기되는 질문을 던진다. '어떤 관념이나 믿음이 참이라고 인정한다면, 그 사실은 어떤 사람의 현실적 삶에서 구체적으로 어떠한 차이를 만들어 내는가? 그 진리는 어떻게 인식될 수 있는가? 진리를 인식할 때의 경험은 그 믿음이 거짓이라고 할 때의 경험과 어떤 차이를 가지는가? 한마디로 말하자면, 경험적 견지에서 볼 때 진리의 현금 가치는 무엇인가?' 실용주의에서는

이러한 질문에 대한 대답을 곧 얻는다. 참된 관념은 우리가 동화하고 타당화하고 확증하고 진리화할 수 있는 관념이다. 거짓된 관념은 그렇게 할 수 없는 관념이다. 참된 관념을 가질 때 우리에게 생겨나는 실천적 차이는 바로 이것이다.[129]

두 번째 요소는 19세기에서 20세기에 걸쳐 유럽에서 유학하고 미국으로 돌아온 일군의 학자들이 고전적 대학의 이념에 대해 가지고 있던 오해이다. 실제로 당시 유럽의 대학에서 유학을 한 많은 미국인들이 있었다. 그러나 그들 중 일부는 유럽의 대학에 대해 부분적으로 오해하고 있었다. 그들의 눈에 훔볼트 대학과 같은 유럽의 고전적 대학은 대학 밖의 사회와는 아무런 관계도 없는 영역처럼 보였다. 그들은 대학을 그 어떤 유용성도 추구하지 않은 채 사회 현실과는 무관한 진리만을 탐구하는 "상아탑"으로 간주하였다.[130] 물론 이러한 견해는 오해에 불과하다. 고전적 대학의 이념에 따르면 대학은 사회

129 W. James, *Pragmatism and Other Writings*, New York: Penguin Books, 2000, 88/ 김태희 역, 「실용주의의 진리 개념」, 이남인 편, 『서양철학의 이해』, 서울: 서울대학교출판문화원, 2011, 360.

130 이 점에 대해 브루바허(Brubacher)는 "독일에서 돌아온 한 학생이 그의 동료 미국인들에게 기술했듯이 대학은 '사회와 격리되어 자신의 법칙들에 따라 돌아가는 격리된 기관'이었다. [...] 이러한 법칙들이 대부분 연구 규범들로부터 도출되기 때문에 대학은 무엇보다도 인식론적 고려에 따라 작동하였다. 독일 대학이 실제로 순수 연구에 중점을 두고 있었기 때문에 대학의 벽 밖에서 일어나고 있는 일들과 격리된 것 같은 인상을 주었다. 19세기에 생트-베브(C. A. Sainte-Beuve)처럼 많은 사람들이 대학을 '상아탑(an 'ivory tower')'이라고 지칭한 것은 조금 놀라운 일이다 [...]."(J. B. Brubacher, *On the Philosophy of Higher Education*, San Francisco/Washington/London: Jossey-Bass, 1982, 15)라고 말한다.

와 국가에 봉사하기 때문에 "상아탑"으로 머물 수는 없는 것이다. 고전적 대학의 이념에 따르면 대학은 일차적으로 진리를 추구하지만 이러한 활동은 유용성의 추구로 연결된다. 진리는 유용한 것이기 때문이다. 이와 같은 고전적 대학의 이념에 대해 오해하면서 많은 미국인들은 고전적 대학의 이념을 버리고 실용주의적 대학의 이념을 선택하는 쪽으로 나갔다.

세 번째 요소는 제2차 세계대전이다. 제2차 세계대전 중에 미국대학에 재직 중이었던 많은 연구자들은 미국이라는 국가의 이익을 위해 봉사하도록 강요받았다. 이는 자연과학자들의 경우만 그랬던 것이 아니라 인문학자들과 사회과학자들도 마찬가지였다. 실제로 다양한 분야에 종사하는 학자들은 전쟁을 미국의 승리로 이끄는 데 크게 기여하였다. 이러한 경향은 종전 후 냉전 시기에도 지속되었으며 미국에서 실용주의적 대학의 이념이 지배적인 이념으로 등장하게 되는 데 크게 기여하였다.

20세기 중후반에 실용주의적 대학의 이념은 연구 수월성의 면에서 아주 성공적이었던 미국의 연구 중심 대학의 운영 원리로 자리잡았다. 그 후 실용주의적 대학의 이념은 전 세계로 퍼져 나갔고 세계 여러 나라에서 대학의 모습을 크게 바꾸어 놓았다. 이 점에서는 한국도 예외가 아니다. 한국의 경우 21세기에 접어들면서 경영학 등 실용 학문 위주로 대학이 재편되고 그와 더불어 여기저기서 실용성 추구와 무관하다고 생각되는 학과들이 폐지되는 경우가 발생하였는데, 이러한 현상의 이면에 바로 실용주의적 대학의 이념이 자리 잡고 있는 것이다.

3. 21세기 대학의 이념

21세기 대학은 총체적인 위기에 직면해 있다. 이를 반영하듯이 20세기 후반에 스코트(P. Scott)의 저서 『대학의 위기』[131]를 비롯해 대학의 위기를 다룬 연구 결과들이 발표되었다.[132] 현대 대학의 위기와 관련해 루이스(H. L. Lewis)는 현대 대학이 "영혼이 없는 수월성(excellence without soul)"[133]을 추구한다고 혹평한다. 『교양 교육은 미래가 있는가?』라는 그의 저서의 제목이 보여 주듯이 그가 "영혼이 없는 수월성"이라는 표현으로 지적하고자 하는 것은 미국의 연구 중심 대학들이 자신의 연구 수월성에 대해 자랑스럽게 생각하면서 교양 교육을 소홀히 하고 그를 통해 위기에 빠지게 되었다는 사실이다. 그러나 필자의 견해에 의하면 "영혼이 없는 수월성"을 통한 대학의 위기는 단지 교양 교육의 위기에만 국한되는 것이 아니라 대학의 이념 전체와 관계하는 총체적인 위기이다. 말하자면 "영혼이 없는 수월성"을 일면적으로 추구하면서 21세기 세계의 여러 연구 중심 대학들은 부분적으로 대학의 정체성과 존재 의미를 상실하고 말았다. 바로 이러한 이유에서 21세기 대학의 새로운 이념에 대한 철저한 성찰이 필요하다. 이러한 새로운 대학의 이념을 토대로 미래의 대학은 진정한 의미의 대학으로 새롭게 태어나야 할 것이다. 21세기 새로운 대학의 이념

---

131 P. Scott, *The Crisis of the University*, London/Sydney: Croom Helm, 1984.

132 예를 들어 H. L. Hodgkinson & M. B. Jr. Bloy(eds.), *Identity Crisis in Higher Education*, San Francisco: Jossey-Bass, 1971.

133 H. R. Lewis, *Excellence without Soul. Does Liberal Education Have a Future?*, New York: Public Affairs, 2007.

과 관련해 다음과 같은 몇 가지 사실을 지적하고자 한다.

첫째, 21세기 대학의 이념은 고전적 대학의 이념과 동일할 수 없다. 21세기 대학이 태동하게 된 역사적 맥락은 고전적 대학의 이념이 태동하게 된 역사적 맥락과 동일하지 않기 때문이다. 그럼에도 불구하고 고전적 대학의 이념은 실용주의적 대학의 이념보다 21세기 새로운 대학의 이념을 구성하는 보다 중요한 요소이다. 앞서 살펴본 대학의 총체적인 위기의 원인은 고전적 대학의 이념이 황폐하게 된 데 있다. 실용주의적 대학의 이념에 일면적으로 토대를 두고 있는 대학은 더 이상 자유롭고 자율적이며 비판적일 수 없으며 사회와 국가의 횃불이 될 수 없다. 그러한 대학은 독일의 나치 정권 시절의 독일 대학들이 그랬듯이 국가의 뒤에서 국가의 옷자락을 들고 가는 정권의 시녀로 전락할 수도 있고, 현대의 일부 연구 중심 대학이 그렇듯이 기업의 뒤에서 기업의 옷자락을 들고 가는 기업의 시녀로 전락할 수도 있다.

이처럼 고전적 대학의 이념이 황폐화되면서 대학의 총체적인 위기가 나타났다. 대학의 총체적인 위기를 극복하기 위해서는 대부분의 연구 중심 대학에서 사라진 고전적 대학의 이념을 복원해야 할 필요가 있다. 그 어떤 대학도 고전적 대학의 이념에 토대를 두고 있지 않을 경우 진정한 의미의 대학, 즉 자유와 자율, 그리고 비판 정신이 살아 있는 대학이라 할 수 없기 때문이다. 그리고 이처럼 고전적 대학의 이념을 복원하여 대학이 진정한 의미의 대학으로 거듭날 때 대학은 국가와 사회 앞에서 진리의 횃불을 들고 국가와 사회를 올바른 길로 인도할 수 있는 것이다.

이 점과 관련해 우리는 고전적 대학의 이념이 인문대, 사회대,

자연대 등 기초학문대학, 즉 칸트가 하부학부 또는 철학부라고 부른 대학의 운영 원리일 뿐 아니라, 공과대학, 의과대학, 농과대학, 의과대학, 법과대학, 경영대학 등 응용 학문대학, 즉 칸트가 상부학부라고 부른 대학의 운영 원리이기도 하다는 사실에 유의할 필요가 있다. 앞서 살펴보았듯이 칸트 역시 고전적 대학의 이념이 하부학부뿐 아니라 상부학부의 본질적인 요소라는 사실을 인정하고 있다. 물론 칸트에 따르면 처음에는 하부학부만 고전적 대학의 이념을 구현하고 있는 대학으로 등장하지만 상부학부 역시 하부학부와의 합법적인 논쟁을 통해 고전적 대학의 이념을 구현하는 대학으로 다시 태어날 수 있으며 상부학부는 그때 비로소 진정한 의미의 대학을 구성하는 한 부분이 될 수 있는 것이다.

둘째, 21세기 새로운 대학의 이념에 따르면 대학의 가장 중요한 과제는 고전적 대학의 이념과 실용주의적 대학의 이념을 조화시키는 데 있다. 21세기 새로운 대학의 이념에서 고전적 대학의 이념이 핵심적인 위치를 차지함에도 불구하고 실용주의적 대학의 이념 역시 무시되어서는 안 된다. 필자는 현대사회에서 실용주의적 대학의 이념을 완전히 무시할 수는 없다고 생각한다. 대학은 대학의 본령을 지켜가면서 사회와 국가의 다양한 요구에 귀 기울이며 유용성을 창출하도록 해야 한다.

셋째, 21세기 대학의 이념에 따르면 다양한 단과대학들의 이해관계를 조화시키는 일이 무엇보다도 중요하다. 이 점과 관련해 우리는 다음과 같은 몇 가지 사실에 유의할 필요가 있다. 1) 각각의 단과대학은 서로 다른 유형의 진리를 발견하려고 시도하며 각기 다른 유형의 유용성을 추구한다. 2) 각기 다른 단과대학이 추구하는 진리와 유용성은 나름의 방식으로 인간의 삶을 위해 중요한 역할을 담당하며 그러한 한에서 그 무엇에도 양도할 수 없는 고유한 권리를 지닌다. 3) 다양한 단과대학이 추구하는 다양한 유형의 진리는 인류의 행복한 삶의 증진에 기여할 수 있도록 서로 협동해야 한다.

여기서 알 수 있듯이 21세기의 대학의 이념에 따르면 특정의 단과대학 또는 단과대학들이 주도권을 행사하는 그 어떤 유형의 단과대학 제국주의도 용납되어서는 안 된다. 실제로 현대 대학에서 특정 학과 내지 단과대학이 독점적인 위치를 차지하는 제국주의를 종종 목격할 수 있는 것이 사실이다. 한국의 경우 한때는 기계공학이, 한때는 전기공학이 독점적인 위치를 차지했으며 2000년대 이후에는 생명공학, 경영학 등이 독점적인 위치를 차지하고 있다. 이러한 현상에 대한 비판 역시 존재하는 것이 사실이다. 이러한 상황에서 21세기의 새로운 대학의 이념은 다양한 유형의 단과대학 제국주의 또는 학과 제국주의가 다양한 단과대학 및 학과의 조화로운 발전을 위해 커다란 장애가 된다는 사실을 보여 준다.

앞서 V장에서 "학문의 전체 체계와 통섭의 정체"에 대해 살펴보면서 우리는 현대 학문의 나무에 대해 논의했는데, 이러한 논의 역시 그 어떤 유형의 단과대학 제국주의도 허용되어서는 안 된다는 사실을 잘 보여 주고 있다. 학문의 나무라는 표현을 통해 알 수 있듯이 학문 전체는 하나의 유기체라 할 수 있다. 유기체로서의 학문의 나무를 구성하는 그 어떤 부분도 다른 부분이 없이는 존재할 수 없다. 뿌리에 해당하는 학문은 둥치에 해당하는 학문과 가지에 해당하는 학문이 없이는 존재할 수 없고, 둥치에 해당하는 학문은 뿌리에 해당하는 학문과 가지에 해당하는 학문이 없이는 존재할 수 없으며, 가지에 해당하는 학문 역시 뿌리에 해당하는 학문과 둥치에 해당하는 학문이 없이는 존재할 수 없다. 이처럼 학문의 나무를 구성하는 각각의 부분이 다른 부분들이 없이는 존재할 수 없기 때문에 그 어떤 유형의 단과대학 제국주의도 용납되어서는 안 되는 것이다.

넷째, 21세기 새로운 대학의 이념에 따르면 민족중심주의 내지 국가중심주의와 세계시민주의가 조화를 이루어야 한다. 대학이 비록 어떤 한 나라에 속하는 것은 사실이지만 대학이 자신이 소속한 국가나 민족에만 봉사해야 하는 것은 아니다. 21세기의 대학은 국가나 민족을 위해 봉사하면서 동시에 전 인류를 위해 봉사해야 한다. 지구촌 시대에 최고의 심급이 될 수 있는 것은 국가나 민족이 아니라 인류이기 때문이다.

이 점과 관련해 우리는 고전적 대학의 이념이 민족주의적인 요소 또는 국가중심주의적인 요소를 가지고 있다는 사실에 유의할 필요가 있다. 고전적 대학의 이념에 따라 최초로 설립된 훔볼트 대학의 설립자인 훔볼트는 독일 대학이 독일의 이익에 봉사해야 한다고 주장한다.[134] 그에 의하면 대학이 존재해야 할 궁극적인 근거는 국가이다. 민족주의적 성향을 가지고 있지 않은 야스퍼스 역시 1920년대 『대학의 이념』에서 대학에 대해 논하면서 민족주의적 성향을 보이고

134 이 점에 대해서는 N. A. Rupke, *Alexander Humboldt. A Metabiography*, Chicago/London: The University of Chicago Press, 2008를 참조할 것. 훔볼트의 민족주의에 대해 뤕키는 "자신의 오디세이와 같은 삶의 여정에서, 특히 로마에 머물고 있을 때 자신이 독일인이라는 사실을 깊이 인식하고 있었고 자신의 독일 국적에 대해 자부심을 느꼈던 훔볼트(Wilhelm von Humboldt)를 켈러(Kehler)는 찬양하였다."(N. A. Rupke, *Alexander Humboldt. A Metabiography*, 74)라고 기술하고 있다.

있다.[135]

그러나 고전적 대학의 이념뿐 아니라 실용주의적 대학의 이념 역시 국가중심주의적 성향을 보이고 있다. 잘 알려져 있듯이 실용주의적 대학의 이념은 대학의 수월성을 강조한다. 그런데 이 점과 관련해 주목해야 할 점은 대학의 수월성이 국가의 이익을 위한 것으로 간주된다는 사실이다. 잘 알려져 있듯이 실용주의적 대학의 이념에 토대를 두고 있는 구호 중의 하나는 "대학경쟁력이 곧 국가경쟁력이다!"라는 구호이다. 이러한 구호에 따르면 국제적 차원의 무한 경쟁 시대에 대학의 수월성은 곧바로 국가경쟁력의 척도가 되는 것이다. 실용주의적 대학의 이념에 따르면 국제적인 무한 경쟁의 시대에 대학은 국가경쟁력을 강화하기 위한 첨병 역할을 잘 수행해야 한다.

21세기 대학들 사이의 국제적인 무한경쟁 체제에서 종종 망각되고 있는 것은 세계시민주의적 정신이다. 이러한 상황에서 21세기의 대학은 국가중심주의와 세계시민주의를 조화시킬 수 있어야 한다. 현재 전 세계의 대학이 국제화되어 가고 있음에도 불구하고 대학의 국제화가 세계시민주의로 직결되는 것은 아니다. 앞서 살펴보았듯이 많은 경우 대학의 국제화는 대학의 수월성 강화를 위한 수단이며 대학의 수월성 강화는 국가경쟁력 강화를 위한 수단이 된다. 그러나 대학의 국제화는 국가경쟁력 강화를 위한 수단을 넘어 전 인류의 행복을 증진할 수 있도록 세계시민주의적 정신을 구현하는 데 기여할 수 있어야 한다. 21세기의 새로운 대학이 세계시민주의적 정신을

---

135 K. Jaspers, *Die Idee der Universität*, Berlin: Springer, 1923.

구현할 수 있도록 지구촌의 대학은 연구, 교육, 사회봉사의 차원에서 다양한 프로그램을 개발할 필요가 있다.

이처럼 21세기 새로운 대학의 이념은 고전적 대학의 이념이 지닌 한계뿐 아니라 실용주의적 대학의 이념이 지닌 한계도 넘어선다. 이러한 새로운 대학의 이념은 21세기라는 새로운 상황으로부터 도출된 것으로서 현대 지구촌의 대학이 직면하고 있는 위기를 극복할 수 있는 토대가 될 수 있으며, 거기서 한 걸음 더 나아가 인류가 진정한 의미에서 행복하고 번영된 삶을 살아갈 수 있는 토대가 될 수 있을 것이다.

4. 동아시아적 대학의 이념과 21세기 대학의 이념에 대한 재고찰

고전적 대학의 이념과 실용주의적 대학의 이념은 서양에서 나타났다. 그러나 대학의 이념이 서양에만 있었던 것은 아니다. 동아시아 역시 고전적 대학의 이념과도 구별되고 실용주의적 대학의 이념과도 구별되는 나름의 고유한 대학의 이념을 가지고 있다. 동아시아적 대학의 이념은 고전적 대학의 이념이나 실용주의적 대학의 이념과 마찬가지로 21세기 대학의 이념을 모색함에 있어서 중요한 의미를 지닌다. 이제 우리는 동아시아적 대학의 이념이 21세기 대학의 이념에서 어떤 의미를 지니는지 살펴보고 그것이 21세기 대학의 이념과 어떤 관계에 있는지 살펴보고자 한다.

동아시아에는 서양의 대학과 동일하지는 않지만 그와 유사한 고등교육기관이 있었다. 한국에서는 고구려 17대 소수림왕 2년인 372년에 고등교육기관인 태학이 처음으로 설립되었는데,[136] 태학의 전통은 그 후 통일신라 시대의 국학, 고려 시대의 국자감, 조선 시대의 성균관으로 이어졌다. 그런데 이러한 전통적인 고등교육기관의 목표는 바로 『대학』에 나타난 대학의 이념을 구현하는 일이었다. 이 점과 관련해 주자는 "『대학』의 책은 옛날 태학에서 사람을 가르치던 법"[137]이라고 말하고 있다. 따라서 태학을 비롯해 다양한 동아시아의 전통적인 고등교육기관의 이념을 이해하기 위해서 우리는 『대학』에 나타난 대학의 이념을 살펴볼 필요가 있다.

주자에 따르면 『대학』에 나타난 대학은 "어른들이 하는 학문"으로서 옛날 태학에서 이루어진 교육 내용이자 교육 방법이다.[138] 대학은 그의 예비 단계라 할 수 있는 소학과 구별되는데, 따라서 대학이 무엇인지 살펴보기 위해서는 소학에 대해 간단히 살펴볼 필요가 있다.

> 소학의 가르침은 물 뿌리고 청소하며, 남의 말에 응대함이 예절과 맞으며, 집에 들어와서는 효도하고 나가서는 공손해 행실이 조금도 예의에 어그러짐이 없도록 하는 데 있다. 이런 일들을 행하고도 남는 힘이 있으면 시를 외우고 책을 읽으며, 노래와 춤을 통해 음악을 배워 생각이 바른 도리에서 벗어나지 않도록 해야 한다.[139]

136 손인수, 『한국교육사』, 서울: 문음사, 1998, 141.
137 성백효 집주, 『대학·중용집주』, 서울: 전통문화연구회, 2003, 13.
138 신상호, 『대학의 교육론 산책』, 인천: 내일을여는책, 2001, 30.
139 주희·유청지, 윤호창 역, 『소학』, 서울: 홍익출판사, 1999, 24.

여기서 알 수 있듯이 소학은 사람이 태어나서 올바로 세상을 살아가기 위해 꼭 필요한 것들을 가르친다. 그중에서 가장 기본적인 것은 물 뿌리고 청소하는 일이다. 물 뿌리고 청소하는 일이란 자기 자신의 주변을 정리하고 정돈하는 일이라 할 수 있는데, 이는 아동들이 꼭 체득해야 할 인간 삶의 가장 기본적인 일이라 할 수 있다. 이처럼 인간사의 기본적인 일인 물 뿌리고 청소하는 일을 체득함과 동시에 아동들은 예의를 갖추어 집 밖에서는 타인과 교류할 수 있는 예법을 체득해야 하며 집 안에서는 부모에게 효도하면서 가족 구성원들과 조화를 이루면서 살아갈 수 있는 도리를 체득해야 한다. 이 단계에서 필요한 것은 아동들이 모든 인간 삶의 기본인 도덕 교육을 통해 도덕성을 갖춘 인간으로 성장하는 일이다. 그리고 이러한 기본적인 일들이 갖추어지면 아동들은 문자를 익혀 시를 읽고 책을 읽는 법을 배워야 하고 더 나아가 노래와 춤을 익혀 올바른 정서를 함양함으로써 도덕성을 더욱더 확실하게 체득하도록 해야 한다.

대학은 소학을 배워 세상을 올바로 살아가기 위해 꼭 필요한 것들을 체득해 어른이 된 사람이 하는 공부다. 대학은 소학의 연장선상에 존재하는 것으로서 이 둘은 통일성을 이루고 있다. 그러나 대학이 소학과 다른 점은 대학이 소학의 가르침을 더욱더 확대하여 그것의 형이상학적 기반까지 이론적으로 철저하게 천착하고자 한다는 데 있다. 이러한 대학의 가르침은 『대학』의 3강령 8조목에 잘 나타나 있다. 그러면 3강령 8조목을 해명하면서 대학의 가르침을 살펴보자.[140]

---

140 이후 3강령 8조목에 대한 내용은 신상호, 『대학의 교육론 산책』의 29-149쪽에 있는 내용을 참조하여 정리하였다. 일일이 출처를 표시하지 않았다.

대학의 3강령은 재명명덕(在明明德), 재친민(在親民), 재지어지선(在至於至善)으로 표현된다. 이러한 3강령은 "대학의 도(大學之道)"라 불린다. 3강령은 대학의 도, 즉 대학 공부의 목표에 대해 논하고 있다. 대학 공부의 목표는 크게 세 가지인데, 그것이 바로 재명명덕, 재친민, 재지어지선인 것이다.

대학 공부의 첫 번째 목표는 재명명덕, 즉 "착한 마음(明德)을 밝히는 데 있다." 재명명덕이 무엇을 뜻하는지 이해하기 위해서는 명덕이 무엇인지 이해할 필요가 있다. 주자는 『대학장구』에서 명덕을 다음과 같이 풀이하고 있다.

> 명덕은 사람이 태어나면서부터 누구나 자연적으로 얻은 것이다. 그것은 쉽게 규정할 수 없고 더럽혀지지 않은 순수한 것이다. 세상의 온갖 이치를 갖추고 있어 세상의 모든 일에 응한다. 다만 인간의 욕망과 기질에 가리우면 더럽혀질 때가 있다. 그러나 그 본래의 밝음은 늘 밝고 착할 뿐이다.[141]

명덕이란 사람이 태어나면서부터 가지고 있는 깨끗한 마음, 즉 도덕심이다. 맹자는 이처럼 사람이 태어나면서부터 가지고 있는 도덕심을 사단(四端), 즉 측은지심(惻隱之心), 수오지심(羞惡之心), 사양지심(辭讓之心), 시비지심(是非之心)이라고 말하였다. 명명덕이란 바로 이러한 네 가지 도덕심을 밝히는 일을 뜻한다. 명명덕은 바로 대학이

141 신상호, 『대학의 교육론 산책』, 33.

추구하는 첫 번째 목표라 할 수 있다. 이처럼 타고난 도덕심을 밝히지 않으면 도덕적 이상의 실현이 불가능하기 때문이다.

대학 공부의 두 번째 목표는 재친민, 즉 주변 사람들과 친하게 지내는 데 있다.[142] 대학 공부의 일차적인 목표인 착한 마음(明德), 즉 도덕심을 밝히는 데 성공한 사람은 그러한 마음의 상태에 머물러서는 안 된다. 도덕심이란 자신과의 관계뿐 아니라 타인과의 관계까지 포함하는 것이며, 따라서 도덕심이 타인에게까지 미치도록 해야 하기 때문이다. 바로 이처럼 도덕심을 다른 사람들에게 미치게 하여 그들과 친하게 지내는 일이 친민이다.

재친민을 재신민(在新民)으로 해석하는 경우도 있다. 주자에 따르면 재신민이란 "백성을 새롭게 함"[143], 즉 도덕심이 무엇인지 깨달은 사람이 그렇지 못한 사람을 교화하는 과정을 뜻한다. 주자는 재친민을 재신민으로 해석하면서 다음과 같이 적고 있다.

> 신은 옛것을 고침을 이른다. 이미 스스로 그 명덕을 밝혔으면, 또 마땅히 미루어 남에게까지 미쳐서, 그로 하여금 또한 옛것에 물든 더러움을 제거함이 있음을 말한 것이다.[144]

대학 공부의 세 번째 목표는 재지어지선(在至於至善), 즉 지극한 선함 또는 지극히 착한 경지에 머무는 데 있다. 이처럼 지극히 착

---

142 신상호, 『대학의 교육론 산책』, 45.
143 성백효 집주, 『대학·중용집주』, 23.
144 성백효 집주, 『대학·중용집주』, 23.

한 경지가 다름 아닌 도덕적 선이다. 따라서 재지어지선을 이해하기 위하여 우리는 도덕적 선이 무엇인지 살펴볼 필요가 있다. 도덕적 선이란 도덕적 존재인 인간이 도덕적 행위를 하면서 궁극적으로 추구하는 것이다. 인간 사이의 관계를 중심으로 전개되는 유교 윤리에 따르면 다양한 인간 관계가 존재하기 때문에 그에 따라 다양한 유형의 도덕적 선이 존재한다. 임금이 신하를 대할 때 드러나는 도덕적 선은 인자로움이요, 신하가 임금을 대할 때 드러나는 도덕적 선은 공경하는 마음이며, 자식이 부모를 대할 때 드러나는 도덕적 선은 효성이고, 부모가 자식을 대할 때 드러나는 도덕적 선은 자애로움이며, 친구가 친구를 대할 때 드러나는 도덕적 선은 신의이다.

재지어지선이란 우리가 도덕적 행위를 하면서 이처럼 다양한 삶의 맥락에서 다양하게 드러나는 도덕적 선의 상태에 지속적으로 머무는 것을 뜻한다. 『대학』은 이러한 지어지선의 상태를 『시경』을 인용하면서 다음과 같이 기술한다.

> 깊고 높으신 문왕이시여!
> 아! 계속하여 밝히시고 공경하시어 머무셨다.
> 임금이 되어서는 인자로움에 머무시고,
> 신하가 되어서는 공경함에 머무시고,
> 자식이 되어서는 효성스러운 마음에 머무시고,
> 부모가 되어서는 자애로움에 머무시고,
> 사람과 사귐에는 신의에 머무셨다.[145]

이처럼 3강령이 대학 공부의 목표 또는 이념이라고 한다면 8조목은 그러한 목표에 도달하기 위한 방법이다. 잘 알려져 있듯이 8조목은 격물(格物), 치지(致知), 성의(誠意), 정심(正心), 수신(修身), 제가(齊家), 치국(治國), 평천하(平天下)를 뜻한다. 여기서 격물은 사물의 이치를 연구하는 것을 뜻하고, 치지는 사물에 대한 연구를 통해 사물을 올바로 인식하는 일을 뜻하며, 성의는 뜻을 진실하게 품는 일을 뜻하고, 정심은 마음을 바르게 하는 일을 뜻한다. 그리고 이처럼 네 가지 일이 이루어지면 수신, 즉 자신을 수양하는 일이 가능해지고, 이처럼 자신을 수양한 후에 제가, 즉 집안을 잘 꾸려 나가는 일이 가능해지며 이처럼 집안을 잘 꾸려 나갈 때 비로소 치국, 즉 나라를 다스리는 일이 가능해지고, 이처럼 나라를 잘 다스린 후에 평천하, 즉 온 세상을 평화롭게 할 수 있다.

『대학』의 3강령 8조목은 한나라 때 설립된 태학 이후 존재하였던 동아시아의 다양한 유학적 고등교육기관의 교육 이념을 잘 보여주고 있다. 무엇보다도 『대학』의 3강령을 통해 살펴보았듯이 동아시아적 전통에서 대학의 교육 목표는 "도덕적으로 선한 마음을 밝혀" "도덕심을 발휘하면서 주위 사람들과 친하게 지내면서(또는 주위 사람들을 도덕적으로 교화하면서)" "지극히 선한 경지에 머무는 데 있다." 여기서 알 수 있듯이 동아시아적 대학은 도덕성을 비롯한 인성의 함양을 목표로 하고 있다. 한마디로 동아시아적 대학은 인성 함양을 위한 대학이라 할 수 있다.

아시아의 전통적인 고등교육기관의 교육 내용을 살펴보면 동아

---

145 성백효 집주, 『대학·중용집주』, 29; 신상호, 『대학의 교육론 산책』, 78. 문맥에 따라 번역을 약간 바꾸었다.

시아적 대학이 도덕성을 포함한 인성 함양을 위한 대학이라는 사실을 다시 한 번 확인할 수 있다. 이 점을 조선 시대의 고등교육기관인 성균관의 교육 내용을 예로 들어 살펴보자.

성균관의 교육 내용은 크게 1) 강독(講讀), 2) 제술(製述), 3) 서법(書法)의 세 가지로 나누어지는데, 각각의 내용은 다음과 같다.[146]

1) 우선 강독은 주요 유교 경전을 스승의 지도에 따라 학습하며 공부하는 과정을 뜻하는데, 강독의 내용은 『논어』, 『맹자』, 『중용』, 『대학』의 4서와 『시경』, 『서경』, 『역경』, 『예기』, 『춘추』의 5경과 주요 역사서들이었다. 4서 5경에 대한 학습을 뜻하는 구재(九齋)는 성균관 교육의 핵심적인 내용을 이루었다. 성균관에 입학한 유생은 대학재에 들어가 『대학』을 우선 공부하였다. 구재 중에서 대학재가 맨 처음에 오는 것은 주희가 대학을 4서 5경 중에서 맨 먼저 공부해야 할 경전으로 규정한 데 따른 것이다. 대학재에 들어가 『대학』을 배우고 일정한 시험을 통과한 유생은 그 다음 과정인 논어재에 들어가 공부를 하고, 논어재를 마친 유생은 맹자재, 중용재, 예기재, 춘추재, 시재, 서재, 역재의 순으로 과정을 바꾸어 4서 5경을 학습하였다.

2) 제술은 작문, 즉 글짓기 교육을 뜻한다. 제술에는 사서의(四書疑), 오경의(五經義), 시(詩), 부(賦), 송(訟), 책(策) 등이 있다. 사서의와 오경의는 4서 5경의 본문을 읽고 그를 토대로 논술을 전개하는 일을 뜻하고, 부, 송, 시는 부라 불리는 글, 송사 관련 글, 시 등을 짓는 일을 뜻하며, 책은 국가의 정책을 논의하는 일을 뜻한다.

146 성균관의 교육 내용에 대한 논의는 손인수, 『한국교육사』; 피정만, 『한국교육사 이해』, 서울: 하우, 2010 등을 참조하여 정리하였다.

3) 서법은 글씨 쓰기를 뜻하는데, 해서(楷書), 행서(行書), 초서(草書) 등 다양한 서체에 따라 글씨 쓰기 과정이 있다.

강독과 제술은 1개월을 단위로 하여 교육하였다. 1개월 중에서 처음 20일 동안은 경서에 대한 강독이 이루어지고, 그다음 4일 동안은 강독 내용에 대한 시험이 있으며, 나머지 6일은 제술을 교육하였다.

성균관의 교육 내용에 대한 논의를 통해 우리는 성균관을 비롯한 동아시아적 대학이 인성 함양을 위한 대학이라는 사실을 확인할 수 있다. 4서 5경에서 많은 부분을 차지하는 것이 인간의 도덕성에 대한 논의이듯이 성균관의 교육 내용 중에서 가장 중요한 위치를 차지하는 것은 인성의 핵심인 도덕 교육이다. 그 이외에도 4서 5경 중에 『시경』이 들어 있듯이 시 등의 문학 공부 및 글쓰기 등 인성 함양과 관련된 내용은 성균관의 교육 내용에서 중요한 위치를 차지한다. 더 나아가 4서 5경에 『서경』, 『춘추』 등이 들어 있듯이 인성 함양을 위해 중요한 의미를 지니는 역사학 역시 성균관 교육에서 중요한 위치를 차지한다.

물론 성균관에서 정치학, 법학 등 인성 교육과 거리가 있어 보이는 내용들도 교육된 것은 사실이다. 그러나 『대학』의 3강령 8조목이 보여 주듯이 그러한 교육은 도덕 교육을 비롯한 인성 교육의 토대 위에서 이루어졌다. 바로 이러한 이유에서 성균관 교육의 핵심은 인성 교육이라 할 수 있으며 전통적인 동아시아적 대학은 인성 함양을 위한 대학이라 불릴 수 있는 것이다.

여기서 동아시아적 대학의 이념의 정체에 대해 가능한 오해 한 가지를 검토하고 넘어가기로 하자. 동아시아의 전통적인 대학에서 인성 교육은 유교적인 인성 교육을 뜻한다. 따라서 사람들은 동아시아적 대학의 이념이 유교적 대학의 이념과 동일할 것이라고 생각할 수도 있다. 그러나 필자가 염두에 두고 있는 동아시아적 대학의 이념은 도덕 교육을 비롯한 인성 교육을 가장 중요한 교육으로 간주하는 대학의 이념이지 유교적 대학의 이념이 아니다. 전통적으로 동아시아의 대학에서 인성 교육이 특히 강조되었기 때문에 필자는 동아시아적 대학을 인성 함양을 위한 대학이라 불렀던 것이다.

앞서 21세기 새로운 대학의 이념에 대해 살펴보면서 우리는 고전적 대학의 이념과 실용주의적 대학의 이념만을 고려하였다. 그러면서 고전적 대학의 이념이 21세기 대학의 가장 중요한 요소이며, 그러한 토대 위에서 고전적 대학의 이념과 실용주의적 대학의 이념이 조화를 이룰 수 있도록 해야 한다는 사실을 살펴보았다. 이제는 동아시아적 대학의 이념까지 고려하면서 21세기 대학의 이념에 대해 새롭게 성찰할 필요가 있다.

필자의 견해에 의하면 동아시아적 대학의 이념은 21세기의 대학의 이념을 구성하는 여러 가지 요소들 중에서 가장 중요한 요소에 해당한다. 따라서 21세기 대학의 이념은 동아시아적 대학의 이념의 토대 위에 고전적 대학의 이념이 들어서고 그 토대 위에서 고전적 대학의 이념과 실용주의적 대학의 이념이 조화를 이룰 수 있게 하는 형태를 띠어야 한다. 동아시아적 대학의 이념이 21세기 대학의 이념의 토대가 되어야 하는 것은 대학 교육이 도덕성을 비롯해 다양한 인성의 함양과 무관할 경우 실용주의적 대학뿐 아니라 고전적 대학 역시 인간의 삶에 대해 가지는 의미를 상실한 맹목적인 대학으로 전락할 위험이 있기 때문이다. 바로 이 대목에서 우리는 플라톤이 『국가』에서 왜 선의 이데아를 최고의 이데아로 간주하였는지[147] 하는 점을 돌아볼 필요가 있다. 선의 이데아가 최고의 이데아인 것은 선의 이데아에 의해 인도되지 않을 경우 실용주의적 대학이 추구하는 최고의 가치인 유용성은 말할 것도 없고 고전적 대학이 추구하는 최고의 가치인 지식 그 자체도 인류의 행복을 위해 기여하는 것이 아니라 인류 전체를 파멸의 길로 몰고 갈 수 있기 때문이다.

동아시아적 대학의 이념이 21세기 대학의 이념의 핵심적인 내용을 이룬다는 주장에 대해 21세기 대학의 이념을 구성하는 요소로서 고전적 대학의 이념만으로도 충분하며 동아시아적 대학의 이념이 따로 필요하지 않다는 반론이 제기될 수 있다. 이러한 반론이 제기될 수 있는 것은 동아시아적 대학의 이념이 고전적 대학의 이념과 부분적으로 겹치기 때문이다. 이 두 가지 대학의 이념이 부분적으로 겹친다는 사실과 관련해 우리는 고전적 대학의 철학부에서 가르치고 연구하는 교과목 중의 하나가 "도덕 형이상학"이라는 사실에 유의할 필요가 있다. 여기서 알 수 있듯이 고전적 대학에서도 인성 교육을 아주 도외시하고 있는 것은 아니다. "도덕 형이상학"과 관련된 도덕 교육이 인성 교육의 핵심적인 부분 중의 하나이기 때문이다. 그럼에도 불구하고 동아시아적 대학의 이념은 고전적 대학의 이념과 구별된다. 고전적 대학에서는 도덕 교육이 대학 교육의 작은 한 부분을 이루는 데 그치지만 동아시아적 대학에서는 도덕 교육을 포함한 인성 교육이 대학 교육의 핵심적인 내용을 구성하기 때문이다. 고전적 대학이 지성 함양에 초점을 맞추고 있는 대학인 데 반해 동아시아적

---

147 Platon, *Politeia*, in: J. Burnet(ed.), *Platonis Opera* 4, Oxonii: Clarendoniano, 1902-1906. 508e/ 박종현 역주, 『국가』, 서울: 서광사, 1997, 437.

대학은 인성 함양에 초점을 맞추고 있는 대학이다.

5. 윌슨의 통섭 프로그램과 실용주의적 대학의 이념

윌슨의 통섭 프로그램은 일면적인 대학의 이념에 기초해 있다. 여기서 필자가 염두에 두고 있는 일면적인 대학의 이념이란 앞서 살펴본 실용주의적 대학의 이념을 뜻한다. 그가 통섭적 교육이 왜 필요하다고 주장하는지 살펴보면 우리는 실제로 그의 통섭 프로그램이 실용주의적 대학의 이념에 토대를 두고 있다는 사실을 확인할 수 있다.

윌슨에 의하면 통섭적 교육이 필요한 것은 통섭적 교육만이 인류가 직면한 다양한 문제들을 해결할 수 있기 때문이다. 이 점과 관련해 그는 『통섭』에서 다음과 같이 주장한다.

> 매일 매일 우리를 괴롭히는 이 쟁점들 중 대부분, 예컨대 인종 갈등, 무기 경쟁, 인구 과잉, 낙태, 환경, 가난 등은 자연과학적 지식과 인문·사회과학적 지식이 통합되지 않고서는 해결할 수 없다. 경계를 넘나드는 것만이 실제 세계에 대한 명확한 관점을 제공할 것이다.(『통섭』, 46-47)

이 인용문에 나타나 있듯이 윌슨은 인종 갈등, 무기 경쟁, 인구 과잉, 낙태, 환경, 가난 등 현재 인류가 직면한 다양한 문제들을 해결하기 위해 통섭적 교육이 필요하다고 주장한다. 그는 『통섭』의 다른 곳에서(『통섭』, 481 이하) 통섭적 교육을 통한 해결을 기다리고 있는 문제들로 자원 문제, 기후 문제, 환경 문제 등을 거론하기도 하고, 또 다른 곳에서는 인구 문제에 대해 다음과 같이 기술한다.

> 인구 성장은 육지의 괴물이라 불릴 만하다. 이것을 길들여야만 우리는 좁은 통로를 통과하기가 쉬워질 것이다. [...] 인류가 취할 수 있는 최선의 노력 중에는 재주를 부려 정원 초과된 행성을 기술적으로 수리하는 것이 포함되어 있다. 장황한 비상 대책들이 이미 마련되어 있다. 질소 고정 효소 석유를 식량으로 변환하는 것은 한 가지 희박한 가능성이다. 다른 하나는 연해의 조류 농장이다. 물 부족 위기는 핵융합이나 연료전지 기술을 통해 얻는 에너지로 바닷물을 탈염함으로써 완화될 수 있을지 모른다.(『통섭』, 493)

윌슨은 통섭적 교육의 목표가 이처럼 인류가 직면한 다양한 현실적인 문제들을 해결하고 인류에게 유용성을 안겨 주는 데 있다고 생각한다. 이러한 점에서 그는 실용주의적 대학의 이념을 가지고 교육의 문제에 접근하고 있다고 할 수 있다. 앞서 살펴보았듯이 실용주의적 대학의 이념에 의하면 대학의 존재 이유는 인류가 처한 다양한 문제들을 해결하고 인류에게 효용성을 안겨 주는 데 있다.

실용주의적 대학의 이념에 집착하면서 윌슨은 고전적 대학의 이념과 동아시아적 대학의 이념을 전혀 염두에 두고 있지 않다. 우선 그는 통섭 프로그램을 전개하면서 그 어디에서도 고전적 대학의 이념을 염두에 두고 있지 않다. 고전적 대학의 이념에 따르면 대학은 자유, 자율, 비판 정신을 토대로 진리 자체를 탐구함을 목표로 한다. 고전적 대학의 이념에서는 진리가 인류가 당면한 문제들을 해결하면서 실용적 효과를 발휘하는지 하는 점은 중요하지 않다. 진리는 실용성과 무관하게 그 자체로서 탐구될 가치가 있는 것이다.[148] 그리고 이처럼 그 자체로 탐구될 가치가 있는 진리가 발견될 경우 그것은 그 자체로 교육될 필요가 있는 것이다. 진리가 교육되어야 하는 것은 그것이 실용적 가치를 가지고 있기 때문이 아니라 진리이기 때문이다. 윌슨은 통섭 프로그램을 전개하면서 그 어디에서도 연구의 맥락과 교육의 맥락에서 진리가 가지고 있는 자체적인 가치에 대해서 언급하지 않는다. 이러한 점에서 윌슨의 통섭 프로그램은 고전적 대학의 이념과는 아무런 관련도 없다고 할 수 있다.

윌슨은 통섭 프로그램을 전개하면서 동아시아적 대학의 이념 또한 염두에 두고 있지 않다. 앞서 살펴보았듯이 동아시아적 대학의 이념에 따르면 대학은 도덕성을 포함하여 인성의 함양을 목표로 한다. 인성의 함양은 대학을 대학으로 만들어 주는 본질적 요소이다. 인성은 그 무엇에도 양도할 수 없는 자체적이며 궁극적인 가치를 가지고 있다. 그러나 윌슨은 통섭 프로그램을 전개하면서 그 어디서도 동아시아적 대학이 추구하는 가치인 인성에 대해 논하지 않는다. 이러한 점에서 윌슨의 통섭 프로그램은 동아시아적 대학의 이념과 아무런 관련도 없다고 할 수 있다.

물론 윌슨도 통섭 프로그램을 전개하면서 윤리 혹은 윤리학의 문제를 논의하기는 한다. 필자의 견해에 의하면 그는 적어도 세 가지 맥락에서 윤리 혹은 윤리학의 문제를 논의한다. 그러나 이 세 가

148 물론 앞서도 논의되었듯이 모든 진리는 나름의 실용성을 지닌다.

지 맥락을 살펴보면 윤리 혹은 윤리학에 대한 그의 논의가 동아시아적 대학이 추구하는 도덕의 문제와는 아무런 관련도 없다는 사실이 드러난다.

첫째, 윌슨은 『통섭』의 2장에서 환경 정책, 윤리학, 사회과학, 생물학 등이 협력하여 어떤 특정한 문제를 해결할 경우를 예로 들면서 윤리학에 대해 언급하고 있다. 그러나 이 경우 윤리학은 어떤 특정한 문제를 해결하기 위한 다양한 수단 중의 하나에 불과하며, 따라서 그것은 자체적이며 궁극적인 가치를 가지고 있는 도덕성을 해명함을 목표로 하는 『대학』의 윤리학과는 무관하다. 실제로 윌슨은 통섭 프로그램에서 윤리학이 가지고 있는 수단적 가치와 관련해 다음과 같이 진술한다.

> 환경문제의 인식, 견고한 기초를 가진 정책의 필요성, 도덕 추론에 근거한 해결책 선택, 그 추론의 생물학적 기초에 관한 탐구, 생물, 환경, 역사의 산물로서 사회제도를 이해하는 것, 그리고 다시 환경 정책으로 되돌아가기.(『통섭』, 42)

둘째, 앞서 살펴보았듯이 윌슨은 윤리학을 자연과학과 통섭할 수 있는 가능성과 관련해 다루고 있다. 그러나 자연과학과 통섭할 수 있는 윤리학은 엄밀히 말하자면 물리학 또는 자연과학의 일종이며, 따라서 그것은 『대학』에서 논의되고 있는 윤리학과는 무관하다.

셋째, 윌슨은 통섭 프로그램이 윤리적 보수주의를 지지한다고 주장하면서 윤리에 대해 논의한다. 이 경우 그가 언급하고 있는 윤리는 특정의 생활 태도, 즉 급진적인 변화를 거부하고 보수적인 것을 선호하는 생활 태도를 뜻하는 것으로서 『대학』에서 논의되고 있는 윤리와는 무관하다. 여기서 필자는 윌슨의 윤리적 보수주의가 한 가지 심각한 논리적 문제점을 가지고 있다는 사실도 아울러 지적하고자 한다. 그 문제점이란 윌슨의 통섭 프로그램으로부터 어떻게 이러한 보수주의적 윤리가 도출될 수 있는지 불투명하다는 사실이다. 통섭 프로그램이란 철저하게 사실 세계를 다루는 다양한 학문들을 하나로 통일하고자 하는 프로그램인데, 이러한 학문들이 어떻게 보수주의 윤리의 문제를 주제화할 수 있는지 이해할 수 없다. 윤리적 보수주의를 자신의 통섭 프로그램에 포함하면서 윌슨은 논리적인 자가당착을 범하고 있다고 할 수 있다.

통섭 프로그램은 실용주의적 대학의 이념과 밀접한 관계에 있다. 이러한 점에서 한국에서 통섭에 대한 논의가 진행되는 과정에서 통섭 프로그램이 타당하다고 생각하는 한 연구자가 미래의 대학에 대한 구상에서 실용주의적 대학의 모델을 제시하고 있음은 결코 우연이라 할 수 없다. 김광웅 교수는 2009년에 개최된 서울대학교 개교 60주년 기념 심포지엄에서 발표한 「미래의 학문, 대학의 미래」라는 논문에서 미래 대학의 편제에 대해 논의하고 있다. 이제 우리는 미래 대학의 편제에 대한 김광웅 교수의 견해를 비판적으로 검토하고자 한다. 김광웅 교수는 미래 대학의 모습을 다음과 같이 그리고 있다.[149]

---

149 이 미래 대학의 편제는 이정모, 「인지과학이 여는 미래 융합과학기술의 전개」, 김광웅 편, 『우리는 미래에 무엇을 공부할 것인가? 창조사회의 학문과 대학』, 서울: 생각의나무, 2009, 154쪽에 수록되어 있다.

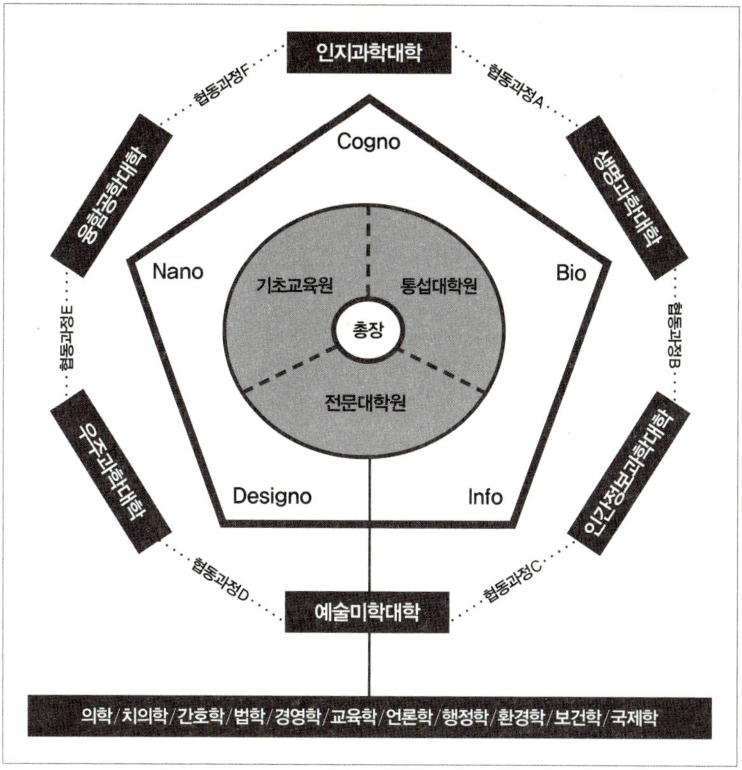

미래 대학의 편제

이 그림에 나타난 미래 대학에는 기초교육원, 통섭대학원, 전문대학원이 중심에 자리 잡고 있으며, 주위에 생명과학대학, 인간정보과학대학, 예술미학대학, 우주과학대학, 융합공학대학, 인지과학대학이 자리 잡고 있다. 그런데 중심에 자리 잡고 있는 세 기관 중에서 기초교육원과 전문대학원의 정체는 분명하다. 기초교육원은 교양 교육을 담당하는 기관이며, 전문대학원은 전문 분야의 대학원 연구와 교육을 담당하는 기관으로서 의학전문대학원, 치의학전문대학원, 간호

학전문대학원, 법학전문대학원, 경영학전문대학원, 교육학전문대학원, 언론학전문대학원, 행정전문대학원, 환경전문대학원, 보건전문대학원, 국제전문대학원을 포함하고 있다. 그러나 통섭대학원의 정체는 극히 불투명하다. 통섭대학원은 다양한 전공 분야를 종합적으로 교육하고 연구하는 대학원처럼 보이는데, 그러한 대학원이 과연 가능할지 의문이다.

윌슨의 통섭 프로그램을 토대로 설계된 이 대학은 철저하게 실용주의적인 대학이다. 이 점과 관련해 다음과 같은 몇 가지 사실을 지적하고자 한다.

첫째, 이 대학에는 응용 학문을 연구하고 교육하는 여러 학부와 대학원은 존재하지만 인문학, 사회과학 등을 연구하고 교육하는 기관인 인문대학, 사회대학은 아예 존재하지 않으며, 자연과학을 연구하는 자연대학의 여러 학과들 중에서 생물학과, 천문학과 등만 생명과학대학과 우주과학대학 등 대학으로 승격하여 자리 잡고 있다. 이처럼 인문대학, 사회대학이 사라지고 자연대학도 분해되어 일부만 대학으로 승격되어 존재하는 이 대학이 실용주의적 대학임은 두말할 나위도 없다.

둘째, 이 대학에 인문대학과 사회대학이 자취를 감춘 것은 아마도 인문학과 사회과학이 자연과학과 통섭되면서 독자성을 상실하고 자연과학으로 탈바꿈하였기 때문일 것이다. 실용주의적 대학인 이 대학이 철저하게 윌슨의 통섭 프로그램에 따라 설계된 대학임은 두말할 필요도 없다. 여기서 우리는 윌슨의 통섭 프로그램과 실용주의적 대학의 이념 사이에 밀접한 관계가 존재함을 다시 한 번 확인할 수 있다.

셋째, 더 나아가 자연대학에 소속된 여러 학과들 중에서 생물학과와 천문학과만 생명과학대학과 우주과학대학으로 승격되었고 수학과, 통계학과, 물리학과, 화학과 등은 자취를 감추고 말았는데, 그 이유를 찾기 힘들다. 필자는 통섭 프로그램이 타당하다고 전제하더라도 이에 대한 명료한 답을 찾을 수 없다. 수학과, 통계학과 등은 몰라도 물리학과와 화학과는 통섭 프로그램 안에서도 다른 학문으로 환원되지 않고 확고한 지위를 누릴 수 있는 학과이기 때문이다. 무엇보다도 물리학은 통섭 프로그램에서 여타의 모든 학문들이 그것으로 환원될 수 있는 핵심적인 위치를 차지하고 있다. 그럼에도 불구하고 물리학과, 화학과 등이 이 대학에 존재하지 않는 것은 이 대학이 정합적으로 설계되지 않았음을 보여 준다.

넷째, 앞서 윌슨이 통섭 프로그램을 전개하면서 고전적 대학의 이념과 동아시아적 대학의 이념을 전혀 고려하고 있지 않다는 사실을 살펴보았는데, 이 대학의 설계자 역시 이 두 가지 대학의 이념을 전혀 고려하고 있지 않다. 우선 이 대학에 고전적 대학에서 핵심적인 역할을 하는 인문대학과 사회대학, 그리고 자연대학의 일부 학과들이 들어 있지 않다는 데서 알 수 있듯이 이 대학의 설계자는 고전적 대학의 이념을 전혀 고려하고 있지 않다. 더 나아가 이 대학에 인성교육을 담당하는 기관에 대한 명시적인 언급이 없다는 점에서 이 대학의 설계자는 동아시아적 대학의 이념을 전혀 염두에 두고 있지 않다. 물론 이러한 우리의 주장에 대해 이 대학에서 기초교육원이 인성교육을 담당할 수도 있다는 반론이 제기될 수 있다. 그러나 과연 실용주의적 대학의 이념으로 무장한 이 대학의 기초교육원이 인성 교육을 담당할 수 있을 만한 여유가 있을지는 극히 의심스럽다. 이처럼 이 대학의 설계자가 고전적 대학의 이념과 동아시아적 대학의 이념을 전혀 고려하고 있지 않은 것은 그가 윌슨의 통섭 프로그램을 타당한 프로그램으로 간주하고 그 토대 위에서 대학을 설계한 데서 나온 필연적인 귀결이라 할 수 있다.

6. 통섭적 교육관 비판과 대학 교육의 미래

이제 대학의 이념에 대한 지금까지의 논의를 토대로 대학 교육에 대한 윌슨의 견해를 비판적으로 검토하면서 대학 교육의 미래에 대해 살펴보자.[150]

앞서 제II장에서 살펴보았듯이 대학 교육과 관련된 윌슨의 견해는 크게 세 가지로 요약될 수 있다. 첫째, 대학들은 학과를 잘게 쪼개고 과정을 세분화하면서 전공 교육을 강화하고 교양 교육을 약화시키는 쪽으로 나아갔지만 앞으로는 교양 교육을 강화해야 한다. 둘째, 대학 교양 교육에서 자연과학에 대한 교육이 소홀히 이루어지고 있는데, 자연과학 분야의 교양 교육이 강화될 필요가 있다. 셋째, 교양 교육은 세부전공에 따라서가 아니라, 다양한 전공을 아우르면서 통섭의 형태로 수행되어야 한다. 그러면 이 각각의 견해를 비판적으로 검토하면서 대학 교육의 미래에 대해 살펴보자. 우선 비교적 간단해 보이는 세 번째 문제부터 검토하기로 하자.

---

150 여기서 대학 교육이라 할 경우 그것은 학부 교육을 뜻한다. 여기서 대학원 교육의 미래에 대해서는 다루지 않는다.

1) 미국의 교육 현실을 구체적으로 파악하고 있지 못한 필자로서는 교양 교육에서 자연과학에 대한 교육의 비중을 높여야 한다는 윌슨의 견해가 미국적인 상황에서 타당한지에 대해서 판단을 내릴 자격이 없다. 그러나 그의 견해는 적어도 한국의 상황에서는 타당하지 않다. 물론 자연과학을 충분히 배우지 않고 대학에 입학한 학생들을 위해 교양 교육에서 자연과학의 비중을 높여야 함은 두말할 필요도 없다. 그러나 고등학교에서 자연과학은 충분히 배웠으나 인문학과 사회과학은 충분히 배우지 않고 대학에 입학한 학생들도 많으며, 이 학생들을 위해서는 교양 교육에서 자연과학이 아니라 인문학과 사회과학을 강화하는 쪽으로 나가야 한다. 한국의 교육 현실을 감안하면 대학의 교양 교육에서 자연과학을 강화할 것인가 하는 문제는 학생들이 처한 상황을 고려하면서 결정할 문제이다.

2) 필자는 미국의 상황에서 교양 교육을 강화해야 하는지 하는 문제에 대해서도 역시 판단을 유보하고자 한다. 이는 미국의 교양 교육의 실태에 대해서 철저하게 점검한 후에 판단할 수 있는 문제라 생각한다. 그럼에도 불구하고 한국의 교육 현실을 감안하면 대학에서 교양 교육을 강화하는 일은 꼭 필요하다. 무엇보다도 제7차 교육과정 개편 이후 고등학생들은 문과와 이과로 나뉘어 문과 학생들은 수학 및 과학 교육을 등한시했고 이과 학생들은 사회 과목을 등한시했다. 대학 강의실에서 프랑스혁명 또는 경제학의 소비 이론에 대해 아느냐는 질문을 할 경우 그에 대해 들어 보지 못했다고 답하는 학생들이 상당수 있으며 역시 물리학의 기본 법칙을 아는지 물어볼 경우에도 모른다고 답하는 학생들이 상당수 있는 것이 현실이다. 이러한 상황에서 한국의 대학에서 앞으로 교양 교육이 강화되어야 할 필요가 있

음은 두말할 나위도 없다. 만일 고등학교에서의 교육이 개선되어 학생들이 다양한 교과목을 고루 소화한 후에 대학에 입학할 수 있는 여건이 조성된다면 이러한 새로운 상황을 고려하면서 교양 교육의 문제를 재검토할 수 있을 것이다.

하지만 교양 교육을 강화하는 데에만 몰두하여 그것이 전공 교육의 약화로 이어진다면 심각한 문제가 야기될 것이다. 교양 교육의 강화와 더불어 전공 교육 역시 충실히 이루어져야 한다. 이러한 점에서 우리는 교양 교육과 전공 교육을 경쟁 관계에 있는 것이 아니라 상호보완적인 관계에 있는 것으로 간주하고 양자 사이의 조화를 모색하도록 노력해야 할 것이다.

3) 이제 교양 교육이 통섭의 형태로 이루어져야 한다는 윌슨의 견해를 살펴보자. 이러한 그의 견해는 결정적인 문제점을 안고 있다. 윌슨의 주장대로 교양 교육을 강화하는 것이 옳다고 하더라도 그가 생각하는 것처럼 통섭의 형태로 교양 교육을 시행할 경우 그것은 커다란 재앙을 불러올 수 있다. 앞에서도 반복해서 논의되었듯이 그의 통섭 프로그램은 물리학적 제국주의 내지 생물학적 제국주의이기 때문이다. 이처럼 통섭의 형태로 교양 교육을 강화할 경우, 그것은 문과 과목과 이과 과목이 적절하게 조화를 이루는 교육이 아니라 자연과학 위주의 교육에 머물고 말 것이다. 말하자면 인간 현상이나 사회현상을 교육할 경우 그러한 현상의 물리적 측면 내지 생물학적 측면만을 교육하고 여타의 인문적 요소나 사회적 요소는 교육하지 않는 결과를 가져올 것이다.

교양 교육은 윌슨이 구상하는 통섭 교육의 형태로 이루어져서는 안 되며 학생들이 현대를 살아가는 데 꼭 필요한 지식과 소양을 두루 함양할 수 있도록 이루어져야 한다. 학생들은 인문학, 사회과학, 자연과학, 예술 등 다방면의 교양을 두루 함양할 수 있어야 한다.

이러한 맥락에서 윌슨이 의미하는 통섭적 교양 교육과 구별되는 진정한 의미의 학제적 교육의 가능성을 검토할 필요가 있다. 여기서 학제적 교육이란 서로 성격을 달리하는 다양한 학문 분야들의 다양한 관점들이 반영된 교육을 의미한다. 예를 들어 철학적 관점, 물리학적 관점, 역사학적 관점, 사회학적 관점 등 다양한 관점에서 시간을 주제로 교육할 경우가 거기에 해당한다. 이 경우 한 명의 교수가 전체 강의를 맡는 형태로 교육이 이루어질 수도 있고, 몇 명의 교수가 협동 강의를 하는 형태로 교육이 이루어질 수도 있을 것이다. 이러한 방식의 학제적 교육은 학생들에게 하나의 주제를 다양한 관점에서 바라볼 수 있도록 한다는 점에서 중요한 의미를 가지고 있기 때문에 앞으로 더 활발하게 이루어질 필요가 있다. 이러한 의미의 학제적 교육은 교양 교육 과정에서뿐 아니라 전공 교육 과정에서도 시도할 수 있다.

지금까지 윌슨의 통섭적 교육관에 대한 비판적 검토를 토대로 대학의 교양 교육의 미래와 관련된 몇 가지 측면을 살펴보았다. 그런데 윌슨은 교양 교육의 문제를 검토하면서 인성 교육의 문제에 대해서는 전혀 논의하지 않는다. 앞서 살펴보았듯이 그는 암묵적으로 실용주의적 대학의 이념에서 출발해 대학 교육의 문제를 검토하기 때문이다. 이제 우리는 대학 교육에서 인성 교육이 가지고 있는 의미를 살펴보고자 한다.

앞서 대학의 이념을 살펴보면서 여러 가지 대학의 이념 중에서 인성 교육을 핵심으로 하는 동아시아적 대학의 이념이 가장 중요하다는 사실을 살펴보았다. 이러한 사실은 만일 중등교육에서 인성 교육이 충분히 이루어지지 않았을 경우 대학 교육에서 인성 교육이 가장 중요한 위치를 차지해야 함을 보여 준다.

인성 교육이 대학 교육에서 차지하는 비중은 사회적 맥락에 따라 다를 수 있다. 예를 들어 초·중등교육을 통해 인성 교육이 충분히 이루어진 사회의 경우 대학 교육에서 인성 교육이 차지하는 역할은 제한적일 수 있다. 그러나 초·중등교육을 통해 인성 교육이 제대로 이루어지지 않은 사회의 경우 대학 교육에서 인성 교육이 차지하는 역할은 막중하다. 한국 사회가 그 대표적인 예이다. 한국 사회의 경우 입시 위주의 교육 때문에 초·중등교육에서 인성 교육은 거의 무시되고 있다. 인성 교육은 인간으로서의 삶을 살아가기 위해 필요한 교육을 의미하기 때문에 초·중등학교에서 인성 교육이 제대로 이루어지지 않을 경우 늦더라도 대학에서 인성 교육이 이루어져야 한다.

인성 교육은 특수성과 보편성을 지닌다. 우선 인성 교육이 지니는 특수성과 관련하여 우리는 인성 교육의 구체적인 내용이 각각의 사회가 처한 특수한 상황에 따라 각기 다른 모습을 보일 수밖에 없다는 사실에 유의할 필요가 있다. 예를 들어 한국 사회가 처한 상황과 미국 사회가 처한 상황이 각기 다르기 때문에 한국 사회의 인성 교육의 내용과 미국 사회의 인성 교육의 내용은 각기 다른 모습을 보일 수밖에 없다. 그러나 다른 한편 인성 교육은 보편성을 지니기도 한다. 예를 들어 인성 교육에서 중요한 역할을 담당하는 도덕 교육의 경우 각각의 사회에서 바람직한 것으로 간주되는 덕을 넘어 모든 사회에서 바람직한 것으로 간주될 수 있는 보편적인 덕이 존재하고 그것들을 교육할 수 있기 때문이다. 사랑, 친절, 타인에 대한 배려 등의 덕이 그 예에 해당한다. 이러한 덕 중에는 세계화라는 현대사회의 특성에서 유래하는 것들도 존재한다. "정확하게 시간을 지킴"이라는 덕이 그 대표적인 예에 해당한다.[151] "코리안 타임"으로 유명했던 과거의 한국사회에서 그랬듯이 이러한 덕은 전통적인 사회에서는 덕으로 간주되지 않았으나, 세계화가 진행되면서 점점 모든 사회에서 타당성을 지니는 덕으로 간주되면서 보편성을 획득해 가는 추세에 있다.

인성 교육의 중요성은 온라인 교육 시대에도 사라지지 않는다. 인터넷이 전 세계적인 차원으로 보편적으로 보급됨에 따라 일각에서는 온라인 교육의 중요성을 강조하면서 기존의 오프라인 교육의 의미를 평가절하하기도 한다. 실제로 언젠가 온라인 교육이 교육의 다양한 영역을 지배하고 오프라인 교육이 완전히 사라질 날이 올지도 모른다. 현재 온라인 교육이 다양한 교육 영역으로 확장되어 가는 추세를 보면 이러한 예측이 타당한 것처럼 보이기도 한다. 그러나 필자의 견해에 따르면 아무리 온라인 교육이 번성한다고 하더라도 오프라인 교육이 사라질 수는 없다. 인터넷 매체를 통해서는 교육 효과라는 측면에서 한계를 가질 수밖에 없는 다양한 교육 영역들이 존재하기 때문이다. 그 가장 대표적인 예는 바로 인성 교육의 영역이다. 인성 교육은 교육자와 피교육자가 몸을 맞대고 함께 살아갈 때만 가능하며 따라서 온라인 교육을 통해서는 그 소기의 목적을 충분히 달성할 수 없다.

---

151 이마미치 도모노부, 정명환 역, 『에코에티카: 기술사회의 새로운 윤리학』, 서울: 솔, 1994. 이마미치 교수는 이 책의 122쪽에서 현대사회의 새로운 덕 중의 하나로서 "정각성", 즉 정확성을 다루고 있다.

IX. 통섭의 단절을 넘어 대화와 소통으로

앞서 논의되었듯이 통섭 담론은 현대의 위기 담론과 밀접하게 연결되어 있다. 윌슨에 따르면 현대는 위기에 처해 있다. 현대는 이전과는 달리 다양한 복잡한 문제들에 직면하고 있으나 현대 학문은 이러한 문제를 해결할 능력이 없다. 현대가 처한 문제들은 한결같이 복잡하며 따라서 그에 대한 해결책은 다양한 학문들이 협동해야만 발견할 수 있다. 그러나 현대의 학문들은 모두 칸막이를 쳐 놓고 서로 대화하고 소통하지 않는다. 통섭 담론이 원래 목표로 삼았던 것은 다양한 학문 분야들 사이에 놓인 벽을 허물고 그들 사이의 대화와 소통을 통해 학문 발전과 사회 발전에 기여하는 일이다.

그러나 지금까지 살펴보았듯이 통섭 담론은 학문들 사이의 대화와 소통이 아니라 철저한 단절을 가져왔다. 우리가 이 책의 I-V장에서 자세하게 살펴보았듯이 윌슨의 통섭 프로그램은 일종의 제국주의적 프로그램으로서, 학문들 사이의 대화와 소통을 가능하게 해 주는 프로그램이 아니다. 오히려 그것은 학문들 사이의 대화와 소통을 방해하고 그들 사이의 단절을 초래하는 프로그램이다. 우리는 윌슨의 통섭 프로그램이 학문들 사이의 단절을 초래함으로써 교육과 연구 현장에서 얼마나 심각한 문제들을 낳을 수 있는지 구체적으로 살펴보았다.

그리고 VI장에서 살펴보았듯이 윌슨의 통섭 개념을 수용하면서 시작된 한국의 통섭 담론은 소통 불능의 상태에 빠져 있다. 그것은 학문들 사이의 진정한 대화와 소통에 토대를 두고 전개되지도 않았고 대화와 소통에 기여하지도 못했다. 현재 한국에서 통섭 개념은 다의적이며 불투명하게 사용되고 있으며 따라서 한국의 통섭 담론은 학문 발전과 사회 발전에 기여하기보다는 그에 역행할 수 있는 위험을 안고 있다.

그에 따라 우리는 VII장에서 윌슨의 통섭 프로그램을 비판적으로 검토하고 학제적 연구의 다양한 가능성을 살펴보면서 학제적 연구의 미래에 대해 살펴보았고, VIII장에서는 역시 윌슨의 통섭 프로그램을 비판적으로 검토하면서 대학 교육의 미래에 대해 살펴보았다. 앞으로 학제적 연구의 미래와 대학 교육의 미래에 대해 지속적으로 논의할 필요가 있는데, 이 점과 관련해 다음의 몇 가지 사실을 지적하고자 한다.

1) 앞서 살펴보았듯이 한국 사회에서 많이 사용되고 있는 통섭 개념은 아주 불투명하고 모호하다. 그런데 2006년을 전후하여 한국 사회에서 이 개념이 유행처럼 번지면서 대학가에서 통섭학과, 통섭대학, 통섭대학원 등을 설립하려는 움직임이 있었다. 두말할 것도 없이 그처럼 불투명하고 모호한 통섭 개념에 토대를 두고 학과, 대학, 대학원 등을 설립하려는 시도는 위험하다. 한국 대학의 장래, 더 나아가 한국 사회의 장래를 위해서도 이러한 움직임에 대한 철저한 학문적 성찰이 필요하다.

물론 통섭이라는 용어가 다소 매력적으로 들리는 것은 사실이다. 따라서 비록 그것이 모호한 개념이긴 하지만 일반인들이 이 개념을 사용하는 것은 어느 정도 이해할 수 있다. 일상적인 생활 세계적 삶에서는 개념의 애매성, 모호성은 어느 정도 인정될 수 있기 때문이다. 그러나 개념의 정확성을 생명으로 하는 학문 세계의 경우는 사정이 전혀 다르다. 학계에서 그처럼 불투명한 개념을 사용하는 일은 피해야 하며, 특히 학과, 대학, 대학원의 명칭에 불투명한 개념이 들어가는 일은 피해야 할 것이다.

우리 모두가 명심해야 할 것은 어떤 학과나 대학, 대학원 등 새로운 기관을 신설할 경우 연구 및 교육 목표 등을 비롯해 그 기관의 사명이 무엇인지가 명확하게 기술되어야 한다는 사실이다. 그렇지 않을 경우 여러 가지 심각한 문제들이 발생할 수 있다. 실제로 학제적 연구를 수행함을 목표로 하는 연구·교육 단위를 신설할 경우 통섭처럼 명확하지 않은 개념을 사용하면 심각한 문제가 발생할 수도 있다. 예를 들어 기관의 사명이 불투명하게 기술되어 학생, 학부모 및 일반인에게 커다란 혼란을 줄 수 있고, 실제로 기관을 운영함에 있어서 커다란 혼선과 파행이 나타날 수도 있다. 무엇보다도 심각한 점은 이러한 문제점 때문에 그 기관이 학문의 경계를 넘어서는 활발한 학제적 연구를 목표로 하고 있음에도 불구하고 그러한 목표를 달성하지 못하게 될 수도 있다는 데 있다. 극단적인 경우에는 해당 기관의 사명이 처음부터 도저히 실현 불가능한 사명이 될 수도 있다. 예를 들어 어떤 학과를 설립하면서 통섭학과라는 명칭을 사용했다고 하자. 이 경우 만일 통섭을 학제적 활동과 같은 뜻으로 사용하게 되면 이 학과는 자신의 사명을 결코 완수할 수 없을 것이다. 이 학과는 "학제적 학과"가 될 것이며 학제적 활동에는 다양한 것들이 있을 수 있는데, 그처럼 다양한 유형의 학제적 활동을 이 학과 혼자서 감당하는 일은 아예 불가능할 것이기 때문이다.

필자는 새로운 연구·교육 단위의 명칭을 정하고 그 사명을 기술하기 위해서는 통섭이라는 개념보다는 지금까지 그래 왔듯이 "학제적"이라는 개념을 비롯해 그것의 종개념에 해당하는 "융합", "협동" 등 그 의미가 분명한 개념들을 사용할 것을 제안한다. 통섭의 경우에는 다양한 유형의 통섭이 있음에도 불구하고 그 각각이 서로 구별되는 명칭을 가지지 못한 채 모두 통섭이라는 명칭으로 불리면서 혼란을 초래하는 데 반해, 학제적 활동의 경우에는 "융합", "협동", "부전공", "복수전공", "이중전공", "연계전공" 등 서로 구별되는 다양한 유형의 학제적 활동이 있고 이 각각의 활동이 나름의 고유한 명칭을 가지면서 아무런 혼란도 초래하지 않기 때문이다. 즉 학제적 활동의 경우 유개념과 종개념들이 서로 구별될 수 있기 때문에 아무런 혼란이 발생하지 않는 데 반해, 통섭의 경우 유개념과 종개념들이 모두 하나의 이름으로 불리기 때문에 이 개념을 사용할 경우 그것이 정확히 무엇을 의미하는지 불투명해져 커다란 혼란이 생길 수밖에 없다. 물론 "융합", "협동", "부전공", "복수전공", "이중전공", "연계전공" 등의 개념을 사용할 경우에도 이 각각의 것이 다시 세분화될 수 있기 때문에 필요할 경우 그 각각의 것이 어떤 유형의 활동을 뜻하는지 구체적으로 명시할 필요가 있을 것이다.

2) 우리는 다양한 학문 분야 사이의 학제적 연구·교육을 구체적으로 수행할 수 있는 연구·교육 단위와 관련하여 두 가지 유형을 나눌 수 있는데, 그것은 1) 새로운 연구·교육 단위를 신설하여 학제

적 연구를 수행하는 경우와, 2) 새로운 연구·교육 단위를 신설하지 않고 기존의 학과(들) 또는 단과대학이 중심이 되어 다른 단과대학 또는 다른 단과대학의 다른 학과(들)과 협동하면서 학제적 연구·교육을 하는 경우이다.

앞서 살펴본바, 학제적 연구를 통해 특정의 학문 분과의 내용이 확장되고 심화되는 경우에는 새로운 연구 단위를 신설하지 않고 기존의 학과나 단과대학이 중심이 되어 학제적 연구를 수행하는 것이 효과적일 것이다. 분과 학문의 질적 변화를 위해서 앞으로 이런 유형의 학제적 연구가 활발하게 이루어져야 한다.

그러나 융합 학문이 출현하는 형태로 이루어지는 학제적 연구의 경우, 특히 다양한 분과 학문이 참여하여 융합 학문이 출현하는 형태로 이루어지는 학제적 연구의 경우는 어느 한 학문 분과가 연구를 주도할 수 있는 처지에 있지 않기 때문에 새로운 연구 단위를 신설해 연구를 수행하는 편이 효과적일 것이다. 실제로 그동안 학제적 연구·교육을 하기 위해서 새로운 연구·교육 단위가 신설되는 경우가 많았다. 그 가장 대표적인 경우는—서울대학교에 한정해 논의하자면—대학원 협동과정, 융합대학원, 자유전공학부의 설립 등을 들 수 있다.

3) 통섭 담론이 퍼지면서 다양한 학제적 활동 중에서 최근 가장 커다란 관심을 끌고 있는 것은 융합 연구, 융합 교육 등 융합 활동이다. 최근 학문 분야 사이의 장벽을 허물고 융합 연구를 장려하는 분위기가 조성되고 있다. 그러나 융합 연구와 융합 교육 역시 나름의 중요한 문제점을 가지고 있다.

우선 융합 활동이 구체적으로 무엇을 뜻하는지 다소 불투명하다. 융합 활동은 다양한 학문 분야들이 모여서 그들이 이전에는 산출하지 못하던 새로운 것을 산출하는 활동을 뜻한다. 그러나 융합 활동은 경우에 따라 서로 다른 다양한 학문 분야들이 모여서 수행하는 학제적 활동 일반을 지칭하기도 한다. 앞의 것을 좁은 의미의 융합 활동이라고 부를 수 있을 것이고, 뒤의 것을 넓은 의미의 융합 활동이라 부를 수 있을 것이다. 진정한 의미의 융합 활동이란 좁은 의미의 융합 활동, 즉 다양한 학문 분야들이 모여서 그들이 이전에는 산출하지 못하던 새로운 것을 산출하는 활동을 뜻한다.

최근 융합 활동에 대한 논의에서 관심을 끌고 있는 것은 좁은 의미의 융합 활동이다. 좁은 의미의 융합 활동이 지금까지 시도되지 않았던 새로운 활동으로 간주되면서 그를 통해 지금까지는 볼 수 없었던 새로운 결과들이 나올 수 있으리라고 생각되기 때문이다. 그러나 융합 활동이 얼마만큼 새로운 것인지 하는 점은 검토해 볼 필요가 있다. 융합 활동 중에서 융합 연구에 한정해서 논의하자면 필자는 융합 연구가 전혀 새로운 것이 아니라고 생각한다. 필자의 견해에 의하면 융합 연구는 응용 학문 분야의 연구이며 융합 학문은 응용 학문과 다른 것이 아니다. 이공계에 한정해 논의할 경우 응용 학문의 대표적인 예로는 공학, 의학, 약학, 농학 등을 들 수 있는데, 이러한 학문 분야에서의 연구는 기초 학문 분야를 비롯해 여러 학문 분야들이 모여 그들이 산출하지 못하는 새로운 연구 결과를 산출하기 때문이다.

이러한 사실은 서울대학교 융합과학기술대학원을 살펴보아도 드러난다. 서울대학교 융합과학기술대학원은 그 명칭이 보여 주듯이 융합 연구를 목표로 2008년 10월에 설립 승인을 받고 2009년 3월에 설립되었다. 이 대학원에는 현재 융합과학부 아래 나노융합전공,

디지털정보융합전공, 지능형융합시스템전공, 방사선융합의생명전공의 4개 전공이 있으며, 이와는 별도로 분자의학 및 바이오제약학과를 두고 있다. 이 대학원에 소속되어 있는 전공 및 학과를 살펴보면 드러나듯이 그것들은 모두 공학, 의학, 약학 등의 세부전공이라 할 수 있다. 예를 들어 나노융합전공, 디지털정보융합전공, 지능형융합시스템전공 등은 공학의 세부전공이라 할 수 있고, 방사선융합의생명전공은 의학의 세부전공이라 할 수 있으며, 분자의학 및 바이오제약학과는 의학과 약학의 세부전공이라 할 수 있다. 만일 필자의 이러한 진단이 사실이라면 융합과학기술대학원을 새로 설립해야 할 이유가 무엇인지 불투명하다. 학문의 내적 논리라는 관점에서 보자면 융합과학기술대학원은 옥상옥이라 할 수 있다.

4) 최근 대입 수능과 관련하여 융합형 시험 유형이 거론되고 있는데, 이 점도 철저하게 검토할 필요가 있다. 우선 융합형이 무엇을 뜻하는지 선명하지 않다. 융합형은 우선 모든 학생들이 문과 과목과 이과 과목 모두 시험을 치도록 하는 형태, 즉 통합형 내지 종합형을 뜻할 수 있다. 이 경우 학생들은 기존 과목 중에서 문과 과목과 이과 과목을 모두 공부하고 시험을 치러야 한다. 그러나 융합형은 문과 과목과 이과 과목을 응용하고 결합한 새로운 시험의 유형, 말하자면 단순히 문과 과목 시험도 아니고 단순히 이과 과목 시험도 아닌 새로운 과목의 시험 유형을 뜻할 수도 있다.

만일 융합형이 두 번째 것을 뜻한다면 필자는 그에 대해 커다란 우려를 표명하지 않을 수 없다. 우선 융합형이 기존의 과목들을 응용하고 결합한 유형의 시험이라면 그것은 응용 학문의 시험과 유사할 수도 있다. 앞서 살펴보았듯이 이런 의미의 융합이란 응용 학문의 차원에서 이루어지는 융합을 뜻할 것이기 때문이다. 응용 학문의 차원에서 이루어지는 융합을 대입 수능을 치르는 학생들에게 요구한다는 것은 불합리하다. 그런 차원의 융합은 대학에 입학한 후 원하는 학생들만 하면 될 것이다. 그리고 이러한 식의 융합형 시험을 시행할 경우 일선 고등학교에서는 그에 대비한 교육을 해야 할 텐데, 현실적으로 그런 식의 교육을 담당할 수 있는 교사를 확보한 고등학교는 거의 없다고 할 수 있다. 필자의 견해에 의하면 이런 식의 융합형 시험 제도를 도입하는 일은 현실적으로 불가능하다.

그러나 융합형이 첫 번째 것을 뜻한다면 필자는 그 안에 적극적으로 찬성한다. 실제로 그동안 대입 수능 시험에서 문과 학생들은 문과 과목 중에서 일부만을 선별하여 시험을 치르고 대학에 입학하며, 이과학생들 역시 이과 과목 중에서 일부만을 선별하여 시험을 치르고 대학에 입학하기 때문에 학생들의 기본 소양이 너무 부족해 대학 강의가 파행으로 치닫는 경우도 있다. 대학 교육의 문제를 떠나 학생들의 전인적 교육을 위해서도 학생들이 고등학교에서 다양한 과목을 두루두루 공부하는 일은 꼭 필요하다.

5) 그리고 이처럼 학제적 연구가 중요한 의미를 지닌다고 해서 개별 학문 분야의 연구가 소홀히 취급되어서는 안 될 것이다. 개별 학문 분야에 있어서의 튼실한 연구는 학제적 연구가 튼실하게 수행될 수 있기 위한 전제 조건이다. 이 점과 관련해 우리는 다양한 수준의 학제적 연구가 존재한다는 사실에 유의할 필요가 있다. 그야말로 평범한 수준의 학제적 연구에서부터 시작하여 깊이 있고 수준 높은 학제적 연구에 이르기까지 다양한 차원의 학제적 연구가 존재한다. 두말할 필요도 없이 깊이 있고 수준 높은 학제적 연구는 그렇지 못

한 학제적 연구보다 학문 발전과 사회 발전에 더 크게 기여할 수 있을 것이다. 그런데 개별 학문 분야에 있어서의 깊이 있고 수준 높은 연구가 없이는 깊이 있고 수준 높은 학제적 연구가 불가능하다. 개별 학문 분야에 있어서의 깊이 있고 수준 높은 연구는 학제적 활동을 위해 결정적으로 중요한 의미를 가진다.

그러나 개별 학문 분야의 연구는 그것이 학제적 연구를 위해 어떤 역할을 할 수 있는지 하는 문제를 떠나서 그 자체로 그 무엇에도 양도할 수 없는 고유한 가치를 가지고 있다. 다양한 개별 학문들은 다양한 유형의 진리를 발견하며 또 그를 통해 다양한 현실의 문제를 해결하는 데 기여할 수 있기 때문이다. 개별 학문 분야에 있어서의 보다 수준 높은 연구가 이루어지도록 앞으로도 계속해서 최선의 노력을 기울여야 할 것이다.

통섭의 단절을 넘어 대화와 소통을 지향하면서 학제적 연구와 교육을 충실히 수행하고 학문 발전과 사회 발전에 기여하기 위하여 일차적으로 해야 할 일 중의 하나는 냉철한 이성을 통해 통섭 개념을 철저하게 비판적으로 성찰하는 일이다. 이 책은 바로 이러한 의도에서 집필되었다. 앞으로 냉철한 이성을 통해 통섭 개념에 대한 철저한 비판적 논의가 계속되어 통섭 담론이 본래 목표로 삼았던 학제적 연구와 학제적 교육의 다양한 가능성들을 모색하고 이러한 모색 작업이 학문 발전과 사회 발전으로 연결되기를 기대해 본다.

✿ 참고문헌

강신익,「지식 대통합, 지금의『통섭』으론 부족하다. 최재천 교수의 통섭에 대한 비판」, 고대신문, 1569호, 2007. 9. 15.

고인석,「'통섭'이라는 말과 그 안에 담긴 생각」, 연세대대학원신문 152호, 2007. 4. 14.

권혁성,「서양 고대미학의 주요 흐름들에 대한 소고」, 미학대계간행위원회 편,『미학의 역사』, 미학대계 제1권, 서울: 서울대학교출판부, 2007.

김광웅 편,『융합 학문 어디로 가고 있나?』, 서울: 서울대학교출판문화원, 2011.

김수현,「바움가르텐」, 미학대계간행위원회 편,『미학의 역사』, 미학대계 제1권, 서울: 서울대학교출판부, 2007.

김영식,『과학, 인문학 그리고 대학』, 서울: 생각의나무, 2007.

_____,「'과학기술시대'의 인문학」(2009년 3월 17일 서울대학교 사회과학원 주최 집담회 발표문).

김흡영,「통섭을 반대한다」, 전상인·정범모·김형국 공편,『배움과 한국인의 삶』, 파주: 나남, 2008.

도모노부, 이마미치, 정명환 역,『에코에티카: 기술사회의 새로운 윤리학』, 서울: 솔, 1994.

르두(LeDoux, J.), 강봉균 역,『시냅스와 자아. 신경세포의 전달방식이 어떻게 자아를 결정하는가?』, 파주: 도서출판소소, 2005.

리들리(Ridley, M.), 신좌섭 역,『이타적 유전자』, 서울: 사이언스북스, 2001.

바커(Barker, S. F.),『수리철학』, 서울: 종로서적, 1983.

박승억,「통섭(Consilience)—포기할 수 없는 환원주의자의 꿈」,『철학과 현상학 연구』 제36집, 2008.

배식한,「가능한 통섭과 불가능한 통섭—통섭과 무법칙적 일원론」, 최재천·주일우 편,『지식의 통섭. 학문의 경계를 넘다』, 서울: 이음, 2007.

성백효 집주,『대학·중용집주』, 서울: 전통문화연구회, 2003.

손인수, 『한국교육사』, 서울: 문음사, 1998.
신상호, 『대학의 교육론 산책』, 인천: 내일을여는책, 2001.
싱어(Singer, P.), 김성한 역, 『사회생물학과 윤리』, 서울: 인간사랑, 1999.
오명석, 「지식의 통섭(通涉)과 인류학」, 『비교문학연구』 제18집 2호.
유클리드(Euclid), 이무현 역, 『기하학원론. 다면기하학 가』, 서울: 교우사, 1997.
윌슨(Wilson, E. O.), 이병훈·박시룡 역, 『사회생물학 I-II』, 서울: 민음사, 1992.
_____, 이한음 역 , 『인간 본성에 대하여』, 서울: 사이언스북스, 2000.
_____, 최재천·장대익 역, 『통섭. 지식의 대통합』, 서울: 사이언스북스, 2005.
이광래, 『방법을 철학한다: 해체에서 융합으로』, 서울: 지와사랑, 2008.
이남인, 『현상학과 해석학』, 서울: 서울대학교출판부, 2004.
_____, 「현상학과 질적 연구—철학과 인접 학문의 학제적 연구의 활성화를 위한 제언」, 『철학과 현실』 제64집, 2005.
_____, 「인문학과 자연과학은 어떻게 만날 수 있는가?—통섭 개념에 대한 비판적 검토를 토대로 삼아」, 『철학연구』 제87집, 2009.
_____, 「현상학적 교육학」, 『교육철학』 제47집, 2010.
_____, 「철학과 학제적 연구—통섭 개념에 대한 비판적 검토를 토대로 삼아」, 김광웅 편, 『융합 학문 어디로 가고 있나?』, 서울: 서울대학교출판문화원, 2011.
_____, 「후설의 현상학에서 마음의 문제」, 서울대학교 철학사상연구소 편, 『마음과 철학—서양편 하』, 서울: 서울대학교출판문화원, 2012.
_____, 「후설의 현상학적 사회윤리학의 의의와 과제」, 『인문논총』 제69집, 2013.
_____, 「현상학의 창시자 후설」, 철학아카데미 편, 『처음 읽는 독일철학』, 파주: 도서출판 동녘, 2013.
_____ 편, 『서양철학의 이해』, 서울: 서울대학교출판문화원, 2011.
이상욱, 「다양한 목소리를 묶어 내려는 통섭의 시도」(최재천·주일우 편, 『지식의 통섭. 학문의 경계를 넘다』, 서울: 이음, 2007에 대한 서평).
이인식 편, 『통섭과 지적 사기. 통섭은 과학과 인문학을 어떻게 배신했는가?』. 서울: 인물과사상사, 2014.
이정모, 『인지과학. 학문 간 융합의 원리와 응용』, 서울: 성균관대학교출판부, 2009.
_____, 「인지과학이 여는 미래 융합과학기술의 전개」, 김광웅 편, 『우리는 미래에 무엇을 공부할 것인가? 창조사회의 학문과 대학』, 서울: 생각의나무, 2009.
전용훈, 「과학적 몰이해 위에 쌓은 사상적 누각—최한기가 추구한 지식의 통섭」, 최재천·주일우 편, 『지식의 통섭. 학문의 경계를 넘다』, 서울: 이음, 2007.
제임스(James, W.), 김태희 역, 「실용주의의 진리 개념」, 이남인 편, 『서양철학의 이해』, 서울: 서울대학교출판문화원, 2011.

주희·유청지, 윤호창 역, 『소학』, 서울: 홍익출판사, 1999.
철학문화연구소, 『철학과 현실』 제100집, 2014.
철학연구회 편, 『진화론과 철학』, 서울: 철학과현실사, 2003.
최민자, 『통섭의 기술. 지식시대에서 지성시대로』, 서울: 모시는사람들, 2010.
최재천·주일우 편, 『지식의 통섭. 학문의 경계를 넘다』, 서울: 이음, 2007.
최재천, 「바야흐로 통섭의 시대」, 서울대학교 자연대 편, 『자연대 이야기』 제7집, 2008.
_____, 『통섭의 식탁: 최재천 교수가 초대하는 풍성한 지식의 만찬』, 서울: 명진출판, 2012.
최종덕, 「통섭에 대한 오해」, 원주토지문화관 집중세미나 2007 발표문, 2007. 7. 20.
_____, 「통섭에 대한 오해와 진실」, 동국대학원신문 148호, 2008. 4. 14.
칸트(Kant, I.), 백종현 역, 『순수이성비판 1』, 서울: 아카넷, 2006.
플라톤(Platon), 박종현 역주, 『국가』, 서울: 서광사, 1997.
피정만, 『한국교육사 이해』, 서울: 하우, 2010.
한국언론학회, 『융합과 통섭: 다중매체 환경에서의 언론학 연구 방법』, 파주: 나남, 2012.
홍성욱, 「21세기 한국의 자연과학과 인문학」, 최재천·주일우 편, 『지식의 통섭. 학문의 경계를 넘다』, 서울: 이음, 2007.
홍승초·김상민 삼성 SDS 대학생기자 1기, 「통섭학자 최재천 교수와의 인터뷰 '통섭은 김치다'」, 2013. 9. 22.(http://www.ictstory.com/403)
http://kbook.tistory.com/23

Aristotle, *Metaphysics.*, translated by W. D. Ross, Oxford: Clarendon Press, 1924.
Barker, S. F., *Philosophy of Mathematics*, Englewood Cliffs, N.J.: Prentice-Hall, 1964.
Brubacher, J. B., *On the Philosophy of Higher Education*, San Francisco/Washington/London: Jossey-Bass, 1982.
Comte, A., *Cours de philosophie positive*, vol. 4-6, Paris: Bachelier, 1830-1842.
Cottingham, J.(ed.), *The Cambridge Companion to Descartes*, Cambridge: Cambridge University Press, 1992.
Descartes, R., *Principes de la philosophie*, Oeuvres de Descartes IX-2, publiées par C. Adam & P. Tannery, Paris: Librairie philosophique J. Vrin, 1978.
_____, *Rules for the Direction of the Mind*, in: Great Books of the Western world 31. Descartes. Spinoza, Chicago: William Benton, 1952.
Dutton, D., *The Art Instinct: Beauty, Pleasure, & Human Evolution*, New York: Bloomsbury Press, 2009.
Edwards, P., *The Encyclopedia of Philosophy*, New York: Macmillan Publishing Co., 1967.

Frege, G., *Nachgelassene Schriften und wissenschaftlicher Briefwechsel*, Hrsg. von Hans Hermes, Friedrich Kambartel und Friedrich Kaulbach, Hamburg: Meiner, 1969.

Giddens, A., *Sociology*, Cambridge: Polity Press, 1994.

Hatfield, G., "Descartes' physiology and its relation to his psychology", in: Cottingham, J.(ed.), *The Cambridge Companion to Descartes*, Cambridge: Cambridge University Press, 1992.

Hodgkinson, H. L. & M. B. Jr. Bloy(eds.), *Identity Crisis in Higher Education*, San Francisco: Jossey-Bass, 1971.

Hoffmann, S., "Participation in Perspective", in: S. R. Graubard & G. A. Ballotti(eds.), *The Embattled University*, New York: Braziller, 1970.

Humboldt, W. von, *Werken in fünf Bänden IV. Schriften zur Politik und zum Bildungswesen*, Darmstadt: Wissenschaftliche Buchgesellschaft, 1993.

Husserl, E., *Die Krisis der europäischen Wissenschaften und die transzendentale Phänomenologie. Eine Einleitung in die phänomenologische Philosophie*, Den Haag: Martinus Nijhoff, 1954.(Hua VI).

_____, *Ideen zu einer reinen Phänomenologie und phänomenologischen Philosophie* 2. Buch Phänomenologische Untersuchungen zur Konstitution, Den Haag: Martinus Nijhoff, 1952.(Hua IV).

_____, *Natur und Geist: Vorlesungen*, Sommersemester 1927, Dordrecht: Kluwer Academic Publishers, 2001.(Hua XXXII).

_____, *Natur und Geist: Vorlesungen*, Sommersemester 1919, Dordrecht: Kluwer, 2002. (Husserliana Materilalien Band 4).

James, W., *Pragmatism and Other Writings*, New York: Penguin Books, 2000.

Jaspers, K., *Die Idee der Universität*, Berlin: Springer, 1923.

Kant, I., *Kritik der reinen Vernunft*, Hamburg: Felx Meiner, 1956.

_____, *Grundlegung zur Metaphysik der Sitten*, in: Kant Werke Bd. 6, Schrifiten zur Ethik und Religionsphilosophie, Darmstadt: Wissenschaftliche Buchgesellschaft, 1983.

_____, *Der Streit der Fakultäten*, in Kant. Werke. Bd 9, Schriften zur Anthropologie, Geschichtsphilosophie, Politik und Pädagogik, Darmstadt: Wissenchaftliche Buchgesellschaft, 1983.

Käsler, D.(ed.), *Klassiker des soziologischen Denkens*, vol. 1-2, München: Verlag C. H. Beck, 1976.

Lee, Nam-In, "Eco-ethica and the Idea of the University Revisited", in: *Eco-ethica* 2, 2012.

Lewis, H. R., *Excellence without Soul. Does Liberal Education Have a Future?*, New York:

Public Affairs, 2007.

Lützeler, H., *Kunsterfahrung und Kunstwissenschaft. Systematische und entwicklungsgeschichtliche Darstellung und Dukumentation des Umgangs mit der bildenden Kunst*, Bd. 1, Freiburg/München: Karl Alber, 1975.

McDermott, J. J.(ed.), *The Writings of William James*, Chicago and London: The University of Chicago Press, 1967.

Moyal, G. J. D.(ed.), *René Descartes, Critical Assessments VI*, London/New York: Routledge, 1991.

Newton, I., *Sir Isaac Newton's Mathematical Principles of Natural Philosophy and His System of the World*, Berkeley, California: University of California Press, 1960.

Platon, *Politeia*, in: J. Burnet(ed.), *Platonis Opera* 4, Oxonii: Clarendoniano, 1902-1906.

Reading, B., *The University in Ruins*, Cambridge/London: Harvard University Press, 1996.

Reed, E. S., "Descartes' Corporeal Ideas Hypothesis and the Origin of Scientific Psychology", in: G. J. D. Moyal(ed.), *René Descartes, Critical Assessments VI*, London/New York: Routledge, 1991.

Ridley, M., *The Origins of Virtue: Human Instincts and the Evolution of Cooperation*, New York: Penguin Books, 1998.

Ritter, J. & K. Gründer(eds.), *Historisches Wörterbuch der Philosophie*, Bd. 7, Basel: Schwabe & Co AG., 1989.

Rosenberg, A., *Philosophy of Social Science*, Oxford: Oxford University Press, 1988.

Rupke, K. N. A., *Alexander Humboldt. A Metabiography*, Chicago and London: The University of Chicago Press, 2008.

Russell, B., *The Problems of Philosophy*, London/Oxford/New York: Oxford University Press, 1980.

Scott, P., *The Crisis of the University*, London/Sydney: Croom Helm, 1984.

Singer, P., *The Expanding Circle: Ethics and Sociobiology*, Oxford: Clarendon Press, 1981.

Utitz, E., *Grundlegung der allgemeinen Kunstwissenschaft*, Bd. 1/2, Stuttgart: Enke, 1914.

von Neumann, J. & Morgenstern, O., *Theory of Games and Economic Behavior*, Princeton: Princeton University Press, 1990.

Whewell, W., *History of the Inductive Sciences*, London: Cass, 1840.

Wilson, E. O., *The Insect Societies*, Cambridge: Belknap, 1971.

_____, *Sociobiology*, Harvard: Harvard University Press, 1975.

_____, *On Human Nature*, Havard: Harvard University Press, 1978.

_____, *Consilience: The Unity of Knowledge*, New York: Knopf, 1998.

❁ 찾아보기

이남인(李南麟)

1958년 충남 천안에서 태어났다. 서울대학교 철학과를 졸업하고 같은 학교 대학원에서 철학석사 학위를, 독일 부퍼탈대학교 대학원에서 철학박사 학위를 받았다. 1995년부터 지금까지 서울대학교 철학과 교수로 있다. 한국현상학회 회장, 한국철학회 편집위원장을 지냈으며, 2008년 국제철학원(IIP) 정회원으로 선출되었다. 대한민국학술원상(인문사회과학분야, 2005), 철학연구회 논문상(1994), 독일 부퍼탈대학교 최우수 박사학위논문상(1992)을 수상했다. 『철학과 현상학 연구』, 『철학』을 비롯해 다수의 국내 학술지 편집위원을 역임했고, *Continental Philosophy Review*, *Phenomenology and Cognitive Sciences* 등 다수의 국제 학술지 및 학술총서의 편집위원과 자문위원으로 활동하고 있다. 『현상학과 질적 연구』(2014), 『후설과 메를로-퐁티 지각의 현상학』(2013), 『후설의 현상학과 현대철학』(2006), 『현상학과 해석학』(2004), *Edmund Husserls Phänomenologie derInstinkte*(1993) 등의 저서가 있으며, 「현상학적 사회학」, "Experience and Evidence", "Problems of Inter-subjectivity in Husserl and Buber" 등 다수의 논문을 발표했다.

문명총서 발간사

서울대학교 인문학연구원은 2007년 11월 한국연구재단의 인문한국(HK) 사업을 수탁하여 HK문명연구사업단을 출범시켰다. 한국과 아시아, 세계를 향한 문명연구의 허브를 구축하기 위해 '한국 인문학'의 정립을 목표로 인문학 제 분야는 물론 인근 분야의 전공자들까지 한 지붕 아래 모였다.

인문학연구원이 한국 인문학의 도약을 위해 핵심과제로 주목한 것은 문명에 대한 새로운 이해이다. 문명이란 장구한 세월 동안 인류가 일구어낸 정신적·물질적 성과들의 종합이며, 타 문명과 서로 영향을 주고받으며 진화해온 복합적 실체이다. 이에 대한 심층적인 이해가 선행되지 않는다면 현재와 미래에 대한 유효적절한 준비와 대응은 불가능하다.

'문명텍스트총서'는 인문학 안팎의 다양한 전공을 가진 우리 연구원의 연구자들이 자신의 영역에서, 과거와 현재 문명의 정수와 그에 대한 인식을 담은 중요한 텍스트를 선정하여 번역하고 주해한 결과물이다. 이는 긴 시간의 노동을 요하면서도 성취가 단기간에 가시화되지 않는 우직한 작업이지만, 인류의 유산을 한국화하는 이 같은 작업이 주체적으로 세계문명을 사유하고 새로운 문명을 개척하는 데 발판이 되리라고 믿는다. 문명텍스트총서가 현재와 과거를 엮는 씨줄 놓기 작업이라면, 문명공동연구총서는 인간과 세계를 총체적으로 이해하려는 날줄 엮기라고 할 수 있다. 오랫동안 자신의 분야에서 전문화를 추구했기에 공동연구가 쉬운 일은 아니지만, 문명 이해의 융합적 시각뿐만 아니라 한국 인문학의 새로운 전망을 써 내려가는 방법론을 제시할 수 있기를 희망한 결과물이다. 또한 문명지평총서는 연구원 안팎의 연구자들이 참여한 연구서와 교양서를 아우르고 있다.

아무쪼록 문명총서 시리즈가 동서고금의 문명을 더 깊고 더 넓게 이해하는 창발의 효과를 가져 오길 기대하며, 국내외 학자들이 참여하고 교류하는 열린 연구공간이 되길 바란다.

2014년 4월

서울대학교 인문학연구원 원장